シチリア海法序説

栗田和彦 著

STUDIO INTRODUTTIVO SUL
DIRITTO MARITTIMO SICILIANO
NEL MEDIOEVO

関西大学出版部

【本書は関西大学研究成果出版補助金規程による刊行】

ま え が き

1 タイトル 本書は、メッシーナとトラパニの中世海法を扱う。その書に「シチリア海法序説」と冠するのは、いささか「羊頭狗肉」の感がしないでもない。

しかし、中世イタリア（ないし地中海）海法史を扱う研究書の多くが「シチリア」の項で論じているのは、メッシーナとトラパニの海法（のみ）である。シチリアの都市で、メッシーナとトラパニ以外に、まとまったかたちで編纂・文書化された海法に関する法律・規則をいまに伝えている都市はない。他の都市（たとえば、パレルモなど）にも、往時の海事契約を記録した公証人の文書など、海法史に関連する貴重な史料が残されている（いた）ようであるが、それらは、法律・規則のかたちに編纂されたものではない。

また、本書の検証から明らかなように、二つの都市の海事慣習（法）には類似性を帯びた規定がかなり多く存在しており、それらの類似性は、他の都市の海事慣習（法）のなかにも（明確な文書のかたちで伝わってはいないが）、みられたもの、と思われる。主に、二つの都市の海事慣習（法）を検証するだけのものであっても、「シチリア海法」と冠して、かならずしも、「誇大」表現にあたらない、と考えておきたい。

つぎに、「序説」としたわけについても、若干の説明をしておきたい。先にふれた公証人の文書などが、往時の海法に関する個別・具体的制度・契約を精密に検証するには必要・不可欠な史料であることは、だれも否定しえない。ただ、往時の海法の体系・全体像を描写するには、編纂・成文化された法律・規則のほうが便宜にかなっていることも、否めないであろう。

他の都市の海法を議論する場合も、中世イタリア（ないし地中海）海法史に関する研究書の多くは、その都市の編纂・成文化された法律・規則を主に取り上げており、公証人の文書などまで詳細に論じていない（研究雑誌の掲載論文などに例外はあるが）。

なによりも、筆者の力量・適性からすれば、シチリア各地の図書館・古文書

館に蔵されている（かもしれない）史料のなかから、海法関連の公証人の文書などを発掘・検証する作業は、事実上、不可能である（そのような作業は、格別に優れた才能をもった熟達の歴史家がなしうるにしても、なお、個人では限界がある、と思われる）。

　検討対象とする史料がかぎられており、研究が「シチリア海法」の深部にとうてい及びえていない（むしろ、研究の入口の段階にある）ことを自覚している旨を表わすために、「序説」とする次第である。

　2　構成　本書は、本論でメッシーナとトラパニの海法を論じるまえに、序論を設け、シチリアの歴史、とりわけ、シチリア首長国時代以降について、省察（確認）をしている。

　シチリアの商業・経済・文化が大きく開花したのは、シチリア首長国時代以降のことであろう。そして、商業・交易実務の要請に応じるかたちで、海事慣習（法）が生成・進化・発展していったはずである。その海事慣習（法）を検証するには、それを生んだ時代のことを、たとえ、断片的・表層的な知識であっても、有していることが便宜にかなうもの、と思われる。

　本論第1章「メッシーナ海法序説」の第1節は、Luigi Genuardi が1924年に復刻・公刊した167カ条からなる（その後、第168条と第169条の一部が発見された）メッシーナ海事評議員裁判制度に関する規則（Genuardi 本〔または本論でGen 本〕と称しておく）の第1条から第56条を主な検討対象としている（Genuardi 本より2世紀ほど早い時期の写本を Raffaele Starrabba が発見しているが、その写本には、Genuardi 本の第1条から第34条に対応する規定が収められているので、それらについても検証している）。

　"Capitula Consulatus Maris Messane" との統一的なタイトルのもとにまとめられた56カ条は、メッシーナ海事評議員の選任・職務権限・手続などについて規定しており、ほとんどが、（現代的な分類からすると）公法的性質を帯びている。

　なお、第1節は、拙稿「続・メッシーナ海法序説」関西大学法学論集・64巻

3－4号935－1040頁（2014年11月）に若干の修正を施したものである。

　本論第1章第2節は、Genuardi本の第57条から第110条を主な検討対象としている。これらの54ヵ条には長い共通のタイトルが付されているが、その本質的部分は、"Li capituli et ordinacioni di la curti di mari di la nobili citati di Messina"である。「高貴なメッシーナ市海事裁判所の諸条項と諸規則」という表題から受ける印象と異なり、これらの規定の多くは、私法的な性質を帯びている。

　そして、これらの54ヵ条は、アマルフィ海法のいわゆるFoscarini本の大半の規定（第1条から第35条および第39条から第58条）と類似・酷似しており、多くの研究者が、強い関心を寄せている。筆者も、その類似・対応関係を、拙稿「メッシーナ海法序説」関西大学法学論集・62巻4－5号1763－1852頁（2013年1月）で検証した。それが本論第1章第2節のもとになっている。

　すなわち、本論第1章の第1節と第2節は、初出の段階では、Genuardi本の規定順とは逆に、後者のほうが先になっていた。二つの論説を本書でまとめるにあたり、発表順にすることも考えたが、条文の順とすることにした（Genuardi本の第1条から第56条と第57条から第110条は、それぞれ、独立性・自己完結性がかなり顕著なので、発表順にこだわることはない、と考えた）。したがって、第1節のなかで第2節のいくつかの部分を既発表のものとして引用しているため、読者諸賢には、若干の戸惑いを覚えられることがあるかもしれないが、了とされたい。

　本論第2章は、トラパニ海法について議論している。議論の主たる手がかりは、Vito La Mantiaが1897年に復刻・公刊した18ヵ条からなるトラパニの海事評議員の職務関連規則および陸上の商事規則群のなかにみられる海事関連規定である。

　議論する規定の数は、第1章に比べるとかなり少ないが、これらの規定のいくつか（かなり多く）が、メッシーナの海事関連規定に（アマルフィ海法およびヴァレンシア評議員規則にも）類似しており、トラパニ海法は、往時のトラパニとメッシーナ、ひいては、シチリア全体の海事慣習（法）の様相を知るうえで

看過しえない。

　なお、本論第2章は、拙稿「トラパニ海法管見」関西大学法学論集・66巻5
－6号1411－1489頁（2017年3月）に若干の修正を施したものである。

　3　献辞　学校法人関西大学は、筆者の退職後にもかかわらず、本書出版の
意義を認め、2018年度関西大学研究成果出版補助金によって出版費用を全額負
担していただいた。学校法人関西大学に対して、深甚の謝意を表したい。

　また、本書出版に関連し、筆者は、旧同僚や関西大学出版部の職員諸氏をは
じめ、多くの方々から、暖かな善意に満ちたご支援・ご助力を賜ることができ
たが、振り返ってみると、長い在職期間中、つねに、同様の処遇をえてきた。
ご交誼・ご芳情を賜った関西大学関係者の方々に対し、この拙い本書を捧げた
い。

　　　2018年 初春

　　　　　　　　　　　　　　　　　　　　　　　　　　栗 田 和 彦

目　次

まえがき

序　論 …………………………………………………………………………… 1

本　論 ………………………………………………………………………… 13

緒　言 ………………………………………………………………………… 13

第 1 章　メッシーナ海法序説 ……………………………………………… 23

第 1 節　メッシーナ海事評議員条項：

　　　　Capitula Consulatus Maris Messane

　　　─ ME 海法第 1 条〜第 56 条─ …………………………………… 23

　　　1　はしがき ……………………………………………………… 23

　　　2　メッシーナ海事評議員条項 ………………………………… 28

　　　3　むすびにかえて …………………………………………… 130

第 2 節　メッシーナ海事裁判所条項：Li capituli et ordinacioni

　　　　di la curti di mari di la nobili citati di Messina

　　　─ ME 海法第 57 条〜第 110 条─ ………………………………… 135

　　　1　はしがき …………………………………………………… 135

　　　2　メッシーナ海事裁判所条項 ………………………………… 139

　　　3　総括と展望（むすびにかえて） …………………………… 229

第 2 章　トラパニ海法管見 ……………………………………………… 235

　　　1　はしがき …………………………………………………… 235

　　　2　トラパニ海事評議員職務規則 ……………………………… 239

　　　3　陸上の規則・条項 …………………………………………… 298

　　　4　むすびにかえて …………………………………………… 312

結　語 ……………………………………………………………………… 315

v

序　論

　シチリア（Sicilia）島は、地中海のほぼ中央に位置し、「地中海の十字路」などと称されるように、古来、地中海交易の要衝であった。

　ギリシャ人が入植する（紀元前8世紀）以前から、航海術と商業にたけたフェニキア人は、島に頻繁に来訪し、やがて、主に、島の西部に航海と商業の拠点（定住地）を設けるまでに至っていた。モツィア（Mozia）島やマルサーラ（Marsala）の考古学博物館（Museo Archeologico Baglio Anselmi）などでフェニキア人の交易・居住の痕跡をみることができる。

　ギリシャ植民地の時代が数世紀にわたってつづいたが、その後、シチリアの地の利・豊かさを求めて、つぎつぎと、異民族が到来する。9世紀前半までに、統治者は、ローマ帝国（紀元前3世紀−440年）、ヴァンダル人（440−491年）、東ゴート王国（491−535年）、東ローマ帝国（535−827年）と変わってゆくが[1]、その間、シチリアが平穏・安寧であった時期は、長くはなく、むしろ、短かった、というべきであろう。

　海上交易の要衝の地には、必然的に、交易に関連する法規範（不文律を含めて）が発生する。シチリアの海洋都市においても、事情は同じである。

　本書は、シチリアの代表的な海洋都市として栄えたメッシーナ（Messina）とトラパニ（Trapani）に存在した海事法について検討を試みるが、それらの法も、他の海洋都市の法と同様、往時の海商・航海の慣習から生まれてきたものであろう。それらの法について議論するには、たとえ、断片的・表層的であっても、その時代の知識を有していることが便宜にかなうもの、と思われる[2]。

----

(1)　統治者の交代は、つねにシチリア全域で同時的・短期間に生じたわけではなく、時間をかけて徐々に進行してゆく（統治が島の一部にしか及んでいなかった）こともあったはずであるから、本文中（以下も同様）の統治期間はおおよそ支持さ

れているところを表記したにすぎない（序論および本論第2章でみるシチリア王の在位期間についても同様とする）。また、本書のテーマとの関係上、東ローマ帝国による統治以前のことは（カルタゴについては本文でも言及していない）、省略する。

(2) メッシーナとトラパニは、シチリア首長国の時代以降、多少の時期の差があっても、シチリア全体と命運をともにしてきた、といってよいであろうから、以下では、とくに注目すべき事象を除き、個別的確認を行わない。

＊わが国においても、近年、シチリア史関連の優れた著作・翻訳が数多く出版されているが、本書は、「シチリア史」自体の研究を目的としていないので、それらの文献を逐一参照していない。本所におけるシチリア史の記述は、主として、下記の3冊の辞典によっている。

Enciclopedia Italiana, vol. 31, Milano, 1951, pp.654-687.

Dizionario Enciclopedico Italiano, vol. 11, Roma, 1970, pp.254-257.

Grande Enciclopedia De Agostino, vol. 20, Novara, 1994, pp.158-169.

1　シチリア首長国

7世紀の中ごろから、シチリアへの進出意欲を隠さなくなっていたアラブ人は、700年に、パンテレリア（Pantelleria）島を手に入れており、740年には、シラクーサ（Siracusa）を脅かすこともあったが、8世紀後半からの数十年間、シチリアは、平穏な時を過ごすことができた。

士官 Eufemio の反乱を機に、アラブ人は、本格的にシチリアへの進攻を始めた。827年6月、マザーラ（おそらく、現在の Mazara del Vallo）に上陸・制圧後、シラクーサの制圧に向かうが、戦果をあげることはできなかった。パレルモ（Palermo）がアラブに屈したのは、約1年に及ぶ包囲を受けたのち、831年8月から9月のことである。アラブ人は、ここを首都と定めたが、シチリア全体を手に入れることができたのは、シラクーサの制圧（878年）のさらにのち、902年のタオルミーナ（Taormina）の征服によってである。

アラブ人は、農業、手工業および商業の分野に、大きな発展をもたらした。シチリアは、スペインとともに、アラブ文化放射の中心点となった。10世紀半ばからの約100年間（いわゆるカルビ朝：dinastia di Kalbiti の時代948－1040年）は、

シチリアでアラブ文化がもっとも輝いていた時期である。アラブ人は、昏睡状態にあったシチリアを目覚めさせたのである。

「土壌は巧みな灌漑技術によって肥沃となった。・・・小麦は依然としてシチリアの偉大な富であったが、さまざまな実り豊かな作物も導入された。・・・園芸、馬の飼育、生地や高級品の製造も盛んとなった。地下資源も開発された。ヨーロッパ大陸、イタリア南部、スペイン、北アフリカなどイスラムのすべての州はシチリアと取引を行なった。パレルモの港は大いに発展し、市の人口は30万をこえた[1]」という。

しかし、カルビ朝の崩壊後、以前から生じていたアラブ人の地方領主間の争いが、激化する。カターニア（Catania）の領主は、アグリジェント（Agrigento）の領主との抗争に際して、ノルマン人の Ruggero d'Altavilla（Ruggero 1 世）伯爵に支援を求めた（1060年）。

ノルマン人は、それ以前から、シチリア進出の意欲を有していたが（1038年、短期間、メッシーナを統治下に置いた）、今回のカターニア領主の支援要請は、Ruggero 1 世と兄の Roberto il Guiscardo 兄弟にとって、シチリア取得の絶好の機会であった。メッシーナが兄弟に下ったのは、1061年 5 月であった。Ruggero 1 世らの進行は、一気呵成にはゆかず、かえって、一進一退を繰り返さなければならなかった（半島南部にある領土に戻らなければならないこともあった）。

カターニアの陥落は、1071年、つづいて、1072年に、パレルモも陥落する。アラブ人にとって重要な軍事拠点であったトラパニが陥落したのは、1077年、タオルミーナは、1079年に陥落した。それでも、なお、Ruggero 1 世らは、アラブ人たちの抵抗を受け、シラクーサを落としたのは、1085年のことであり、1091年、最後まで残っていたノート（Noto）を制圧した。Ruggero 1 世らは、30年を要して、シチリア全体を手に入れることができた。

(1) ジャン・ユレ著・幸田礼雅訳『シチリアの歴史』白水社・2013年・93頁。

3

2　オートヴィル（ノルマン）朝（dinastia d'Altavilla）

　Ruggero 1 世は、シチリア大伯爵の爵位をえたが、彼のシチリア統治事業は、息子の Ruggero 2 世に受け継がれてゆく。

　Ruggero 2 世が Rex Siciliae（初代シチリア王・在位1130－1154年）と認められたのは、1130年のことである。Ruggero 2 世は、優れた国王であった。彼は、学問・芸術のよき理解者であり、人種を問わず、優れた人材を重用した。

　このころ、地中海沿岸において、いわゆる「商業の復活（再生）」がみられ、シチリアの港湾都市は活況を呈していたが、とりわけ、メッシーナは、（トラパニも然りであるが）商業で栄え、ジェノヴァ（Genova）人やピサ（Pisa）人が多く往来していた。また、街の一角には、アマルフィ（Amalfi）人街もできていた。

　このころの海法関連の重要なエピソードとして、Ruggero 2 世がメッシーナに海事評議員の選任特権を付与する旨の1129年 5 月15日付け文書が、かつて、真贋の論争の対象となった[1]。

　現在、その文書は後世の贋作ということで決着しているようであるが、Ruggero 2 世治世下で高名な地理学者であった Edrisi が記述したメッシーナ港の有様（活況）からすると、その1129年文書の真贋はともかく、そのような文書を生む背景があった（海事評議員制度の原初的ないしそれに類似した慣行が存在した）のかもしれない。かつて、筆者は、Edrisi の記述を紹介したことがあるが、再度、本書で引用しておこう。

　「ルーム（Rûm）のすべての国から来た船の絶え間のない投錨、荷揚げそして出帆。ここに、ルームあるいはアラブの土地の大きな船舶、旅客および商人が集まり、あらゆる場所からやってくる。そして、すばらしい市場、多くの買主、明快な売買。商品を手から手へ渡しながら荷揚げするために、波打ち際に投錨することができない船はないので、港は、本当に素晴らしく、全世界に知られている[2]」。

　Ruggero 2 世の死後（1154年）、彼の跡を継いだ息子の Guglielmo 1 世は、あらゆる面で父に及ばず、il Malo（悪王）と称されるほど、その治世下、シチリ

4

アの光芒に陰りがみられた。

　しかし、海法関連事項として忘れることができないのは、1156年11月、Guglielmo 1世は、ジェノヴァ人大使（Ansaldus Auriae および Wilelmus Ventus）に対して、ジェノヴァ人のシチリアとの交易を広く保護し、Ruggero 2世の時代からシチリア島との交易の場で形成された慣習（法〔consuetudini〕）の有効性を承認している[3]。

　Guglielmo 1世亡きあと（1166年）、父の王位を継いだ Guglielmo 2世（シチリア王在位1166–1189年）は、長じるにつけ、国王としての才を発揮し、父の時代に失われかけていたシチリアの光芒を取り戻した。

　Guglielmo 2世治世下のシチリアの繁栄・豊穣ぶりは、多くの国で翻訳・出版され学術的価値・評価の高い旅行記：藤本勝次・池田修監訳『イブン・ジュバイル「旅行記」』関西大学出版部・1992年が克明に示している。

　イブン・ジュバイルがシチリアに滞在した当時（1184年12月から翌年3月まで）、彼がみたことのないような肥沃で広大な豊穣の農地がシチリアの各地に開け、とりわけ、メッシーナやトラパニの港には、にぎやかな市が立ち、旅行者や商人たちであふれていた。少し長くなるが、その旅行記からいくつかの記述を引用してみよう。

　メッカ巡礼の帰路、乗船していた船がメッシーナ沖で強風に遭遇・大破し、イブン・ジュバイルが辛うじて救助されたのは、1184年12月10日のことである。彼は、メッシーナにあまり好印象をもってはいないが、その活況ぶりは高く（正当に）評価している。

　「この町は異教徒の商人たちの市場であり、また四周の国々から船乗りたちが目指す地である。物価が安いので多くの旅人の群れが集まるが、異教徒がいるため邪悪な地であり、そこに居住するムスリムはだれもいない。・・・町の市場はどこもかしこも活気にあふれ、人が群がり、生活物資は豊かで豪勢な生活を享受できる」（藤本・池田監訳・326–327頁）と表わしたのち、その港について以下のようにのべている。

　「ここの港はいろんな海洋国の港の中でも最も素晴らしい港である。それは

大型船でも直接接岸できるからで、船と岸の間に往来用の板を渡し、それを伝って人夫は荷を運びこむことができる。大型船が沖合い遠く投錨し、小舟を使って荷積みや荷下ろしをする必要もない。あたかも駿馬が柵や馬小屋につながれているように、整然と船が岸に並んでいるのが見られる。それは海がここで急に深くなっているからである」（藤本・池田監訳・327頁）。

このイブン・ジュバイルのメッシーナ港の称賛ぶりからも分かるように、先にみた Edrisi の記述は、決して、誇張によるものではないのである[4]。

イブン・ジュバイルは、メッシーナに9泊したのち、海路、チェファル（Cefalù）経由（1泊）で、テルミニ（Termini Imerese）に上陸している。そこで、つぎのような記述を残している。

「この町は極めて肥沃で食料の豊かなところである。いや、この島全体が神の創られた国々の中で土地の肥沃さと産物の豊富さにおいて最も素晴らしい国のひとつである」（藤本・池田監訳・333頁）。

テルミニから、陸路をたどり、パレルモに到着したイブン・ジュバイルは、その繁栄ぶりにいく度も目を奪われているが、その一部のみを引用しておこう。

「マディーナ（パレルモのこと・筆者注）はこれらの島々の首都で、繁栄と栄華の両美徳を兼ね備え、真に美しい物にしろ、見てくれの美しい物にしろ、望みの物は何でも、熟した物でも青い物でも欲しい食物は全て得ることができる。古くて優美な、壮麗で優雅な、見る目を魅惑する町である。一面に果樹園が広がる平野と平地に誇らしくそそり立つ町で、路地も通りも広く、見事な外観は一際目立ち、人々の目を幻惑する」（藤本・池田監訳・336頁）。

前後するが、メッシーナとパレルモにある造船所について、このような記述も残している。

「この王（Guglielmo 2世のこと・筆者注）は前述のマッシーナの町に造船所を備えているが、そこには数え切れないほどの船舶からなる艦隊が係留されている。マディーナ（パレルモ）にもこれと同じ様な造船所をもっている」（藤本・池田監訳・331頁）。

イブン・ジュバイルは、パレルモで7泊したのち、陸路、アルカモ

序　論

(Alcamo) 経由で、帰国のための出帆の地、トラパニを目指すが、途中の農園風景にやはり大いに感嘆している。

「これほど良質で肥沃で広大な耕地を見たことがない。われわれはこれをコルドバのカンバーニャ（農園）になぞらえてみたが、しかしこの土地の方がもっと良質で豊饒である」（藤本・池田監訳・339頁）。

そして、結局、帰国の出帆までそこで2カ月半以上を過ごすことになるのであるが、イブン・ジュバイルは、トラパニについて、広大な耕作地を有するため物価が安く、生活のしやすい裕福な町との印象を有しており、さらに、その港湾都市としての様相について、つぎのように書き残している。

「アトラーブンシュ（トラパニのこと・筆者注）はこじんまりとした、それほど広くない町であるが、城壁に囲まれた鳩のように白い町で、船舶にとって最良、最適の港のひとつである。そのため多くのルーム人、特にバル・アルアドワ（アフリカ沿岸）に向け出帆する者たちがこの地を目指して到来する。この町とチェニスとの間は一昼夜の行程で、この間の航海は冬も夏も、順風が吹いている限りは停滞することない。そこへ渡るにはこの航路が最短距離である。・・・町は三方が海に取り囲まれた喉元にあり、一方の狭い土地を通って陸と結ばれている」（藤本・池田監訳・340頁）。

やはり、トラパニは、当時から、天然の良港に恵まれた「アフリカにもっとも近い街」だったのである[5]。

引用がいささか長くなったが、イブン・ジュバイルの旅行記が示しているように、シチリアがそれほどまでに海上交易で栄えていたのであれば、その当時、海商・海事事項を規律する法規範が存在していたはずである。しかし、それを記した文字史料は、いまに伝わっていない。ただ、その規範がまだ編纂・成文化されていなかっただけのことであろう[6]。

イブン・ジュバイルが無事スペインに帰国してから数年後、Guglielmo 2 世が、男子に恵まれないまま、早世（1153？－1189年）すると、オートヴィル朝の終焉は、足早にやってくることになる。

Tancredi（Guglielmo 2 世の従兄）がシチリア王位にあったのは、病没する

7

1194年2月までであり（1193年から長男の Ruggero 3世と共同統治していたが、長男に先立たれた）、次男 Guglielmo 3世は、あまりにも幼く（1185年生まれ）、神聖ローマ皇帝 Enrico 6世（独名 Heinrich 6世：Ruggero 2世の娘 Costanza の夫）に屈するしかなかった（1194年12月）。

⑴　Jean Marie Pardessus, Collection de lois maritimes antérieures au 18 siècle, Tom. 5, Paris, 1839, p.232 が当該文書の真正さを認める立場であったのは有名。

⑵　拙著『アマルフィ海法研究試論』関西大学出版部・2003年・251－252頁。Riniero Zeno, Storia del diritto marittimo italiano nel mediterraneo, Milano, 1946, p.135 が引用する Amari e Schiaparelli, L'Italia descritta nel libro di Re Ruggero di Edrisi, Roma, 1883 のなかの記述。なお、ルーム人とは、アラブ人が（東方の）キリスト教徒を指すことばのようである。

⑶　Zeno, op. cit., p.83, n. 3.

⑷　レッジオ（Reggio）の僭主 Anassila に占領される以前（紀元前480年）、メッシーナは、Ζάγκλη（希）；Zancle（羅）と呼ばれていた、という。一説によると、それは、先住民のことばで「鎌」を意味するが、メッシーナ港を抱いている聖 Ranieri 半島が丸鎌のようなかたちをしていることに由来する。その話しの真偽はともかく、現在でも、メッシーナ港は、本土と結ぶ大型フェリーの発着場所であるように、急深であり、中世期の港としては、充分すぎるほどの広さ（約4キロメートルの円形）と水深（約80メートル）を有する。

⑸　トラパニの名の由来については、いくつかの説があるようだが、（最）有力説によると、トラパニ港を形成する半島が農業神のもつ大鎌（δρέπανον）に似ていることにちなんでいる、という（メッシーナの旧名の由来に似ている）。西方に突き出た半島の南側と対岸の塩田地帯に深くはさまれた区域がトラパニ港の主要部となっているが、おそらく、往時も、たんにアフリカに近いだけではなく、風待ちをするに絶好の港であったもの、と思われる。

⑹　Nicola Giordano, Il diritto marittimo siciliano dalle origini al secolo XIV, Archivio storico siciliano, nuova serie, anno 41（1916), p.365 によると、シチリアにおける海事慣習（法）を記した（学術的価値のある）文字史料は、12世紀以前には存在せず、13世紀に入ってから現れはじめる。

3　ホーエンシュタウフェン（スワヴィア）朝（dinastia di Svevo）

Enrico 6世は、入手したシチリアを単独統治することなく、妻の Costanza

と共同統治し始めた。初代シチリア王 Ruggero 2 世の娘を共同統治者とすることが、シチリア統治の便宜にかなったのであろう。

なお、ホーエンシュタウフェン朝の統治の初期、メッシーナは、他の有力都市と同様、オートヴィル朝以来の広範な商業の自由を認められていた。

1194年、Enrico 6 世は、メッシーナ人（および市内在住のすべての人）に対して、王国および帝国内において、広い商業の自由を認めた（これは以前より認められていたことの法的承認）、といわれている（ただし、その真贋について疑義を呈する説もある）。さらに、Enrico 6 世は、1197年、メッシーナに以前から存在している良き慣行・慣習（法）を確認する特権を付与している（この真贋に疑義をはさむ者はない[1]）。

しかし、それも束の間、1197年、Enrico 6 世は、33歳の若さで急逝してしまった。残された妻の Costanza は、Enrico 6 世とのあいだにもうけたわが子Federico 2 世を王位につけた（シチリア王在位1197−1250年）。その時、Federico 2 世は、わずか 3 歳であった。

Federico 2 世がシチリア統治を本格的に行えるようになったのは、1220年ころからである。彼は、シチリア王のほか複数の冠を戴いていたが、もっぱらの関心はシチリアの統治であった。

強国構築のため絶対王政が志向され、有力都市・貴族などに承認されていた特権の剥奪などの強権的な政策が施され、1231年、「メルフィの法典（Costituzioni di Melfi）」によって、Federico 2 世の意図は、一応完成した。

強権的な政策・改革には、ほとんど例外なく、反対者が現れる。Federico 2 世の政策に対する最大の反乱は、当時シチリア島内でもっとも繁栄していたメッシーナのそれであった。1232年にメッシーナが起こした抵抗に対して、Federico 2 世が下した仕打ちは、きわめて厳しいものであった。

Federico 2 世は、学問・芸術の良き理解者として知られており、首都パレルモを中心に、文明は華やかに開花し、商業も活発であったが、やがて、重税・専売などの政策がシチリア全体を停滞の方向に向かわせた。

Federico 2 世の死後（1250年）、ホーエンシュタウフェン朝の危機が顕在化し、

その滅亡まで、それほど時間はかからなかった。Federico 2 世は、生前たびたび、ローマ教皇の意に背き、時には、破門されることもあったが、この対立は、後継者によって修復されることはなかった。これがホーエンシュタウフェン朝の滅亡を早めた要因の一つであろう。

Corrado 4 世（神聖ローマ皇帝 Konrad 4 世）の統治は、1254年の病死で終わったが、息子 Corradino と弟 Manfredi の統治も、長くはつづかなかった。

1266年、ローマ教皇よりシチリア王と認められたアンジュー朝 Carlo 1 世（Carlo d'Angiò）との戦いにおいて、Manfredi が戦死し、さらに、Corradino も、1268年、Carlo 1 世との戦いに敗れ、ナポリで斬首され、ホーエンシュタウフェン朝の男系は断絶する。

時期は、若干前後するが、1266年 6 月、トラパニ沖で、ジェノヴァの艦隊とメッシーナを発したヴェネツィア（Venezia）艦隊とのあいだで、壮絶な海戦が展開された。双方に大きな人的・物的損害が生じたが、ヴェネツィアが最終的には勝利した。

(1)　Zeno, op. cit., p.83, n. 6; Giuseppe Di Martino, Statuti e consuetudini marittime, in Novissimo Digesto Italiano, vol. 19, Torino, 1973, p.401.　なお、これより若干早い時期の出来事であるが、メッシーナと縁が深いアマルフィに関して、ローマ教皇 Lucio（ルキウス） 3 世が、1184年 5 月12日の公文書で、ベネヴェント（Benevento）在住のアマルフィ人に対して、彼らの慣習（法）を遵守することを認めている（Zeno, op. cit., p.83, n. 4）。12世紀半ばには、イタリアの多くの港湾都市において、それぞれの慣習（法）が存在していたことが確かめられているが（先にみたノルマン朝 Guglielmo 1 世が1156年11月にジェノヴァ人に彼らの慣習〔法〕の有効性を承認した例も想起せよ）、それ以前、各地に海事慣習（法）が存在したかについて、議論が分かれている。ヴェネツィアが通商・関税に関して締結した、いわゆる pacta（古くは、967年12月 2 日に総督 Pietro Ⅳ Candiano と神聖ローマ皇帝 Ottone il Grande〔オットー 1 世〕が締結した）や、さらには、イタリア王 Berengario 2 世がジェノヴァ人にその慣習（法）の順守を認めた958年の文書などに、その存在の根拠を求めることが可能かもしれない（後者に関して疑問視するのは、Vito Vitale (a cura di), Le fonti del diritto marittimo ligure, Genova, 1951, p.11）。

4　アンジュー朝 (dinastia d'Angiò)

　Manfredi と Corradino との戦いに勝利し、Carlo 1 世は、ナポリ・シチリア王として、シチリアの統治を始めたが（シチリア王在位1268-1282年）、その統治は、シチリア島民にとって、「悪政 (mala signoria)」でしかなかった。

　悪政に対する島民の怒りは、突然、爆発した。1282年 3 月31日に勃発したいわゆる「シチリアの晩鐘（晩禱）」である。

　アンジュー朝に対する島民の蜂起は、パレルモから急速に全島に広がった。メッシーナがこの動きに同調したのは、1282年 4 月28日といわれているが（他の重要都市に比べ、少し遅かったのかもしれない）、メッシーナは、この反乱の重要拠点の一つとなった。この事件を契機として、アンジュー朝は、シチリアを失う。

5　アラゴン朝 (dinastia d'Aragona)

　「シチリアの晩鐘」を契機としたシチリアの混乱にアラゴン朝の Pietro 3 世が介入すべく、1282年 9 月（ 8 月末？）、トラパニに上陸した。Pietro 3 世は、Carlo 1 世との戦いで戦死した Manfredi の娘の婿であり、混乱を機にシチリアの統治に向かうのは、なかば当然の行動だったのであろう。

　なお、この時期の海法関連事項として忘れてならないのは、Pietro 3 世の息子であり補佐役の Giacomo（1285年、父の跡を継ぎシチリア王となる・在位1285-1296年）がメッシーナに対して、海事評議員の選任特権を付与した1283年12月15日付けの文書のことである。

　この文書は、先にふれた Ruggero 2 世の1129年 5 月15日付け文書と同趣旨のものであるが、それと異なり、信憑性はきわめて高い（贋作とする者を知らない）。メッシーナには、遅くともこの時から、海事評議員制度が存在したことが認められる（当該制度の新規導入を承認した、というより、むしろ、既存制度の継続を認めた、とも考えうる[1]）。

　アラゴン朝とアンジュー朝のシチリアをめぐる争いは、「シチリアの晩鐘戦争」に拡大し、それが一応結着するには、1302年、「カルタベッロッタの和睦

（trattato di Caltabellotta）」まで、20年を要した。この和睦で、アンジュー朝 Carlo 2 世は、シチリアの統治権をアラゴン朝 Federico 2 世（3 世とも称される・在位1296 - 1337年）に認めた。いわゆる「トリナクリア王国」の成立である。

　やがて、シチリアへの未練を隠せなくなったナポリ王国 Giovanna 1 世は、和睦を破り、シチリアを何度かうかがい、1356年から10年ほど、メッシーナを占領することがあった。しかし、島全体が再度アンジュー朝に服することはなかった。

　アンジュー朝とアラゴン朝のシチリアの帰属をめぐる問題は、1372年、Giovanna 1 世と Federico Ⅲ il semplice（Federico 4 世とも称される・在位1355 - 1377年）との和睦により、最終的に決着し、以後、シチリアは、アラゴン朝およびスペイン王国のもとで時を過ごすことになる。

　メッシーナとトラパニは、アラゴン朝統治下の14世紀、大いに繁栄したといわれているが、本書は、そのころに編纂（成文化）された両市の海法について検討することになる[2]。

⑴　13世紀後半になると、シチリアにおいても、海事契約関連の公証人の記録は、かなりの数がみられるようになる。Zeno, Documenti per la storia del diritto marittimo nei secoli ⅩⅢ e ⅩⅣ, Torino, 1936 は、パレルモ国立古文書館（R. Archivio di Stato di Palermo）およびパレルモ市立古文書館（Archivio Comunale di Palermo）に残されている海事契約、たとえば、コメンダ、傭船、船舶売買・造船などに関する古文書（公証人の記録）を復刻・刊行している。

⑵　13世紀末から14世紀前半の時期は、ビザンツ法の大きな影響を残しながらも、実務に浸透し急速に進歩・発展した新たな契約形式・条項がみられることから、海法史にとっては、きわめて興味深い時期 と考えられている（Ad. es., Zeno, op. cit., p.Ⅺ）。

12

本　論

緒　言

　シチリア（Sicilia）は、「地中海の十字路」などと称されるように、古くから、地中海交易の要衝であり、その最大都市パレルモ（Palermo）は、いわゆる「12世紀ルネッサンス」の拠点の一つであった。その事実だけをとっても、そこに存在した（はずの）海法がどのようなものであったのか、当然、研究者の興味をそそるはずである。

　しかし、海法の研究は、他の海域のそれらに比べると、かなり時期が遅れてから本格化するようになった、といえよう。その最大の理由は、まとまったかたちの法律や規則（の写本）の発見・復刻が他の海域の都市のものより遅れたからにほかならない。

　早くから、航海・交易の自由や海事評議員の選任を認める統治者による特権付与などに関する古文書（真贋は別として）の存在は報じられていたにしても、法律・規則・慣習法の内容そのものを示した写本の発見・復刻なくして、海法研究は、困難である。

　そのような意味からすると、シチリア海法研究の深化・発展にとって大きく寄与したのは、以下の三つの発見・復刻であろう（時系列順に並べる）。

　Vito La Mantia, Consolato del mare e dei mercanti e capitoli vari di Messina e di Trapani, Palermo, 1897.

　Raffaele Starrabba, Consuetudini e privilegi della città di Messina sulla fede di un codice del XV secolo posseduto dalla Biblioteca comunale di Palermo, Palermo, 1901.

緒 言

Luigi Genuardi, Il libro dei capitoli della corte del consolato di mare di Messina, Palermo, 1924.

1

19世紀も残り少なくなったころ、Vito La Mantia がトラパニ（Trapani）市に残されていた14世紀および15世紀のトラパニの海事規則および商事規則などを発見・復刻した。そのなかに、"De officio Consulum maris et capitulis de ordinacionibus officii eiusdem, que servari debent de cetero per presentes officiales et successores in terra Trapani, prout servantur in civitate Messane et aliis terris et locis maris regni Sicilie" との長いタイトルのついた18カ条からなる海事評議員の選任・職務などについて定めた規則が含まれている（以下、TRCM と称する）。

この TRCM こそ、後に、多くの研究者によって「トラパニ海法」として扱われているものであり、本書も、第2章において、TRCM の18カ条を主たる検討対象とする（La Mantia が TRCM とともに発見・復刻した陸上の商事規則のなかに海事関連規則が散見されるので、それらについても、検討する）。

La Mantia は、その当時すでに、法律家（裁判官・法制史研究者）として名を成していたが、うえの発見・復刻だけでは、直ちに、シチリア海法研究を活発化させるには不充分であった。その発見・復刻の意義が明らかになるのは、もう少し後のこと（Starrabba と Genuardi の発見・復刻とあいまってのこと）である。

La Mantia が発見・復刻した写本の内容については、本論第2章「トラパニ海法管見」にゆずるとして、ここでは、シチリア法制史家として高名な彼の略歴を紹介しておくことにする。

Vito La Mantia

1822年11月6日、チェルダ（Cerda）にて、Francesco La Mantia と Rosa Arcara の子として誕生。

パレルモ（Palermo）大学法学部に進学、Emerico Amari（比較法）や

14

Benedetto D'Acquisto（哲学）などの薫陶を受ける。在学中の1843年、最初の出版物 Sul modo di procurare la ricchezza e la civiltà delle nazioni, Palermo を上梓。1846年2月、パレルモ大学法学部卒業。

1853年、弁護士。このころより、シチリア法制史関連の研究書の出版を本格化する（以下、主要業績のみを紹介する）。初期の業績として、Discorso sulle basi della legislazione seguito da un progetto di storia del diritto civile e penale in Sicilia, Palermo, 1853; Annali di legislazione e giurisprudenza patria e straniera, Palermo, 1858 など。1858年から、La Mantia のシチリア法制史家としての名声を不朽のものとした Storia della legislazione civile e criminale di Sicilia, 4 voll., Palermo, 1858-1874 の出版に取り掛かる。

1860年8月6日、パレルモ民事裁判所判事に任命され、以後、約35年間に及ぶ裁判官生活を送る。任官後も研究意欲は衰えず、2年後、Consuetudini delle città di Sicilia, Palermo, 1862 を出版。1877年、ペルージャ（Perugia）控訴院判事に任命され（その後、ローマ〔Roma〕破棄院判事となる）、いったん、シチリアを離れる。シチリアの古文書館から遠のいたため、シチリア法制史研究を一時中断せざるをえなくなったが、研究範囲を拡大し、中世ローマ市法に関する Statuti di Roma : Cenni storici, Roma, 1877 を上梓。本書は、フランスの著名な法制史研究者 Eugène de Rozière 教授に絶賛され、La Mantia の法制史研究者としての名声は海外にも広がる。Origini e vicende degli statuti di Roma, Firenze, 1879; I comuni dello stato romano nel medio evo, (s.l.), 1884; Storia della legislazione italiana, I, Roma e Stato romano, Torino, 1884 などを矢継ぎ早に出版後、主たる研究対象は、シチリア法制史に戻り、Origine e vicende dell'inquisizione in Sicilia, Palermo, 1886; Notizie e documenti su le consuetudini delle città di Sicilia, Firenze, 1888; Leggi civili del Regno di Sicilia: 1130-1816, Palermo, 1895 などを出版。

退官（1895年）後も研究意欲に衰えはみられず、本論第2章の基礎資料 Consolato del mare e dei mercanti e capitoli vari di Messina e di Trapani, Palermo, 1897 をはじめ、Antiche consuetudini delle città di Sicilia, Palermo,

緒　言

1900; Le tonnare in Sicilia, Palermo, 1901 を出版。死の直前まで、息子らの協力をえながら出版をつづけ、1904年6月16日、パレルモにて永眠（その後、息子らによって遺稿のいくつかが公刊された*）。

　　*Vito La Mantia に関しては、多くの研究・紹介がなされているが、M. Antonella
　　Cocchiara, Vito La Mantia e gli studi storico-giuridici nella Sicilia dell'Ottocento,
　　Milano, 1999 がもっとも詳しい。

2

　20世紀最初の年（1901年）、La Mantia の発見・復刻から4年後、Raffaele Starrabba[1]によって、パレルモ市立図書館（Biblioteca comunale di Palermo）が所蔵する15世紀のメッシーナ（Messina）市慣習法・特権関連の12の写本群が発見・復刻された（1129年5月15日の Ruggero 2世による特権付与の文書も含まれているが、大半は、アラゴン朝期の法律・規則・特権などである）。

　そのなかでとりわけ重要な海法関連の写本が "Capitula extracta a libro Capitulorum curie maris nobilis Ciuitatis messane ad peticionem philippi de bonfilio et perroni de Joffo ipsius curie consulum" とのタイトルのもとにまとめられた（条文番号は付されていない）34カ条の規定群である（以下、Starrabba 本〔または本論で St 本〕と称する）。Starrabba 本は、つぎにみる Genuardi が発見した167カ条の規定群の最初の34カ条に対応するものである（これら以外にも、数カ条の対応関係が認められる）。

　Starrabba 本は、アラゴン王 Pietro 4世によって1336年から1343年（1342年）にかけて公布されたヴァレンシア評議員規則との類似性が認められる、という意味で、地中海海法史研究上、重要なものであるが、Starrabba 自身は、自己の発見・復刻の意義に関してはなにも論じていない。

　La Mantia と Starrabba の発見・復刻は、シチリア海法研究を促したことはまちがいなく、たとえば、1916年から数年間にわたりシチリア海法史の地道な研究を公表した Nicola Giordano は、各所で、二人の業績を引用している[2]。そして、Giordano は、TRCM と Starrabba 本のいくつかの規定がアマルフィ

（Amalfi）海法、カタルーニャおよびヴァレンシア海法の規定に類似・影響されていることを承認している[3]。

(1) Starrabba については、信頼のおける伝記を知ることができなかった。

(2) Nicola Giordano, Il diritto marittimo siciliano dalle origini al secolo XIV, Archivio storico siciliano, nuova serie, anno 41（1916）, p.369; p.374 ecc. もちろん、著者が入手しえなかったイタリアの文献もある。

(3) Giordano, op. cit., anno 41, pp.371-372; anni 42-43（1917-1921）, p.38. ただし、TRCM のいくつかの規定が66カ条からなるアマルフィ海法のいわゆる Foscarini 本の規定との類似関係は、Walter Ashburner, The Rhodian sea-law, Oxford, 1909, p.CCXLIV, n. 1 により指摘されている。

3

1924年、Giordano の貴重な研究と入れ替わるように、Genuardi によって、パレルモ国立古文書館（R. Archivio di Stato di Palermo）が有する17世紀の10数種の写本群の発見が報じられた。

そのなかに、**2** で若干ふれた、編纂者によって統一的な呼称は与えられていないが、第 1 条から第167条までの通し番号によってまとめられた海事評議員裁判所に関連する規則（以下、Genuardi 本〔または本論で〕Gen 本と称する）が所収されている。

多くの研究者が「メッシーナ海法」という場合、この Genuardi 本を指しており、本書も、その第 1 条から第56条と第57条から第110条を、それぞれ、本論第 1 章第 1 節と第 2 節の主たる検討対象としている（第 2 章において、第111条以下のいくつかの規定について検討している）。内容・構成を概観するまえに、発見者の Genuardi 教授の略歴を紹介しておこう。

Luigi Genuardi

1882年 2 月 3 日、パレルモにて、Antonino Genuardi と Angela Maria Inglese の子として誕生。

パレルモ大学法学部で Enrico Besta 教授および Luigi Siciliano Villanueva 教

緒　言

授に学び、1904年7月卒業。研究開始当初より、中世法、とりわけ、シチリア法に関心を有し、1906年から勤務したパレルモ国立古文書館が蔵する大量の古文書がシチリア法制史研究に役立つ。

　1905年から、歴史研究誌や大学の紀要などに、研究成果を絶え間なく発表する。テーマは、中世（ノルマン朝期・ホーエンシュタウフェン朝期）シチリアの民事訴訟、14・15世紀のシチリアの法律家、Federico 2 世の文書など未公刊の文書、パレルモの慣習法など、主に、中世シチリア法制史に関連するが、1812年のシチリア憲法にも及ぶ。

　大学教員としての活動は、1915年、イタリア法制史の教授資格（libera docenza）取得後、1921年、カメリーノ（Camerino）大学法学部イタリア法制史担当者として招聘され、1923年3月1日、正教授（ordinario）となる。このころ、公法・行政法関連の研究成果やイタリア法史のモノグラフィも公刊。

　1924年、本書が大いに依存している "Il libro dei capitoli della corte del consolato di mare di Messina" をパレルモで出版。1926年3月5日、メッシーナ大学法学部に招聘され、同大学に勤務中、シチリア法制史研究の傍ら、シチリア法に対するスペイン法の影響に関する研究にも及ぶ。1931年から35年にかけて、全5巻の "Lezioni di storia del diritto italiano" をパードヴァ（Padova）で出版。その間、1932年11月1日、パレルモ大学法学部イタリア法制史正教授に招聘される。パレルモ大学移籍後も、シチリア法制史に関する研究成果を公刊し、1934年、本書の「**まえがき**」で若干ふれた Genuardi 本の継続部分（第168条と第169条の一部）の発見を報じるなど、死の直前まで、旺盛な研究活動をつづける。1935年10月28日、パレルモ郊外・ラスカリ（Lascari）で永眠＊。

　＊以上の紹介は、主として、Giulia Caravale, GENUARDI Luigi, Dizionario biografico degli italiani, vol. 53, Roma, 1999, pp.292-295 による。

　3－1
　Genuardi 本であるが、大きく、第1条から第56条、第57条から第110条および第111条以下に分けられる。

先述のとおり、全体を統一するタイトルは存在しないが、まず、第1条から第56条には、"Capitula Consulatus Maris Messane" との簡略なタイトルが付されている（以下、CCMMと称する）。

　このCCMMについて、Genuardiは、多くの部分がStarrabba本の34カ条と内容的に一致していること、および、1343年のヴァレンシア評議員規則およびそれより古いヴァレンシアとバルセロナの海事慣習に類似している（むしろ、Genuardi本の規定のいくつかは、カタルーニャ方言の規定の翻訳であり、その他の規定は、修正・変更がなされているが、明確に対応している）旨を指摘している[1]。

　そして、このCCMMは、欠落のない連続・完結した56カ条の規定でもって、メッシーナ海事評議員の選任・職責・権限などについて規定している、という意味において、Starrabba本34カ条以上に重要性を有しており、イタリア法制史の大家Mario Chiaudanoは、CCMMの56カ条がGenuardi本において非常に重要な部分である、と主張している[2]。

(1)　Genuardi, op. cit., p.XⅢ. そして、XⅣ頁に、Genuardi本とStarrabba本、ヴァレンシア評議員規則およびバルセロナのコンソラート・デル・マーレの類似対象表を設けて、四つの規則の類似関係を具体的に示している。

(2)　Mario Chiaudano, Consolato del mare di Messina, in Novissimo Digesto Italiano, vol. 4, Torino, 1957, p.236.

　　3-2
　CCMMの重要性もさることながら、Genuardiがより大きな関心を寄せたのは、"Li capituli et ordinacioni di la curti di mari di la nobili citati di Messina facti et ordinati per la universitati di la predicta citati" との共通のタイトルのもとにまとめられた第57条から第110条までの規定群である（以下、COCMと称する）。

　Genuardiは、COCMの大半の規定とアマルフィ海法のいわゆるFoscarini本の多くの規定が類似していることを詳細な対応表でもって示し、そして、その類似関係はメッシーナ海法のタイトルの都市名をメッシーナからアマルフィ

緒　言

に置き換えてアマルフィの海法として採用されたからである、との大胆な仮説を展開している[1]。

メッシーナ海法がアマルフィ海法の母型であった、との Genuardi の提唱（メッシーナ海法起源説）は、学界に大きな反響、むしろ、衝撃を呼び覚ますものであった。Genuardi の提唱は、多くの海法研究者の研究意欲を掻き立て、そして、彼らも、Genuardi と同様、CCMM の56カ条よりも、むしろ、COCM の54カ条のほうに強い関心を示している（筆者も当初はそうであった）。

多くの研究者にとって、Genuardi のメッシーナ海法起源説は、アマルフィ海法の編纂時期に関して自説を明らかにする契機ともなった。

Federico Ciccaglione、Romualdo Trifone、Gennaro Maria Monti や Leone Adolfo Senigallia など、とりわけ南イタリア海法史に詳しい高名な海法研究者が見解を明らかにするところとなり、アマルフィ海法とシチリア海法の研究は、大きく深化・発展した[2]。

結局、Genuardi のメッシーナ海法起源説は、支持者をほとんどえることはできなかったが（多くは、アマルフィ海法の先行性を認める）、Genuardi 本を世に知らしめ、Foscarini 本との類似性を詳細に呈示した彼の功績は、中世イタリア（ないし地中海）海法史研究上、不朽のもの、というべきであろう。

(1)　Genuardi, op. cit., pp.XⅦ-XⅧ; pp.XLⅨ-L.
(2)　メッシーナ海法とアマルフィ海法の先後関係に関する議論のおおよそについては、拙著『アマルフィ海法研究試論』関西大学出版部・2003年・90-95頁、258頁など。

3－3

Genuardi 本第111条以下の規定群は、15世紀から16世紀にかけて[1]公布・裁可された規則・布告などからなり、14に類別されている。類別ごとにタイトルが付されているが、統一的なタイトルは付されていない（類別ごとに規律対象事項が異なるため、と推測される）。

そして、Genuardi 本は、第167条でもって終了するものではなかった。その

書法、文書の紙質・サイズ、条文番号および写本の頁数から、明らかに
Genuardi 本第167条に継続する第168条（全文）と第169条の一部が発見された。
その断片の発見場所・者は、パレルモ国立古文書館・館員 Antonino
Cardarella であった。しかし、その後、Genuardi 本の最終部分を埋める発見
がなされた、との報に接していない(2)。

(1) 多くの規定には公布・裁可された年月日が明示されている。最初の類別の第
　111条から第116条には日付けはないが、各条文末に記された主席公証人の名に
　よって、1416年から1418年のもの、と判明している（Genuardi, op. cit., p.LⅢ, n.
　1）。第167条には1552年12月2日の日付けがある。

(2) Genuardi, Un frammento delle leggi del libro dei capitoli della Corte del
　Consolato del Mare di Messina, in Atti del convegno internazionale di studi
　storici del diritto marittimo medioevale, vol. 1, Napoli, 1934, p.321. より詳しくは、
　前掲拙著・259－260頁参照。

4

　シチリア海法研究は、La Mantia と Starrabba による写本の発見・復刻に
よって、深化・発展の素地が形成され、そして、Genuardi 本の発見・復刻が
決定的要因・契機となり、大きく深化・発展を遂げた、といいうる。
　第2次世界大戦後に公刊されたイタリア海法史関連の研究書およびイタリア
海法史に項を設けている航行法・海法の教科書の多くは、著名な海洋都市、た
とえば、ヴェネツィア（Venezia）、ピサ（Pisa）、アマルフィ、ジェノヴァ
（Genova）などと並べて、メッシーナとトラパニの海法を取り上げている(1)。
　この事実は、メッシーナとトラパニの海法が有する中世イタリア（ないし地
中海）海法史研究上の重要性が広く認識されるに至ったことの証左であろう。
　「まえがき 2 構成」でふれたように、本書は、本論第1章第1節でCCMM
を、同第2節でCOCM を、そして、本論第2章で La Mantia の発見・復刻を、
その主たる検討対象とする(2)。
　CCMM の逐条的分析検討によって、往時のメッシーナの海事評議員裁判制
度の全貌（少なくとも、そのおおよそ）が明らかになるとともに、ヴァレンシア

緒　言

評議員規則との類似・対応関係が示されることになる。

　同様に、COCM の逐条的分析検討から、COCM とアマルフィ海法（Foscarini 本）が他に類例をみないほど正確に類似・対応していることが判明する。すなわち、規定の配列順序がほぼ正確に一致し、対応関係にある規定内容がほとんど完全に一致しているだけではなく、用語・表現方法までもが酷似しているのである。

　そして、本論第 2 章は、往時のトラパニの海法がメッシーナの海法に類似していることをつまびらかにし、ひいては、アマルフィ海法などとの類似・対応関係の解明に資することになる。

　拙著『アマルフィ海法研究試論』と本書を併せ読めば、ティレニア海における往時の三つの交易の要衝（アマルフィ、メッシーナおよびトラパニ）にあった海法の様相（三都市の海法の類似・対応関係）がかなり明らかになるであろう（地中海全域におけるイタリア海法の影響力の程度については、別途、研究を要するにしても）。

(1)　Riniero Zeno, Storia del diritto marittimo italiano nel mediterraneo, Milano, 1946, pp.132-140; Dante Gaeta, Le fonti del diritto della navigazione, Milano, 1965, pp.66-68; Mario Murino, Andar per mare nel medioevo, Le antiche consuetudini marittime italiane, Chieti, 1988, pp.298-324; Guido Camarda, Fonti e strutture organizzatorie nel diritto della navigazione, Torino, 1988, pp.38-39; Antonio Lozzi, Codice e consuetudini nella storia del commercio marittimo: Dagli statuti delle città italiane ai codici del regno d'Italia, Milano, 2010, pp.47-51 ecc.

(2)　前掲注(1)でみた研究は、ほぼ例外なく、Genuardi 本にそってメッシーナ海法について論じ、La Mantia の発見・復刻に依りながらトラパニ海法に関する説明を行っている。本書も、基本的には、それらの例にしたがって（第 1 章第 1 節では、Starrabba 本にもかなり重点を置くことにするが）、議論を展開したい。

第1章 メッシーナ海法序説

第1節 メッシーナ海事評議員条項：
Capitula Consulatus Maris Messane
―ME 海法第1条～第56条―

1 はしがき

メッシーナ（Messina）は、中世地中海交易の要衝に位置し、その港が、12世紀には、シチリア（Sicilia）のもっとも重要な港（少なくとも、その一つ）になっていたことは、多くの歴史家の認めるところである。メッシーナにも、四大海洋共和国と称されるアマルフィ（Amalfi）などと同様、商事・海事慣習（法）が生まれ、さらには、海事評議員裁判所が設けられ、海事評議員裁判に関連する慣習（法）も生成・発展していた。

メッシーナの海法関連の写本の存在は、散発的ではあったが、かなり以前から、いく人かの研究者によって公表されてきた。それらのなかでもっとも重要なものは、Luigi Genuardi, Il libro dei capitoli della corte del consolato di mare di Messina, Palermo, 1924, pp.28-159 が報じているメッシーナ海事評議員裁判所に関連する規則（以下において、「Genuardi」または「Gen 本」と略称する）である。

再確認しておくと、Gen 本は、第1条から第167条までの通し番号によってまとめられてはいるが（その後、第168条および第169条の一部の写本の断片が発見された）、編纂者によって、統一的な呼称は与えられていない。これらは、大きく、第1条から第56条まで、第57条から第110条まで、および第111条以下の3部に分けられる。

第1条から第56条までには、Capitula Consulatus Maris Messane（メッシーナ海事評議員条項。以下において、「CCMM」と略称する）とのタイトルが付され

第1章　メッシーナ海法序説

ており、そして、57条から第110条までには、Li capituli et ordinacioni di la curti di mari di la nobili citati di Messina facti et ordinati per la universitati di la predicta citati（称揚された市共同体のために起草され制定された高貴なメッシーナ市海事裁判所の諸条項と諸規則。以下において、「COCM」と略称する）とのタイトルが付されている。

　CCMMおよびCOCMが、まさしく、メッシーナ海法の中核・最重要部をなすもの、といいうる（第111条以下は、15世紀から16世紀にかけて公布・裁可された海商に関する規則・布告などのリスト）。

　　1－1　先行の作業
　本書の「**まえがき　2　構成**」においてふれたとおり、筆者は、本節のもととなった「続・メッシーナ海法序説[1]」を公表するまえに、第2節のもととなった「**メッシーナ海法序説[2]**」なる小稿をものし、Gen本における配置順では前後するが、COCMの検証作業を行った。

　COCM検証の（主たる）目的は、COCMの全54カ条と、アマルフィ海法のいわゆるFoscarini本（以下において、「Am」と略称する）第1条から第35条および第39条から第58条の類似・対応関係の確認・検証であった。

　両法は、「正確に対応する」あるいは「正確な翻訳である」といわれるほどに類似（酷似）しており、この類似・対応関係は、中世イタリア海法史研究上、大きな謎の一つであるが、COCM検証は、規定の配列順、規定内容、使用文言・表現方法などについて、類似（および差異）・対応関係を逐条的に確認・検証することによって、両法の「類似のほど」を具体的に把握することに努めた。

　COCM検証によって、両法が他に類例を求めることができないほど類似・対応していることを確認・検証しえたが、CCMMの規定内容については、ほとんど検討できなかった[3]。

(1)　法学論集64巻3－4号935頁以下。
(2)　法学論集62巻4－5号1763頁以下。
(3)　COCM検証でCCMMを検証しなかったのは、その（主たる）作業目的と紙

数のほか、CCMM と COCM は、通し番号によってまとめられてはいるが、異なったタイトルによって、明確に分類されており、その性質を異にしているように思われたこともある。大雑把ないい方になるが、COCM は、（表題から受けるイメージと異なるかもしれないが）私法・実体法的な規定群であり、CCMM は、裁判法・手続法的な規定群からなっている（第 2 節 3 － 3 参照）。

1 － 2　本節の検討対象

　本節は、COCM とともにメッシーナ海法の中核・最重要部をなす CCMM について、検討を試みるものである。

　CCMM は、メッシーナの海事評議員裁判制度に関連して、海事評議員の選任、その職責、海事評議員裁判所における訴訟手続、船舶売却代金の債権者に対する分配などについて定めている。

　CCMM のかなりの条文とヴァレンシア（Valenza）評議員規則（1336年から1343年〔1342年〕にかけてアラゴン王 Pietro 4 世によって公布された[1]。以下において、「Val 規則」と略称する）の相当数の規定が類似・対応関係にあることが、多くの研究者によって指摘されている。

　Genuardi は、両者間の類似・対応関係を一覧表にまとめ、CCMM 第 1 条、第16条から第24条、第26条から第32条および第34条から第45条の29カ条と、それらに類似・対応する Val 規則の規定を明確に示している（Val 規則のほうからすると、全42カ条のうち28カ条、3 分の 2 の規定が CCMM のなかに類似する規定を有する）、としている[2]。この関係をとらえ、CCMM は、Val 規則を翻訳あるいは移調したもの、と評価する向きもある。

　さらに、CCMM のいくつかの規定（Murino によると、第31条、第32条、第38条から第41条、第49条、第53条および第54条の 9 カ条）は、Am 第59条から第65条に類似しているため、Am および Val 規則と重複して類似することになる、といわれている[3][4]。

　CCMM は、COCM とともに、メッシーナ海法の中核・最重要部をなすもの、といいうるにとどまらず、イタリア海法と他国（とりわけ、スペイン）の海法

第1章　メッシーナ海法序説

の関係を議論するうえで、きわめて重要な法ということができる。

⑴　Cf., Jean Marie Pardessus, Collection de lois maritimes antérieures au 18 siècle, Tom. 5, Paris, 1839, pp.374-393; Travers Twiss, L'orde judiciari de la cort dels consols de la mar, The black book of admiralty, vol. 3, in Rerum britannicarum medii ævi scriptores, Appendix Part Ⅲ, London, 1876, pp.450-495. 樋貝詮三『海の慣習法』(1943年) 633-654頁にVal規則（海事領事裁判所ノ司法手続）の全文和訳が掲載されている。同翻訳は、おそらく（訳語や注の内容から判断すると）、Twissの研究に依拠しているもの、と思われる。

⑵　Genuardi, p.X Ⅳ. Mario Murino, Andar per mare nel medioevo, Le antiche consuetudini marittime italiane, Chieti, 1988, p.306, n. 1 は、Genuardiに同調している。なお、類似性が認められる、といっても、かなり形式が異なっているものがみられる（その点については、Genuardiもよく承知している）。また、Genuardiが類似性を認めていない規定についても、類似性を承認しうるものがあるかもしれない。たとえば、CCMM第26条但書きとVal規則第20条との類似性を承認しうるかもしれない（本節2-26参照）。

⑶　Murino, op. cit., p.306, n. 2. GenuardiおよびMurinoの説く類似・対応関係を表にすると以下のようになる（数字は条文番号を表わす）。

CCMM	31	32	38	39	40	41	49	53	54
Am	59	60	61	61	61	62	63	64	65
Val規則	27	28	32	33	33*	34			

　　＊筆者は、CCMM第40条とVal規則第34条が類似する、と考えている（本節2-40参照）。

⑷　Paul Laband, Das Seerecht von Amalfi, Zeitschrift für das gesammte Handelsrecht, 1864, S. 332, N. 135 は、つとに、Am第59条はVal規則第27条に由来する、としている。同様に、Am第60条から第62条についても、Val規則から継受したもの、と考えている（Laband, a. a. O., S. 333, N. 139; S. 334, N. 140; S. 335, N.143）。

1-3　本節の目的

　本節は、CCMMの各条を逐条的に分析・検討することにより、メッシーナの海事評議員裁判制度の全貌（少なくとも、そのおおよそのところ）を明らかにするとともに、Val規則との類似・対応関係のほど（実態）を検証しようとす

るものである。

　筆者は、第2節の3−4「むすびにかえて」で、以下のようにのべている。

　「なぜ、他に類例を求めることができないほどの類似性を伴った海法がアマルフィからかなり離れた（直線距離で約300km）メッシーナに存在したのか、その謎は依然として残るかさらに深まるであろう。さらには、アマルフィ海法（およびメッシーナ海法）が往時もっとも広範な適用範囲を有したコンソラート・デル・マーレの形成に影響を及ぼした可能性を否定できないかもしれない[1]」。

　これに若干の付言をすると、メッシーナ海法は、トラパニ（Trapani）海法に大きな影響を及ぼしただけではなく[2]、さらに広く、シチリア全体の指導的役割を演じていたもの、と思われる[3]。また、現在は独立の共和国になっているマルタ（Malta）が14世紀よりメッシーナ海法の強い影響を受けており、17世紀末（1697年9月1日）に制定されたマルタ海事評議員規則のなかに、同規則によって規律されていない事項に関するすべての紛争はメッシーナ海事評議員の規定に準拠して判断されるべき旨を定めた規定（第2章第23条）があった[4]。

　さらには、CCMMの多くの規定がVal規則（およびバルセロナ〔Barcellona〕海事評議員規則）の規定に類似・対応しているが、メッシーナにおいて海事評議員の制度が設けられたのは、1282年12月から1283年5月6日のあいだ、とする説が有力である[5]。すると、同制度の創設は、Val規則が公布された時期より50年ほど遡ることになる。CCMMがVal規則から多くの影響を受けたかもしれないが、逆に、Val規則がCCMMから摂取したこともあったかもしれない。

　中世イタリア海法史ないし中世地中海海法史を語るうえで、メッシーナ海法の有する意義は、はなはだ大きい、というべきであろう。本節により、メッシーナ海法に関する議論にとどまらず、中世イタリア海法に関する議論（イタリア海法が地中海海域の諸都市の法律・慣習に及ぼした影響などに関する議論も含めて）に新たな資料を提供しうるであろう[6]。

第1章　メッシーナ海法序説

(1)　第2節3-4。第2節ではAm第59条から第65条とCCMMの規定との類似・対応関係を検証していないが、その課題は、本節により、解消されることになる。

(2)　拙著『アマルフィ海法研究試論』関西大学出版部・2003年（以下において、『試論』と略称する）・263頁以下。

(3)　本節・2-37参照。

(4)　Pardessus, op. cit., Tom. 6, Paris, 1845, p.337 に同条が収録されている。マルタ海事評議員については、Mario Chiaudano, Consolato del mare di Malta, Novissimo Digesto Italiano, vol. 4, Torino, 1957, p.235 が手際よく解説している。

(5)　Chiaudano, Consolato del mare di Messina, Novissimo Digesto Italiano cit., loco cit.

(6)　本節は、第2節が検討対象にするCOCMとともにメッシーナ海法の中核・最重要部の一方をなすCCMMを検討対象とするものであり、その意味で、第2節と対をなす。

2　メッシーナ海事評議員条項（CCMM）

　本節は、Genuardiの研究にしたがいながら、CCMMの第1条から第56条について分析・検討作業を行うものであるが、緒言ですでに紹介しておいたように、CCMMについて、Genuardiより先に報告をした者がいる。Raffaele Starrabba, Consuetudini e privilegi della città di Messina sulla fede di un codice del XV secolo（posseduto dalla Biblioteca comunale di Palermo）, Palermo, 1901（以下において、「Starrabba」または「St本」と略称する）, pp. 273-289 である[1]。

　Starrabbaは、タイトルが示しているように、メッシーナの慣習（法）および特権などに関する多くの写本を復刻・収録しており、そのなかに、われわれがいまかりにCCMMと略称している規定群の一部（CCMM第1条から第34条に対応する規定群）が含まれている。

　St本によると、その規定群に先立ち、"Capitula extracta a libro Capitulorum curie maris nobilis Ciuitatis messane ad peticionem philippi de bonfilio et perroni de Joffo ipsius curie consulum"とのタイトルが付されている[2]。明らかに、それは、Genuardiの紹介する写本のそれよりも長く詳細である。

28

第1節　メッシーナ海事評議員条項

　St 本が CCMM のきわめて有益・貴重な研究であることは、まぎれもない事実であり、本節において、St 本を無視するわけにはゆかない。しかし、本節が、主として、Genuardi の研究にしたがうのは、なによりも、St 本が Gen 本の CCMM の第1条から第34条までに対応する条文しか報じていないからである。

　St 本の特徴のおおよそを先にいくつか紹介しておくと、まず、Gen 本のすべての条文に「条文番号」と「見出し」が付せられているが、St 本の規定群には、条文番号は付されておらず、また、Gen 本の第1条から第15条に対応する条文には見出しが付されていない（第16条以下に対応する条文には、見出しが付されている）。

　St 本で用いられている用語・表現は、同じイタリア南部方言であっても、Genuardi が指摘しているように[3]、Gen 本のそれよりかなり古いようである（Gen 本は17世紀前半の写本であり、St 本は15世紀初頭の写本である、と考えられている。St 本の用語・表現が2世紀ほど新しい Gen 本の用語・表現より古くとも当然であろうが）。

　St 本の用語・表現の古さを具体的にいくつか列挙すると、固有名詞の語頭についての大文字の不使用（メッシーナ、イエスキリスト、聖夜および神をも小文字で表現）、冠詞前置詞の未発達・不統一、定冠詞の省略形の未発達、アクセント記号の不使用（第2条において、è が用いられているくらい）、コンマやセミコロンの使用頻度、その他、単語のつづり（U と V、C と T、I と J、C と Z、Ç と C、che〔chi〕と ki など、枚挙にいとまがない）などである。

　Genuardi の研究にしたがいながら、St 本をも参照するために、以下の方法によりたい。例として、まず、Starrabba, pp.273-274 に収録されている Gen 本第1条に対応する条文を参照する。

<u>Qvaskidunu</u> annu in li festi di natali di nostru signuri ihesv christu tucti li sei consuli li quali sideru in lu officiu per lannu passatu si diuinu congrigari et iungiri in la curti ordinata undi lu officiu di lu consulatu dilu mari si <u>reyi</u> et illocu avendu deu et la bona iusticia innanti <u>lockj</u> et divinu <u>ysligiri</u> sei gintili homini experti in larti dilu mari, patruni di naui oy mircadanti la quali

第1章　メッシーナ海法序説

eleciuni si diui fari per schorti et per scarfi et non per malicia oy priyerij di autrui li quali sei homini diuinu essiri di fama bona et condicioni integra li quali diuinu incumínçari reyri et ministrari iusticia di lu primer iornu di ginnaru innanti çoe li dui primi electi per misi quactru ço esti ginnaru friuaru marçu et abrili et li autri dui sicundi electi per mayu iugnu iugnectu et augustu et li terci electi sictembru uctuuru nuembru et dichembru et cussi similiter diuinu sidiri li nutari per lu tempu supra distinctu.

　うえの条文中に19個の下線を付しておいたが、それらは、Genuardi が Gen 本第1条との差異として認識したものである[4]。

　CCMM 第1条から第34条を検討するに際して、Gen 本の各条によりながら、Genuardi が差異と認識した箇所の後に、St 本の対応語・句を《　》で包んで提示することにする。筆者も、基本的には、Genuardi の認識基準にしたがいたいが、とくに筆者が指摘したい箇所（たとえば、Genuardi が見落としたと思われる箇所）については、①、②というように、○で包んだ数字の注を付すことにする。

　2−1で掲げる Gen 第1条を参照すれば、Genuardi が St 本との差異とした部分としなかったものの認識基準のおおよそが分かるであろう。すなわち、大文字の使用、冠詞前置詞、定冠詞の省略形、単語のつづり（の多く）、コンマの使用などは、差異として扱われていない。

(1) Starrabba, Di un codice delle consuetudini e dei privilegi della città di Messina, Archivio Storico Siciliano, anno XXIV (1899), p.285 によると、彼の労作に復刻・収録されている、メッシーナの慣習（法）および特権などの写本（装丁本）は、最初、1899年3月、ミュンヘンの古書店主から、パレルモ国立古文書館にもたらされた。写本は、同館の財政的事情もあって、同館が取得するに至らず、パレルモ市立図書館が購入することとなった、という。彼の労作は、パレルモ市立図書館が写本を取得してからきわめて短時間のうちに公刊されたことになる。

(2) Starrabba, p.273.

(3) Genuardi, p.28, n. 3.

第1節　メッシーナ海事評議員条項

(4)　この数は、長大な Gen 本第18条において差異として認識された数につぐ大きさである。しかし、その他の条文においては、差異として認識された箇所は、数個程度にとどまっている。

＊本節の基本方針

　[Val 規則および Am の類似・対応条文]　**2** において、CCMM の各条について、順次、検討するが、「小見出し」の番号は、Gen 本の条文番号に合わせる。その番号の後に、Genuardi, p.XIV がその類似性を認めている Val 規則の条文をかっこ書きで表示しておく。また、第31条、第32条、第38条から第41条、第49条、第53条および第54条については、類似性が認められている Am の条文と試論での主たる検証箇所も併せて表示しておく。なお、CCMM の規定と Am の規定を対照する場合の基本方針については、第2節＊本節の方針 [小見出しの番号・Am の対応条文] 参照のこと。

　[CCMM の見出し]　CCMM の各条に付された「見出し」が語・句ではなく、文章になっている例が多いが、それらの見出しについても、本節でも（第2節と同様）、簡潔な表現で「試訳」をしておく。

　[規定内容]　筆者は、CCMM のすべての条文について、翻訳あるいは規定内容の検証を試みた研究者を知らない。また、CCMM には古い方言・用語がかなり含まれている。そのような状況において、CCMM のすべての条文に正確な翻訳を施すのは、きわめて困難な作業である（少なくとも、筆者にとっては）。翻訳を試みても、場合によっては、かなり大胆な「推測」が入ってくるであろう。各条の分析・検討の便宜のため、筆者が解析できた範囲で、各条の「規定内容」を【　】で示すことにする。したがって、それらは、場合によっては、「試訳」あるいは「仮訳」の域に達しえていないこともありうる。

　[引用文献の略称]　Tabula de Amalpha, diretto da Antonio Guarino, Cava dei Tirreni, 1965 を「Guarino」と略称するが、たとえば、Guarino, p.36-1-2 とした場合、同書36頁にある Am 第1条に関する注の2を意味する。

2－1　第1条（Val 規則第1条）

〔Comu si divinu eligiri li consuli di mari：海事評議員の選任方法〕

Chaschedunu 《Qvaskidunu》annu in li festi di Natali di N. S. Iesu Xristo tutti li sei consuli, li quali sederu in l'officio per lu anno passatu, si divinu congregari et iungiri in la curti ordinata, undi l'officio di {lu①} consulatu di lo

31

第1章　メッシーナ海法序説

mari si reggi 《reyi》, et illoco, havendo Deu et la bona justicia innanti l'occhi 《locki》, |et| divinu eligiri 《ysligiri》 sey gentilhomini experti in l'arti di lo mari patroni di navi oij mercadanti, la quali elettioni si divi fari per sorti 《schorti》 et per scarfii et non per malicia oy prigheri 《priyerij》 de altriu 《autrui》, li quali sey homini divino esseri di fama bona et conditioni integra, li quali divino incomenzari 《incuminçari》 reggiri 《reyri》 et ministrari justicia di lo primo 《primer》 journu di gennaro innanzi, cioè 《çoe》 li dui primi electi per misi quattro, cioè 《ço esti》: gennaro, febraro 《friuaru》, marcio 《marçu》 et aprile 《abrili》, et li altri dui secundi electi per mayo, jugno, jugnetto et agosto 《augustu》 et li terzi electi: septembro 《sictembru》, octobro 《uctuuru》, novembro 《nuembru》 et decembro et cossi similiter divino sediri li notari per lu tempu supra distintu.©

©　Genuardi, pp.28-29; Starrabba, pp.273-274.

①　| | は、挿入・付加部があることを表わす。すなわち、本文の |lu| は、St 本では、lu が入っていることを表わす。ただし、Genuardi は、これを見落としている。

　本条は、「見出し」には、「海事評議員の選任方法」とあるが、選任時期、選任者、被選任者の員数・資格、および任期・執務期間についても定めている（それだけではなく、公証人についても言及している）。本条と Val 規則第1条との類似性を承認しうるが、両者を詳細に対照・検討すれば、いくつかの差異を発見することが可能である。

　【毎年、われらが主イエスキリストの聖誕祭に、過去1年間執務をしていた6名の評議員全員は、海事評議員の職務を行っている裁判所に集合し、そこで、神と正義に誓って、航海者の組合（l'arti di lo mari[1]）、船長または商人のうちから6名の熟練の紳士を選任しなければならない。その選任は、策略または他人の請願によってではなく、くじ引き抽選により（per sorti et per scarfii）なされなければならない。その6名の者は、誉れ高く廉直な人でなければならない。その者たちは、1月1日以降、裁判を司りそして行い始めなければならない。

第1節　メッシーナ海事評議員条項

すなわち、最初の被選任者2名が、4カ月間、すなわち、1月、2月、3月および4月、そして、第2の被選任者2名が、5月、6月、7月および8月、そして、第3の被選任者2名が、9月、10月、11月および12月（を担当する）。そして、同様に、公証人は、上記の期間について、執務しなければならない。】

　選任時期は、毎年、聖誕祭の時期である。本条の文言を詳細に観察すると、Val 規則第1条と若干異なるかもしれない。すなわち、本条では、「聖誕祭に (in li festi di Natali)」となっているが、Val 規則第1条では、「聖誕祭の前夜に (lo vespre de la festa de Nadal)」となっている。前者では、聖誕祭が複数形で表わされており（「祭の期間中に」と読むことが可能であろう）、一方、後者では、いわゆる「クリスマスイヴ」になっている。

　選任者も、本条と Val 規則第1条とでは異なるようである。本条の形式からすると、現任の評議員が、次年度の評議員を選任するように読むことができる[2]。Val 規則第1条によると、航海業者 (navegants[3])、船長 (patrons[4]) および海員が、次年度の評議員を選任するようである。

　本条においては、評議員として6名の者が航海者の組合、船長または商人の有識者のなかから選ばれる。これに対して、Val 規則第1条では、2名が航海者の組合のなかから評議員として選任されることになっている。

　任期が1年であることは、本条と Val 規則第1条とで一致している。ただし、本条においては、6名の評議員が2名ずつ3組に分かれ、4カ月ずつ執務することになっている。

　具体的な選任方法について、Val 規則第1条では、選挙による全員一致または多数決による旨が定められているが、本条では、そのような定めはない。選任が、策略や請願によることなく、くじ引き抽選により (per sorti et per scarfii)、公正に行われるよう、すなわち、不正が生じないよう戒められているだけである。

(1)　これに類似の用語 (larte del mare) がトラーニ海法の前文および第1条にみられる。拙稿「トラーニ海法素描」法学論集55巻4－5号1294頁および1298頁で用いた訳語をあてておく。なお、Val 規則第1条にも、la art de mar が登場する。

33

第1章　メッシーナ海法序説

　　Twiss, op. cit., p.451 は、the guild of navigators との訳語をあてている。樋貝・
　　前掲633頁も参照のこと。
　⑵　ただし、選任方法が「くじ引き抽選」によるというのであれば、現在の評議員
　　が、後任者の選任会議の運営をするだけのようにも解釈しうる。
　⑶　この「航海業者」は、樋貝・前掲同所の訳語である。前注⑴でもみたが、「航
　　海者」または「航海業者」がどのような範囲の者を指す用語なのか、難解な問題
　　である。第2節2−64注＊ cumpagnuni も参照のこと。
　⑷　樋貝・前掲同所は、「船舶管理人」と訳している。

　　2−2　第2条

　〔Electi quid debent facere：被選任者の義務〕

　Electi li 《sei》 consuli insembla personalmenti divinu teniri la curti
insembla cum li notari, comu è costumatu, ita quod nullu dilli consuli pò, ne
divi l'officio predicto vindiri, renunciari, ne① committiri a persona nulla.©

　©　Genuardi, p.29; Starrabba, p.274.
　①　St 本では、nin となっているが、Genuardi は、見過ごしている。同様の例は、
　　第8条において2回生じている。Genuardi がこの差異を最初に指摘するのは、
　　第11条においてである。

　　本条は、評議員（見出しには、「被選任者」とあるが）の義務について定めて
いる。すでにふれたとおり、本条から第15条までの規定には、Val 規則との類
似・対応関係が認められていない。これらの規定は、CCMM に固有のもの、
といいうるかもしれない。
　なお、本条から第6条の見出しは、ラテン語で表示されている。また、本文
にも（他の条文においても、しばしばみられるが）ラテン語の字句がみられる。
このことから、CCMM のもとの条文はラテン語で書かれていたのであろう⑴、
との推測が成り立ちうるかもしれない。
　本節では、便宜上、2段（文）に分けて規定内容を示しておいたが、本条、
とりわけ、その前段は、評議員の義務に関する導入規定のような内容を定めて

34

いる。ただし、見出しに「被選任者の義務」とあるように、かならずしも、適用対象を評議員に限定した表現をしておらず、本文（前段）において、「公証人」に対する言及がなされている。

【選任されると、《6名の》評議員は、共同して、自ら、公証人とともに、慣習にしたがい、裁判所を運営しなければならない。したがって、評議員は、前述の職務を売り渡し、放棄し、何人にも委ねることができず、してはならない。】

前段は、被選任者（主たる者は評議員であろうが）の義務について、抽象的・一般的な表現でしか規定していない。

前段で注目する点として、「慣習にしたがい（comu è costumatu）」との文言が存在することである。この文言から、CCMM が編纂される以前に、すでに、海事評議員裁判制度が慣習上存在していたこと（その慣習の具体的な内容まで知ることはできないが）を読み取ることが可能であろう。類似の文言は、この後も、しばしば登場する。

後段では、前段より、少し具体的な内容が盛り込まれている。裁判制度の公正さを担保するために、評議員に求められるべき当然の所作（三つの禁止事項）が列記されている[2]。

本条は、義務違反については、なにも定めていない。それは、次条に委ねられている。

なお、後段に類似の用語方法により、公証人の職務放棄などを禁じた規定が第8条に存在している。

(1) Riniero Zeno, Storia del diritto marittimo italiano nel mediterraneo, Milano, 1946, p.136.
(2) 現代法的な感覚からすると、三つの禁止事項が制限列挙か例示列挙か、という疑問（たとえば、「職務怠慢・懈怠」が本条にふれるか）が生じうるであろう（往時、そのような疑問があったのか否かは、筆者には不明）。2－8注(1)参照。

第1章　メッシーナ海法序説

　　2－3　第3条

〔Consules renunciantes officium in qua pena sunt：職務違反をした評議員
に対する制裁〕

Item electi li consuli si renunciassiro, vindissiro oy committissiro l'officio
preditto mai plui divi haviri l'officio, ne《non》dignitati in la citati predicta et
divi pagari jure pene alla opera della matri ecclesia di Messina①, {et} di ciò
《ço》esti privilegiu in la banca delli iurati.©

©　Genuardi, pp.29-30; Starrabba, p.274.
①　St本では、missina となっている。St本と Gen 本の対応関係が終了する第34
　　条までの本文（見出しを除く）のなかに、Messina は、4度出てくるが、St本
　　では、4度とも、missina というように、語頭が小文字で書かれている（ラテン
　　語表示の Messane という語を含めれば5度）。また、St本のタイトルのなかに
　　も messane という語があるが、これらすべてが、Starrabba による書き換え（大
　　文字から小文字への）であった、とは考えがたい。

　本条は、評議員の義務について定めた前条を受けて、評議員の義務違反に対
する制裁について定めている。

　【同様に、選任されると、評議員は、前述の職務を放棄し、売り渡しまたは
（他人に）委ねた場合、前述の市（メッシーナ市）において、二度と、その職務
にも、要職にも就くことができない。そして、メッシーナの聖母（教会）の公
庫に相当の罰金を支払わなければならず、それに関して、宣誓者の銀行におい
て先取特権が認められる。】

　本条についても、便宜上、2段に分けて内容紹介をしておいたが、前段では、
いわば、義務違反者の公職追放を規定している。規定内容は、義務違反者の
「名誉」にかかわる措置になっている。

　本条の後段は、義務違反者に対する罰金について定めている。前段の措置は、
「名を惜しまない」人には、それほどの制裁の効果を生じない（かもしれない）
が、経済的な制裁は、その種の人にも効果がある。しかし、本条においては、
その具体的な金額については、なにも規定されていない。おそらくは、義務違

第1節　メッシーナ海事評議員条項

反の程度により、罰金の額が定められるのであろう[1]。

　前条と本条により、評議員の職務（義務）および職務違反が規律されているが、報酬について、CCMM に明示的規定は存在しない（ただし、第51条の手数料を除く）。公証人の報酬・費用については、第9条が詳細な規定を設けているのと対照的である。

　本条の規定内容とはかかわりないが、本文の文頭に置かれた Item について、ふれておきたい。Am や COCM でなじみ深いこの語は、本条以降第17条まで（ただし、St 本では、第15条まで）しばらくのあいだみられるが、いったん途切れ、また、第49条以降（第54条を除く）に登場する。

　Item は、規定内容に直接関連する用語ではないが、それが置かれた規定ないしその規定を含む法律の成立・編纂時期を推測する手がかりの一つとされているのは、周知のとおりである。

(1)　なお、罰金の納付先について、「メッシーナの聖母（教会）の公庫（la opera della matri ecclescia di Messina)」としておいたが、そのような理解でよいのか、はなはだ心もとないし、また、それが具体的にどこを指すのかは、筆者には推測不能である。しかし、往時のメッシーナの人々にとっては、自明のことであったもの、と思われる。なお、本条により評議員が支払うべき罰金および第9条により公証人が支払うべき罰金が、第10条により裁判に欠席した訴訟当事者が支払うべき罰金と、同じ性質のものか、議論がありえよう。2−50注(1)も参照のこと。

2−4　第4条

〔Quomodo debent pronunciare sententiam：判決の申渡方法〕

Item 《in》 lu pronunciari di la sentencia divino sediri li dui consuli pro tribunali, more solito, aliter la sentencia non si può proferiri.[©]

[©]　Genuardi, p.30; Starrabba, p.274.

　本条は、判決の申渡方法について定めている。本条以降の規定の大半は、かなり具体的に、メッシーナ海事評議員裁判所における裁判・執行手続について、

第1章　メッシーナ海法序説

規定している。

【同様に、判決の申渡しには、2名の評議員が裁判官を努めなければならず、例のごとく、さもなければ、判決を申し渡すことができない。】

本条は、判決の申渡しには、2名の評議員が同席すべきことを求めている。前半部だけで本条の趣旨は明らかであるが、その趣旨を確認した後半部に注目すべき文言がみられる。すなわち、「例のごとく（more solito）」である。この文言は、第2条にみられる「慣習にしたがい（comu è costumatu）」などと同様に、CCMM に明示的に規定されていない「海事慣習（法）」が往時メッシーナに存在していたことをうかがわせる[1]。

(1) 同趣旨の文言は、CCMM 第42条および第43条にみられるほか、Gen 本第112条にもみられる。

　2－5　第5条

〔Quomodo debent procedere partibus petentibus consilium：訴訟当事者の助言請求権〕

Item in qualsivoglia 《qualumquata》 causa li parti litiganti, o, alcuna di ipsi requedino chi 《ki*》 supra causa alcuna li consuli haiano consiglio, oy di mercanti, oy di jurista li consuli non ponnu zò negari, ma divino haviri matura deliberacioni et[1] sano consiglio, et secondo lu consiglio spaciari 《spachari》 la causa servando sempri li capitoli 《la capitali[2]》 della curti.©

© Genuardi, pp.30-31; Starrabba, p.274.
＊〔ki〕　Gen 本の chi または che に対応する語として、St 本では多くの場所で、ki が用いられている。Genuardi は、数カ所で用法の差異を指摘しているが、無視している箇所が多い。本節では、以降、chi または che と ki の対応関係について、逐一指摘しない。
① St 本には , ない。
② Starrabba, p.274, n. 2 も、ここには、li capituli が入るべきとしている。

38

第1節　メッシーナ海事評議員条項

　第1条においてみたように、評議員は、海事関係の仕事に従事する者のなかから、それも、かなりの経験者のなかから選任される。彼らは、おそらくは、海事法・慣習に通じた者たちであろうが、すべての海事法・慣習の解釈にたけているわけではないであろう。現在の裁判においても、時として、鑑定人の意見聴取がなされている。

　本条は、専門家の助言（consiglio[1]）を求める権利を紛争当事者に認めている。海事裁判の専門性からすると、専門家の助言は、公正・妥当な裁判にとって、不可欠であろう。

　【同様に、いかなる訴訟においても、訴訟当事者またはそのいずれかの者は、訴訟に関して、商人のまたは法律家の助言をえるよう評議員に要求することができ、評議員は、これを拒絶することができず、熟慮した採決および健全な助言をえなければならず、そして、助言にしたがい、つねに裁判所の条項を守り、訴訟を処理しなければならない。】

　いずれの時代においても、商事・海事慣習（法）についてもっとも通じているのは、商人であろう。助言を求める相手として、商人は適材、といういる。

　また、評議員自身は、海事関係の実務家であっても、法解釈の専門家ではない。公正・妥当な裁判を行うため、あるいは、訴訟当事者に不満を残させないために、（職業的）法律家[2]の助言は有益・有効であろう。

　なお、専門家の助言（意見）聴取について、本条は、訴訟当事者の権利として認めているが、第20条では、評議員の義務として規定している。

(1)　本条のconsiglioの訳語として「助言」をあてておいたが、CCMMには、consiglio（およびその派生語）が20数回出てくる。場所によっては、「合議」の意味に用いられているもの、と思われる（おそらく、第23条）。
(2)　ここにいう「法律家」として、どのような職種の人が想定されていたのは、少なくとも、本条のみからは、不明というほかない。考えうるところでは、裁判官、公証人、弁護士（多分、その時代にも、職業的訴訟代理人は存在していたであろう。第15条を参照のこと）である。

第1章　メッシーナ海法序説

2－6　第6条

〔Quomodo debet sigillari litera：書類の捺印方法〕

Item ogni littra《littera》si devi sigillari cum sigilli di li consuli et cum lo sigillo grandi di la curti et similiter li processi《prochessi》, verum che de novu[①] fu ordinatu che in qualsivoglia《qualunquata》processu appellatu si divi subscriviri di manu propria di alcuno delli consuli.[©]

© 　Genuardi, p.31; Starrabba, p.274.
①　St 本では、"da nouu" になっている。

　本条は、往時のメッシーナの裁判において提出された文書の扱いについて定めているが、その扱いが慎重になされていたことをうかがわせる。

【同様に、すべての書類は、評議員の官印および裁判所の大公印によって捺印されなければならず、訴訟記録も同様である。むしろ、上訴されたいかなる訴訟においても、いずれかの評議員自身の手による署名がなされなければならない、と最初から定められていた。】

　規定内容の末尾にある「最初から」は、"de novu" にあてた訳語である。St本では、解読文の注①でみたように、"da nouu" になっている。現代標準イタリア語の "di nuovo" には、「ふたたび」以外に「最初から」の意味がある。ただし、本節の解釈が正しかったとしても、その「最初」がいつごろのことかは、やはり、少なくとも、本条のみからは、不明というほかない。

　なお、本条が規定している裁判所の公印の形式がどのようなものであったかは、第16条にかなり詳しく規定されている。

2－7　第7条

〔Non ci essendo l'uno di li consuli, chi divi fari l'altro：1名の評議員不在時の他の評議員の義務〕

Item si alcuno delli consuli ⦅criati⦆ in lo tempo che divi sediri non fussi presenti a la citati, chi lu so compagno lu divi aspettari jorni quindici,

40

第1節　メッシーナ海事評議員条項

cuntandu dallu jornu che incomencirà segniri innanti et si per aventura infra quissi jorni quindici non venissi, tutti li consuli di quillu annu insembla divino eligiri un autro in locu di quillu absenti.©

© 　Genuardi, p.31; Starrabba, pp.274-275.

　第2条および第4条にあるように、評議員は、2名で協力（共同）して、裁判にあたらなければならない。原則として（例外として、第27条の規定があるが）、1名が不在のまま、訴訟を遂行することができない。本条は、不在者が出た場合の対応策について規定している。

　【同様に、いずれかの 《当番》 評議員が執務すべき時に（メッシーナ）市にいない場合、彼の相手方は、執務開始予定日から数えて15日間、彼を待たなければならない。そして、（彼が、）偶然、その15日以内に現れないとき、その年のすべての評議員は、共同して、不在者に代わる他の者を選任しなければならない。】

　上掲の規定内容から分かるように、本来の執務者が現れるのを待つ期間は、15日間のみである。その期間を経過すれば、執務代行者の選任がなされる。迅速な訴訟進行が図られるのと同時に、本来の2名による訴訟運営の確保が意図されている。

　執務代行者がどのような者のなかから選任されるのかについて、明示的言及はなされていないが、その年の評議員のなかから選ばれたであろうことが想像される。それは、第44条の「評議員の忌避」の規定が、忌避された評議員の代行者がその年の評議員のなかから選ばれるべき旨を定めていることを根拠・手がかりとしている。

　2－8　第8条

〔Li notari non ponnu renunciari ne commettiri l'officio：公証人の職務放棄・委託禁止〕

　Item nullu de li notari eletti pò, ne[①] divi l'officio predicto vindiri, nè[①]

41

第1章　メッシーナ海法序説

commettiri a persona alcuna immo personaliter lu divi exerciri.©

　　Ⓒ　Genuardi, p.32; Starrabba, p.275.
　　①　St 本では、nin。

　評議員の職務放棄の禁止などについて定めた第2条の検証の場で若干ふれた
ように、本条は、同条後段に類似する用語方法によって、公証人の職務放棄な
どについて規定している。形式のみならず、趣旨も、第2条後段に類似してい
るのは、明らかである[1]。
　【同様に、選任された公証人は、何人も、前述の職務を売り渡し、いかなる
人にも委ねることができず、たしかに自ら、その職務を遂行しなければならな
い。】
　職務違反した評議員に対する制裁に関して、第3条は、罰金の支払いを命じ
ているが、職務違反した公証人に対する制裁を定めた明示的規定は、CCMM
には存在しない。

　⑴　本文において、本条と第2条後段の形式および趣旨が類似している旨を指摘し
　　たが、差異が認められないわけではない。第2条後段は、三つの禁止事項を列挙
　　しているが、本条においては、異なった列挙方法が採られている。すなわち、
　　「本文」において、職務の売渡しと職務委託が明示的に禁じられているが、職務
　　放棄に明示的な言及はなされていない。逆に、「見出し」にあるのは、職務放棄
　　と職務委託である。2-2の注⑵でふれたように、三つの禁止事項が「制限列挙
　　か例示列挙か」というような議論の立て方が、往時すでに存在していたのか、不
　　明というほかない。本条の「見出し」と「本文」の文言からすると、往時、厳格
　　な文言解釈がなされていたようには感じられない。

　2-9　第9条
〔Li soluptioni chi divino haviri li notarii：公証人の費用〕
　Item li predicti notarii divino haviri per loro paii et raxuni ut infra. Et si
alcunu di loru presummissi plui pigliari fussi in pena di tari setti et grana
dechi.

第 1 節　メッシーナ海事評議員条項

Videlicet

Per ciaschuna① pregiaria 《priiaria》 de dublu quandu si fa execucioni per ciascuna cauthela　gr. 5

Item per ogn'autra pregiaria 《priiaria》　gr. cinco②・・・gr. 5

Item per ciascuna cedula 《cetula》 gr. cinco②　gr. 5 tamen si fussi grandi gr. dechi②　・・・gr. 10

Item per ciascuno 《chascunu》 capitulo　gr. uno②　gr. 1 et per la interrogacioni　gr.・・・gr. ｜《j》｜

Item per ciascuno 《chascunu》 testimonio　gr. dui② gr. 2

Item per ciascuno 《chascunu》 pidagiu 《pidaiu》 ｜《si esti in la chitati,》｜ gr. deci② gr.10 et si di fora tarì uno et la cavalcatura cum li spisi・・・tt. 1

Item per ciascuna littra　tarì ｜《j》｜

Item per ciascuno processo 《prochessu》 secundu la quantitati.

Item per copia di ciascuno testimonio　grano uno②・・・　gr. 1

Item per ciascuna sentencia et provisioni　gr. dieci②・・・gr. X

Item per tavola et concursu di credituri per ciascuna cedula③・・・　gr. X

Item per liberacioni 《diliberatiuni》 di cosa mobili ad incantu infra uncia 《unza》 una gr. cinco, da uncia una fina unzi dieci gr. X, da unzi dieci fino cinquanta 《ad unçij④》 tarì uno et accussi innanti.

Item per cosa stabili da unza una ｜j｜ fina in dechi gr. dieci, da unzi X fina a⑤ cinquanta tarì uno, da unzi 50 fino ad 《in》 cento tarì dui et cossi innanti.

Item per ciascuno navilio discoverto　gr. dieci②・・・　gr. X

Item di ciascuno lingo coverto da unzi X fino a⑤ unzi⑥ 50 tarì uno, da unzi⑥ 50 fino ad⑤ unzi⑥ 100 tarì dui et cossi innanti.

Item da⑦ ciascuna navi di dui coverti　tarì sei②・・・　tt. 6ⓒ

ⓒ　Genuardi, pp.32-34; Starrabba, pp.275-276.
①　本条に ciascuno(a)は14回出てくるが、Genuardi は、そのうちの 3 回について
　　のみ St 本とのちがいを指摘している。第 2 条の解読文の注①、第 5 条の解読文

43

第1章　メッシーナ海法序説

　　の注＊および第8条の解読文の注①でみたように、Genuardiの Gen 本と St 本の
　　差異の指摘は、かなり不統一である。この点に関しては、以後、逐一指摘しない。
　②　公証人の報酬・費用の額について、St 本では、文字表示はなされていない
　　（ローマ数字による表示のみ）。
　③　St 本では、cautela。
　④　Starrabba, p.275, n. 2 は、写本にしたがっている旨を表明している。
　⑤　St 本では、in。
　⑥　St 本にはない。
　⑦　St 本では、di。

　本条は、公証人の報酬ないし費用および各種の職務について、具体的な金額
を列挙している。この一覧表から、往時のメッシーナの公証人の職務内容が分
かる（すべてではないかもしれないが、主要なものは）。

　なお、本条において、多くの数字が出てくるが、それらの表示について、
Gen 本と St 本とのあいだに、形式的な差異がみられる（同様の差異は、他の条
文においてもみられるが）。Gen 本では、文字表示、アラビア数字表示および
ローマ数字表示（たとえば、tari setti、gr. 5、gr. X）の三つの表示方法が混在し
ている。これに対して、St 本では、動産の競売について定めた箇所以降に文
字表示がいくつかみられるが、公証人の罰金および報酬・費用の額については、
ローマ数字表示のみがなされている（St 本では、本条以外でも、アラビア数字表
示はなされていない）。

　そうした表示方法のちがいにもかかわらず、Gen 本と St 本とのあいだに、
公証人の罰金および報酬・費用の金額のちがいはみられない。

　【同様に、前述の公証人は、彼らの報酬および費用として、以下のとおり、
取得するものとする。そして、彼らのいずれかの者が、より多くを取得しよう
とした場合、7タリ10グラーナの罰金を支払わなければならない。

　すなわち

　すべての保証（cauthela）ついて執行がなされる場合、すべての2倍の担保
（pregiaria de dublu[(1)]）について、5グラーナ

　同様に、その他のすべての担保について、5グラーナ

44

同様に、すべての支払猶予について、5グラーナ

ただし、巨額のときは、10グラーナ

同様に、すべての条項（capitulo）について、1グラーナ

そして、尋問について、《1》グラーナ

同様に、すべての証人について、2グラーナ

同様に、すべての交通費について、《（証人が）市内にいるときは》10グラーナ

そして、（証人が）市外にいるときは1タリおよび乗馬料と費用、1タリ

同様に、すべての書類について、《1》タリ

同様に、すべての訴訟記録について、訴額にしたがって

同様に、すべての証拠の謄本について、1グラーナ

同様に、すべての判決および仮処分（provisioni）について、10グラーナ

同様に、すべての支払猶予に関する債権者の一覧表について、10グラーナ

同様に、動産の競売について、1オンス以下の場合5グラーナ、1オンスから10オンスの場合10グラーナ、10オンスから50オンスの場合1タリ、そして、以下同じ

同様に、不動産の競売について、1オンスから10オンスの場合10グラーナ、10オンスから50オンスの場合1タリ、50オンスから100オンスの場合2タリ、そして、以下同じ

同様に、すべての無蓋船について、10グラーナ

同様に、すべての有蓋船について、10オンスから50オンスの場合1タリ、50オンスから100オンスの場合2タリ、そして、以下同じ

同様に、すべての二重甲板の船舶について、6タリ。】

Amでもしばしば登場した通貨（グラーナ、タリ、オンス）が本条にも登場する。Amの編纂時期を推測する際、これらの通貨が手がかりの一つになっていることは、試論でかなり詳細に議論をしておいた。しかし、CCMMおよびCOCMに関しては、明確な日付けのある記述（CCMM第54条、第56条およびCOCM第91条）が存在するため、その編纂時期については、それほど詳細な議

第1章　メッシーナ海法序説

論はなされていない。

　なお、本条の柱書きに不正を試みた公証人に対する罰金（7タリ10グラーナ）が定められている。罰金の最高額を示したものなのか、一律の金額なのかは不明であるが、いずれにせよ、報酬の最高額（6タリ）に比べると、高額であることが了解される。公証人の職務の信頼性・公正さを確保するためには、往時としては、妥当な額であったのであろう。

　⑴　この用語は、つづりが若干異なるが、第34条に出てくる。

　　2−10　第10条

〔Chi si paga per ragioni di contumacia：裁判欠席の罰金〕

　Item ogni persona citata et non compari in la curti esti in pena per la contumacia di tarì uno et per la spignatura grana cinco.©

© 　Genuardi, p.34; Starrabba, p.276.

　本条は、裁判に召喚された者が欠席（不出頭：contumacia）した場合の罰金について定めている。本条は、当事者の欠席について定めた第46条および第47条（とりわけ、後者）と関連した規定である。

　第46条は、裁判に欠席が認められる例外的な場合について定めており、それ以外の場合、召喚された者は、出席（出頭）しなければならない旨を規定している。本条は、まず、欠席者に科（課）せられる罰金を1タリと定めている⑴。

　つぎに、第47条は、欠席者が裁判の途中で出頭してくる場合について定めている。この場合、出頭者には、欠席の罰金とは別の名目の金銭（spignatura：追完金）の支払いが求められる⑵。本条は、その金額を5グラーナとしている。

　【同様に、召喚されたすべての者は、法廷に出頭しなければ、欠席の罰金として1タリを、そして、追完金として5グラーナを支払わなければならない。】

　⑴　欠席者が支払うべき罰金1タリについて、その性質に関する議論がありえよう（「科す」ものなのか、「課す」ものなのか）。同様の議論について、2−3注⑴お

46

第1節　メッシーナ海事評議員条項

よび 2 −50注(1)参照。

(2)　spignatura を追完金と仮訳しておいたが、欠席の罰金と、名目だけではなく、性質も異なるもの、と思われる。本条にいう欠席の罰金が現代法にいう刑事罰の性質を伴わないものであっても、欠席者は、支払いを強制されている。これに対して、追完金の支払いは、かならずしも、欠席者に強制されていない。これを支払って、訴訟を遂行するか、支払わず、欠席裁判を甘受するか、選択の余地がある。2 −47参照のこと。

2 −11　第11条

〔Li praticanti in la curti di Messina non ponno concurriri in ditta curti： メッシーナ裁判所執務者の訴訟禁止〕

Item nullo notaro lo quali pratichi《pratiki》in la curti di Messina pò, ne 《nin》divi essiri scrittu《scripto》in li acti della curti preditta.©

©　Genuardi, p.35; Starrabba, p.276.

本条は、直接的な表現によってではないが、選任され評議員裁判所で現在執務中の公証人の個人的な訴訟行為を禁じた趣旨の規定、と思われる。

【同様に、メッシーナ裁判所において執務している公証人は、前述の裁判所の書類に記載されえないし、されてはならない。】

上掲のように本文で適用対象とされている者は、公証人（notaro）のみである。しかし、見出しには、執務者（praticanti）となっている。評議員および公証人のほかに、裁判にかかわる（可能性がある）者としては、第18条の sergenti および第37条の officiali が考えられる（本節は、ともに、「事務官」と訳している）。

用語として、見出しの「裁判所執務者（praticanti in la curti）」のほうが、本文の「裁判所において執務している公証人（notaro lo quali pratichi in la curti）」より、明らかに広い範囲の者を示すもの、といいうる。

本条の適用対象が、公証人に限定されていたのか、事務官にも拡大適用されていたのか、本条の文言のみから判断することは困難である[1]。

47

第1章　メッシーナ海法序説

　なお、評議員の忌避については第44条に詳細な規定が設けられている。

　(1)　たしかに、本文では公証人しか登場していないが、見出しが本条の運用実態と
　　かけ離れたことを表示している、とは考えがたい（このことは、本条に限らず、
　　一般的に妥当するであろう）。本条が適用対象を公証人に限定して運用されてい
　　たのであれば、見出しにも、公証人を用いたはず、とも考えうる。本条は、本来
　　的には、公証人を適用対象として成立した規定かもしれないが、その他の執務者
　　にも類推適用されていたのかもしれない。もちろん、これは、筆者の推測の域を
　　出ない。

　　2－12　第12条

〔Lu consulu non si divi eligiri chi non sacchia leggiri et scrivere：評議員の
識字能力〕

Item nulla persona la quali ad minus① non sacia leggiri oy scriveri si puo,
ne divi eligiri per consulu et si electu fussi quilli, li quali lu eliginu, siano in
pena di unzi dui all'opera della matri ecclesia di la predicta citati.©

　©　Genuardi, p.35; Starrabba, p.276.
　①　St 本には、ない。

　本条は、評議員の被選任資格として、識字能力者であることを規定している。
往時は現代と異なり、識字能力を有しない者は、数多く存在していた、といわ
れている。それでもなお、高度な営為である裁判を主宰する者は、必然的に識
字能力を要する、と考えるのが通常であろう。その意味では、本条の前段は、
少なくとも、現代的な常識にかなった規定、といいうる。

　本条後段は、識字能力を有しない者を評議員に選任した者に対して、罰金を
科すことによって、識字能力を有しない者から評議員が選任されないようにし
ている。

　【同様に、少なくとも読みまたは書くことができない者は、評議員として選
任されえないし、されてはならない。そして、その者が選任された場合、彼を

選任した者は、前述の市の聖母（教会）の公庫に2オンスの罰金を支払わなければならない。】

　本条の規定には明示されていないが、規定の形式および趣旨からして、識字能力を有しない者から評議員が選任されても、その選任は無効とされていたもの、と思われる。

　なお、評議員の選任（広い意味での被選任資格）に関連する規定として、再選禁止期間について定めた第17条がある。

2−13　第13条

〔Li notari divino esseri notari publici：公証人の資格〕

Item nullu notaru[①] lu quali non sia approbatu per experimenti et chi haija exercitu[②] l'officio publico in la citati predicta ad minus anni tri, pò, ne 《nin》 divi essiri electu in lo notariatu di la curti predicta.[©]

© 　Genuardi, p.35; Starrabba, p.276.

① 　公証人（notaro publico）CCMMにおいて、かなり頻繁に、notaro（notaru）という用語が登場する。本節は、一様に、その用語に対して「公証人」という訳語をあてている。しかし、本条の見出しには、形容詞 publico が付せられている。イタリアにおいては、notaro（notaio）は、古くから存在する職業であり、往時のそれは、現代の公的資格を要する「公証人」とはかなり異なった性質を有していたようである（Dizionario enciclopedico del diritto, vol. 2, Novara, 1979, pp.876-878）。これに「公証人」という訳語を与えることの当否については、別の考証を要するかもしれないが、『試論』および「第2節」における所作（試論・199頁、第2節2−80など参照）を踏襲しておくことにする。

② 　Genuardi, p.35, n. 8によると、Gen 本のこの語は、exercutu になっているようである。一方、Starrabba, p.276, n. 1によると、St 本では、exercitu になっているが、語頭の e の前に若干離れて、g が書かれているようである。Starrabba は、この文字を削除すべき（誤りであるから）、としている。

　本条は、前条が評議員の被選任資格について定めているのに引き続いて、CCMMにおいてかなり頻繁に登場する notaro（notaru）の被選任資格につい

第1章　メッシーナ海法序説

て規定している。

【同様に、試験に合格し前述の市において少なくとも3年間公務についたことのない公証人は、前述の裁判所の公証人の職に選任されえないしされてはならない。】

本条は、公証人の被選任資格について識字能力者であることを明示的に要求していない。しかし、本条にいう「試験」がどのようなものであったかは不明であるが、往時も、試験方法としては、筆記試験が一般的であったもの、と推測される。また、市において「3年間公務」に従事するには、少なくとも、その間に識字能力を身に着けていたであろう。

2－14　第14条

〔Li notari non divono extrahiri li acti dilla curti：公証人の裁判書類持出禁止〕

Item nullu delli notari pò, ne《nin》divi extrahiri《extrayri》nullu actu dilla curti predicta, ma sempri gubernarili et usarli《vsari》in la curti predicta exceptu dari processi ad consigliu et quando vayno ad pidaggio《apidaju》.©

© 　Genuardi, p.36; Starrabba, p.276.

本条は、前条につづいて、公証人に関する規定であるが、その訴訟における禁止行為について定めている。すでにみたように、第11条も、公証人の禁止行為について定めているが、本条の禁止行為と性質が異なるように思われる。第11条が公証人の個人的な訴訟行為を禁じた趣旨の規定、と考えられるのに対して、本条は、公職者としての執務に関する禁止規定、と考えるべきであろう。

【同様に、公証人の何人も、前述の裁判所のいかなる書類も持ち出しえないし持ち出してはならず、つねに前述の裁判所において書類を管理しそして利用しなければならない。ただし、訴訟に助言を求めそして交通費を払って行く場合は、このかぎりでない。】

本条は、裁判所の書類の裁判所外の持出しを禁じ、その裁判所内の利用を命

じている。公文書の管理に厳格さが求められるのは、洋の東西また古今を問わないであろうが、すでに、その旨を明示した規定がCCMMに存在したことに驚きを覚える。

2−15　第15条

〔Curiali non pò esseri constituto in procuraturi：代理人選任の禁止〕

Item nullu curiali, nè homo litteratu pò essiri constitutu in procuraturi ad《a fari》questioni in la curti preditta, ma sempri li propri persuni divino domandari li raxuni《raiuni》loru, tamen si alcuna delle parti fussi absenti può constituiri procuraturi ad persona ydiota tamen si la parti adversa fussi persona litterata ¦po constituiri procuraturi licteratu①¦, tanto essendo presenti 《la parti》 , quanto absenti.©

© 　Genuardi, p.36; Starrabba, p.276.
① 　St本にはこれらの文言が入っているが、Genuardiは、見逃したようである。

　本条は、代理人選任の禁止・本人訴訟の原則を定めるとともに、その例外（代理人の選任が許容される場合）について規定している。Val規則のなかに、たとえわずかであっても、本条と類似性を有する規定を発見することはできない(1)。

【同様に、いかなる弁護士(2)も識字能力を有する者も、前述の裁判所における審問の代理人となることができず、つねに、本人が、その言分を主張しなければならない。ただし、当事者のいずれかは、不在のとき、制限能力者の代理人(3)を選任することができる。相手方当事者は、識字能力を有する者である場合、存在しているときも、不在のときも、¦識字能力を有する代理人を選任することができる¦。】

　本条の本文は、代理人選任の禁止・本人訴訟の原則を明示している。同様の原則を定めた規定を他の都市の法律のなかに発見することができないにしても、本文（原則）について、大きな解釈の対立を生じることはないであろう（若干

第1章　メッシーナ海法序説

の差異が認められるにしても、St 本と Gen 本のいずれに依ろうが、同様の解釈に至りうるであろう）。

　例外について定めた但書き（後半部）の解釈に対立がみられる。解読文の注①でふれたように、Genuardi は、St 本にある文言を見落としている。これらの文言を欠いたままでは、本条の但書きの内容を推測するのは、かなり困難である。

　代理人を選任しうる場合は、かなり限定されているように思われる。不在の当事者が代理人を選任しうるのは、その者が制限能力者である場合であり、一方、相手方当事者は、識字能力を有する者であっても（在・不在を問わず）代理人を選任しうるもの、と思われる。すなわち、当事者双方が識字能力を有する者である場合、代理人の選任は認められないことになる⑷。

⑴　Zeno, op. cit., p.134 は、とくに本条を取り上げ、Val 規則にもバルセロナの規則にも類似性を伴った規定が存在していなかった、と指摘している。
⑵　第5条において、そこに登場する「法律家」について若干の言及をした際、「弁護士」もそれに含まれうることを示唆しておいた。現在のイタリアで弁護士を表わすためには、avvocato が一般的用語であろうが、curiale も文語として残っている（池田廉他編『伊和中辞典〔第2版〕』小学館・1999年・438頁）。
⑶　確認しておくと、ここにいう「制限能力者の代理人」とは、制限能力者である当事者に代わって訴訟遂行する代理人の意味である。制限能力者を代理人に選任しうる、という趣旨ではない。
⑷　Murino, op. cit., p.310 は、代理人の選任が認められるのは、当事者の一方が不在かまたは制限能力者である場合（una delle parti sia assente o incapace）と解している。これに対して、Zeno, op. cit. loco cit. は、識字能力を有しない者が欠席する場合（contumace analfabeta）にのみ、例外が認められるとしている。Murino のいう "incapace" と Zeno のいう "analfabeta" の異同に関する議論には立ち入らないが、Zeno は、当事者の一方がたんに欠席する場合には、代理人の選任を認めないのであろう。

　2－16　第16条（Val 規則第5条）

〔Di lo sigillo《siyillu》dilla curti：裁判所の公印〕

第1節　メッシーナ海事評議員条項

Item[①] la curti dilli consuli divi haviri uno sigillo retundu grandi, la (*sic*) quali levi una navi, sutta dilla quali sia lu mari dipintu cum la vela spannata, in la quali vi la sunnu li armi dilla citati di Messina. In la puppa li armi dillo signuri re et in cante di[②] lo sigillo divino essiri scritti quisti palori videlicet: *sigillum curie maris nobilis civitatis Messane*, cum lu quali sigillu insembla cum li dui anelli dilli dui consuli si sigillirannu tutti li littri, processi et concessioni facti per quissa 《kissa》 curti et lu dictu sigillu sarrà in potiri 《pudiri》 dillu maestru notaru di quissa 《kissa》 curti.[©]

Ⓒ　Genuardi, p.37; Starrabba, p.277.
①　St 本には、ない。
②　St 本には、ない。

　第 2 条から前条（第15条）までのあいだ途切れていた CCMM と Val 規則との類似・対応関係が、本条から、再開・本格化する（本条から第24条、第26条から第32条および第34条から第45条）。
　本条の内容は、すべての裁判書類に捺印される裁判所の大公印について定めている第 6 条の規定と関連する。ここに具体的に指示された公印の図柄および文言は、Val 規則第 5 条のものとは異なるが、その意図するところは同じ、といいうるであろう。その保管者を明示している点についても、同様の類似性を読み取りうる。
　【同様に、評議員裁判所は、メッシーナ市の紋章入りの帆を広げ海に浮かぶ船を描いた大きな丸印を有しなければならない。船尾には王の紋章、周辺にはつぎの文言が記載されていなければならない。すなわち、高貴なメッシーナ市海事裁判所の公印。この公印および 2 名の評議員の認印付き指輪によって、本裁判所が作成したすべての書類、訴訟記録および認可は、捺印される。そして、前述の公印は、本裁判所の主任公証人[(1)]の手に委ねられる。】
　なお、St 本では、本条において、はじめて、「見出し」が付せられている。このことと、CCMM と Val 規則との類似・対応関係の再開・本格化とがなん

第1章　メッシーナ海法序説

らかの関係を有するのか、たんなる偶然にすぎないのか、現在の筆者には推測することさえ不能である。

　また、解読文の注①でもふれたように、St 本においては、本文文頭に、Item が置かれていない。St 本では、本条から姿をみせなくなった Item が、各条の文頭にふたたび現れることはない。

(1) Val 規則第5条においては、裁判所の公印の保管者は、「裁判所の書記 (l'escriva de la lur cort)」となっている。訳語は、樋貝・前掲635頁による。

2－17　第17条 (Val 規則第6条)

〔Quantu tempu divi lu consuli vacari：評議員の再選禁止期間〕

Item① quilli li quali sunnu l'uno annu consuli, non ponnu esseri electi alo dicto officio fina allu tercio annu, ma divino, comu di supra dictu esti*, esseri electi autri 《cumsuli》: pero ca divino vacari dallu② officio anni dui.©

© 　Genuardi, p.37; Starrabba, p.277.

* ［語順のちがい］　CCMM においても、これと同旨の文言がたびたび登場するが、Gen 本と St 本とで語順が異なっていることがある。たとえば、第18条において、Gen 本では、"comu di supra esti dittu" になっているが、St 本では、"comu di supra dictum esti" になっている。これと同様に、名詞と形容詞、動詞と副詞などの語順のちがいがいくつかみられるが、これらは指摘しないことにする。

①　St 本には , ない。Gen 本でも、前半で Item が本文文頭に置かれているのは本条までである。Item が本文文頭に再出現するのは、第49条においてである。

②　St 本では、di lu。

　本条は、評議員の再任禁止期間について定めている。前段が再任禁止期間を2年間と宣言している。後段は、その確認のための文章にすぎない。無駄を厭う法律の規定としては、不要のものであろうが、往時の法文には稀なものではないようである。

　【同様に、1年間評議員であった者は、前述の職務に3年目まで選任されえ

54

ず、先にのべられているように、他人が選任されなければならない。それ故、2年間、職務から離れなければならない。】

本条は、Val規則第6条との類似性を指摘されているが、後者は、2年間の再任禁止期間を要求していない文言になっており、1年間、職務を離れていれば、2年目に再選されうるように読むことが可能である[1]。

本条は、評議員人事の停滞を防ぐ（評議員裁判に対する信頼を確保する）という意味からすれば、Val規則第6条より徹底している、といいうる。

(1) 樋貝・前掲635頁によると、Val規則第6条前段は、「或年領事ト為リタル者ハ他人ガ彼ト位置ヲ代ハル迄ニテ止メ翌年ハ領事タルコトヲ得ズ」と訳されている。ここにいう「領事」は、本節が「評議員」との訳語を与えている者である。

2－18　第18条（Val規則第8条）

〔Di quista manera《Per kista maynera》divino li consuli procediri alla justicia：評議員の訴訟手続方法〕

Quandu serrà facta dimanda per alcuno in la curti predicta di cosa chi appartengna alo officio predicto di lo consulatu de la terminacioni et dechiarationi《declarationi》essen（do[①]）《divi esseri》accettata《accirtata》per lu sergenti ordinatu in la curti predicta la parti ad cui esti facta la addimanda unu giornu《iornu》innanti et si per quillu giornu medesimu《midemmi》fussi citata, non esti tenutu respundiri fina allu sequenti giornu, esti tenutu respundiri in la curti ad quilla addimanda la quali fatta li serrà《sarra》: et da poi li[①-2] serrà datu terminu all'una[②] parti per domandari et ad l'autra per defendirsi et《etiam》per reconveniri ala dicta parti, si rinconveniri lu[③] volissi: alla quali dimanda tantu per provari quantu per defendiri, quantu etiam per reconveniri, si divi dari lu termino principali di giorni dieci: oy quindici《v》ad arbitriu dilli consuli, infra li quali l'una et l'autra parti divi presentari raxuni et defensioni, testimonii et instrumenti, et omni altra manera di provi et defensioni, li quali li parti preditti havissiro: nenti mancu si

第1章　メッシーナ海法序説

la parti lu addimanda, divi esseri datu sacramenti di calumnia et di diri la veritati sicundu voli |la| raxuni 《raiunj》: tamen 《tantum④》 si la parti non lu addimanda non lu divi la curti da si requidiri: et quillu 《quillum》 lu quali la parti confessirà in |lu| ditta (sic) sacramentu, divi esseri finitu incontinenti, quillu chi negatu serrà, si divi provari in lu tempu predictu et si in la questioni chi fussi alcuna donna, pupillu di⑤ altri persuni restituibili, zo esti di haviri restitutioni, divino haviri la prima et la secuna restitucioni; si non ci 《chi》 fussiro personi di restitutioni, divino haviri solamenti lu termino principali 《princhipali》, comu di supra esti dittu, et un autru terminu di jorni octo: tamen si jurassi di calumnia et volissi plui terminu la curti in chi lu divi dari allegandu per chi tali terminu voli, et si sonno justi et liciti, divi haviri plu terminu, jurando primo che lu dittu pluy termino non lu peti per bistentari li questioni, ma per sullivari la causa sua et li dicti restitutioni ciascuna 《chascuna》 divi esseri jorni octu: et in ciascuna dilacioni si divi fari la⑥ publicacioni 《puplicatu》 et poi dari la copia di li testimonij alli parti: innanti la publicationi nè l'una, nè l'altra parti pò 《poti》 haviri la copia dilli testimonii, di li capituli et altri provi poti haviri la copia incontinenti che per la parti adversa serrannu presentati: si tamen fussiro capitoli 《capti》 et la parti adversa li⑦ domandi 《chiya⑧》 che⑨ si interroghi, primo si divi interrogari ca prindiri la copia, exceptu si fussi la parti adversa fimmina, la quali divi respundiri consigliata et però primo divi haviri la copia: et poi si (divi①) interrogari per alcunu spaciu di tempu secundu la qualitati et |la| quantitati di la domanda 《lu adimandu》, infra lo quali tempu habilimenti si pozza consigliari, plui tempu non divi esseri datu ad nullu dilli parti.

Et si per adventura alcuna dilli parti dicissi haviri testimonii fora di la citati oi dillo regno 《rennu》 et⑩ intendissi provari sua intencioni cum li dicti testimonii et dimandira tempu divi primo presentari per scriptura li nomi et li cognomi di quissi testimonii, undi su, cum cui sunnu⑪ andati, et poi divi

56

第1節　メッシーナ海事評議員条項

jurari per condigno sacramento comu ipsu non peti lu tempu per nulla causa
《adimuranza》, o bistentu dari alla questioni, nè per calumnia, oi malvistati,
ma che si renda multu certu potiri provari la sua intencioni cum quilli
testimonii, cossi li consuli havendu respectu alla distancia di lo locu di[12]
viaggiu undi li testimonii sunnu et cossi dari tempu bastanti chi li dicti
testimonii pozzanu veniri alla 《in la》 citati et si fussiro li preditti personi
stanti in altra terra, divi haviri littera di audiencia di testimonii in debita
forma, cum la quali divi andari cum uno certo tempo et portari lu ditto di
quilli 《kissi》 testimonii lu quali tempu etiam lu divino dari li predicti[13] consuli,
havendu respectu alla[14] distancia dillo locu, in lo quali sarrannu li testimonii
predicti et in ogni 《omni》 tempu dilacioni et actu judiciali divi la parti esseri
citata per lu missu dilla curti predicta, ¦et¦ poi divi esseri datu ad l'una parti
et ¦ad¦ l'altra tempu reprobatorio secundo 《secundum》 la quantitati dilli
testimonii dati, alli quali li parti dechiarassiro 《dichissiru》 voliri reprobari, et
facti tutti quisti solemnitati, si concludi la questioni, et dalloco li consuli con
consiglio, si necessario fussi, proferino la sentencia, regendosi la curti: et li dui
insembla et in questa maynera lu processu esti validu et robboratu et non si
può annullari.©

ⓒ　Genuardi, pp.38-41; Starrabba, pp.277-279.
①　Genuardi による補足と思われる。
①-2　St 本には、ない。
②　Gen 本の写本では、alcuna になっているのを、Genuardi が修正したようであ
　る（Genuardi, p.38, n. 9）。St 本の対応部は、a luna となっている。
③　St 本には、ない。
④　St 本（写本）では、tantum になっているのを、Starrabba, p.278, n. 1 は、
　tamen と読むべきとしている。
⑤　St 本では、oy。
⑥　St 本には、ない。
⑦　St 本には、ない。

第1章　メッシーナ海法序説

⑧　St 本（写本）では、chiya になっているのを、Starrabba, p.278, n. 4 は、chieda と解すべきとしている。

⑨　St 本では、di ki。

⑩　St 本には、ない。

⑪　St 本では、su。

⑫　St 本では、oy。

⑬　St 本では、dicti。

⑭　St 本では、la。

　本条は、評議員裁判所における訴訟手続に関して、訴えの提起、証拠提出の猶予期間、反訴提起の猶予期間、証人の申請、結審から判決の申渡しに至るまでの概略について定めている。本条は、いわば、評議員裁判所における訴訟手続に関する導入規定であり、次条以下に、個別的事項・手続に関する各則的な規定が多数置かれている。

　本条は、Val 規則第 8 条と類似している、といわれているが、それよりも、長文であり、規定内容も詳細になっている。

　また、Gen 本と St 本で、本条および次条に関して形式的には大きな差異がみられる。すなわち、Gen 本では、本条と次条は、独立した規定の形式を採っているが、St 本では、本条と次条は、一体化した規定になっている。

【いずれかの者により、前述の裁判所において、裁決および宣告に関する評議員の前述の職務に属する事項について、訴えがなされ、前述の裁判所の正規の事務官によって受理されるべき場合、訴えが提起された相手方当事者は、召喚された日の前日および当日までに応答することを要せず、翌日まで応答する義務を負わない。（被告は）彼に対してなされる訴えに対し、裁判所において応答する義務を負う。そして、その後、一方の当事者に対して、請求をなすための期間が与えられ、そして、他方の当事者に対して、防御をなすための、および、もし彼が欲すれば、前述の当事者に対する反訴をなすための期間が与えられる。その訴えに対して、立証をするため、防御をするため、さらには、反訴をするために、10 日間の最初の期間が与えられ、または、評議員の裁量により、15《5》日間の期間が与えられ、その期間内に、一方および他方の当事者

58

第1節　メッシーナ海事評議員条項

は、請求理由および抗弁、証拠および文書ならびに前述の当事者が有するあら
ゆる他の立証および防御手段を提出しなければならない。しかしながら、当事
者が申請すれば、その請求する理由に応じて、真実をのべる誓約がなされなけ
ればならず、当事者がそれを申請しなければ、裁判所は、誓約を求めてはなら
ない。そして、当事者がその誓約において自白する事実は、争いがないものと
し、否定する事実は、前述の期間内に立証をしなければならない。そして、審
理に被後見人の婦人または返還を受けうるその他の人がいる場合、返還を受け
うるよう、最初と2番目の返還を受けなければならない。返還を受けうる人が
いない場合、先にのべられているように、最初の期間および8日間の第2の期
間のみが認められなければならない。しかし、真実の誓約がなされ、そして、
付加期間が要求された場合、裁判所は、その期間を要する理由を示して、その
期間を認めなければならない。そして、公正でかつ妥当な場合、前述の付加期
間が審理を遅延させるために要求するものではなく、自己の根拠を挙げるため
であることを、先に宣誓すれば、付加期間は、認められなければならない。そ
して、前述のすべての返還は、8日間（内になすもの）とする。そして、すべ
ての遅延時に、開示がなされ、そして、その後、当事者に証拠の謄本が与えら
れなければならない。開示前に、双方の当事者とも、証拠の謄本を入手するこ
とができない。条項およびその他の証拠については、相手方当事者によって提
出されるや、謄本を入手することができる。しかし、条項が存在し、そして、
相手方当事者が尋問を求めた場合、謄本を受け取るより先に、尋問をしなけれ
ばならない。ただし、相手方当事者が助言を要する婦人であり、先に謄本を入
手すべき場合は、このかぎりではない。そして、ついで、訴えの質と大きさ
（量）に応じて、ある期間内に、適切に助言を受けられるであろう期間内に、
尋問がなされなければならず、付加期間は、双方の当事者のいずれにも与えら
れてはならない。

　そして、偶然、当事者のいずれかが、（メッシーナ）市外または王国外に証人
を有し、前述の証人によって、その意図を証明する意向であり、そして、期間
を要求する場合、最初に、書面で、その証人の姓名、所在地、関係を明らかに

59

第1章　メッシーナ海法序説

し、ついで、（証人請求）それ自体が根拠なくもしくは審問を遅延させるために、
または、讒訴もしくは悪意により期間を申請するものではなく、その証人によ
り、自己の意図を確実に証明しうることを誓約しなければならない。それから、
評議員は、証人の所在地・旅程を考量して、前述の証人が（メッシーナ）市に
来るために足りる期間を与えなければならない。そして、前述の証人が他国に
いる場合、往信に一定時間を要し、そして、その証人の証言を伝える然るべき
形式の証人の聴聞文書を入手しなければならない。たしかに、前述の評議員は、
前述の証人の所在地の距離を考量し、その時間を与えなければならない。そし
て、あらゆる遅延および訴訟行為時に、当事者は、前述の裁判所の使者によっ
て、召喚されなければならず、ついで、（相手方）当事者が反証することを望
む提示された証拠の量に応じて、一方および他方の当事者に、反証期間が与え
られなければならない。そして、これらすべてがなされてから、審問を終結し、
それから、評議員は、必要なときには、助言を受けて、判決を申し渡す。そし
て、二人（の評議員）が共同しそしてこのように裁判所が運営されると、訴訟
は、有効かつ堅固であり、そして、無効とされえない。】

　先にのべたように、本条が評議員裁判所における訴訟手続に関する導入規定
であることから（また、規定内容自体は、長文の説明的記述から、それほどの困難
を伴わずに、理解が可能であろうから）、本条の分析・検討を控えることにして、
次条の検証に移ることにする。

　　2－19　第19条（Val規則第9条）

〔Comu si può allegari lu testimoniu per suspectu①：疑念のある証人の排除〕
Et② si per adventura alcuna dilli parti allo prindiri delli testimonii allegassi
che li testimonii, li quali la parti contraria day, sonno soy parenti, oy homini
corrupti per dunu, oy homini di alcuna malafama, oy soy inimici, supra zò li
ditti③ consuli divino cum maturo consiglio sopra zò providiri et si fussi cossi
comu la parti contraria allegassi, non li divi fari prindiri, non obstanti che la
parti putissi haviri lu terminu reprobatorio, infra lu quali puo reprobari li

60

第 1 節　メッシーナ海事評議員条項

testimonij per lo so adversario dati: ca li consuli divino abreviari lu litigiu in quantu si può et non dari materia alli parti di litigari.©

© 　Genuardi, pp.41-42; Starrabba, pp.279-280.
① 　2－18で指摘したとおり、St 本では、本条に対応する部分は、独立した条文の形式になっておらず、前条のつづきになっているため、見出しがない。
② 　St 本においては、前条に対応する部分の文末にピリオドが打たれており、改行なしに、Et 以下の本条に対応する部分がつづいている。ただし、St 本において、条文の文頭以外の場所で大文字が使用されるのは、それほど多くない（第9条、第15条、第16条、第18条、第20条、第30条および第34条に対応する条文においてなされているくらい。そのうちのいくつかは、誤植と思われる）。
③ 　St 本には、ない。

　本条は、当事者の一方が申請した証人に対して、相手方当事者が異議を申し立てた場合について規定している。本条に登場する「当事者」は、証人（証拠）申請をする者とそれに異議を唱える者の二人だけであるが、それらに付された形容詞および所有形容詞がかならずしも適切とはかぎらない（例えば、soy parenti と soy inimici では、同一人の親族と敵を表わしていない、と思われる[1]）。したがって、本条の内容の理解に妨げが生じないように、適宜ことばを補って「当事者」の説明を行っておきたい。
　【そして、偶然、いずれかの当事者が、証人の採用にあたり、相手方当事者の申請した証人がその者（証人申請者）の親族、進物によって買収された者、悪評高い者または彼（証人申請に異議を唱える者）の敵であることを主張した場合、それについて、前述の評議員は、熟練の助言者とともに審理し、そして、証人申請に異議を唱える当事者の主張するとおりであるとき、当事者には他方の当事者が提出した証拠に反証をなしうる期限が認められるにもかかわらず、（その証人を）採用してはならない。評議員は、可能なかぎり、紛争を短縮しなければならず、そして、当事者に争いの原因を与えてはならない。】
　本条は、当事者の一方が申請した証人に対して、相手方当事者が異議を申し立てうる場合（その証人が採用されえない場合）について規定している。列挙さ

61

第1章　メッシーナ海法序説

れた異議事由が制限列挙か例示列挙かについては、当然、議論のありうるところであろう。しかし、これに対して、筆者は、意見をのべうる立場にない。

　また、本条の後段は、評議員に迅速な訴訟の進行を促しているが、間接的には、訴訟当事者に対して、いたずらに証人申請がなされることがないように求めている、とも解釈しうるであろう。

　規定内容にはかかわりないが、Gen本とSt本の規定のあいだにみられる形式的な異同について、若干論じておきたい。すなわち、St本では1カ条にまとめられた形式になっている規定が、Gen本では、第18条と第19条（本条）に分かれた形式になっている。そして、St本の対応規定の途中に出てくる接続詞・Etが、本条の文頭に置かれている[2]。Gen本では、本条のほか、第30条と第39条から第42条の計6カ条の文頭にEtが置かれているが、接続詞・etが文頭に登場するのは、いかにも唐突であり、少なくとも、現代的な立法には相応しくない。

　いうまでもなく、本条の文頭のEtは、前条との関連・継続性を強く推測させるに十分な用語である。一つの可能性として、長大であった（複数の内容を収めていた）条文が分割された折に、後半部にあったetがそのまま新条文の文頭に残った、と考えられるかもしれない。その考えが正しければ、Gen本よりSt本のほうが、より古い形式の規定を残している、といいうるであろう。

(1)　本条と類似している、といわれているVal規則第9条においては、「証人・・・ガ之ヲ提出シタル者ノ親族」と「提出セラレタル相手方ノ敵」というような明確な表現になっている（樋貝・前掲・638頁参照）。
(2)　これと類似の現象は、Am第47条とCOCM第99条・第100条にもみられる（第2節2－99および2－100参照）。他の規定の文頭のEtについては、それぞれの場所で論じることがある。

　2－20　第20条（Val規則第10条）

〔Chi ¦si¦ divi fari in la questioni, facta la conclusioni：結審後の意見聴取義務〕

第1節　メッシーナ海事評議員条項

Facta la conclusioni divino li consuli insembla cum lu notaru legiri et ben comprendiri lu tinuri dillu dittu processu et poi andari ad boni homini mercanti dilla citati et declarari ad loru tutti li punti et facti di la dicta questioni et da loru prindiri consigliu in chi modu divinu ｛《in》｝ quillu factu et processu procediri et poi divinu prindiri consigliu di patruni di navi et homini boni in l'arti di lo mari et similmenti ad loru declarari li dicti punti di la questioni et si insembla sunnu concurdati supra quillu factu, li dicti consuli divino dari la① sententia avanti 《annanti》 la② parti comu esti dictu di③ supra secundu lu dictu consigliu et si lu dictu 《predictu》 consiglio zo esti li boni homini mercanti cum li homini di mari non si concordassiro, li divino li dui consuli affrontari insembla (et si affruntati insembla) li dicti consigli si concordirannu 《concordassiru》 si divi dari la sentencia, comu di③ supra esti dittu, et si accordari④ non si ponnu divinu li consuli vidiri si esti actu di mercancia stari alo consiglio et ala buci di li mercanti et si esti actu marinu oi di mari stari per li dicti patruni di navi et homini di mari et tutto zo si divi fari in absencia di li parti et chi li parti non saciano cui sonnu quisti li quali sopra zo consiglirannu.

Et si in lu processu fussi casu di liggi, si divi dari ad⑤ judici, lu⑥ quali eligirannu li dicti consuli, di lo quali judici non divino haviri noticia li parti predicti, ne sapiri cui esti lu consigliu, lu quali lu divino pagari li dui parti predicti per mitati et si alcuna delli parti volissi chi si dassi ad autru judici si divi dari etiam chi li ｛dicti｝ parti non di hayanu noticia et quistu consigliu lu divi pagari la parti che lu domandirà⑦, et si serrannu in concordia si divi dari secundu loru consigli salvi tamen li capituli et ordinacioni di la dicta curti chi si lu consigliu di li dicti judici contradicissi alli dicti capituli non si divi stari eceptu alli dicti capituli et si li dicti judici non si concordassiro in lo modo supradicto, si divi dari lu dictu processu ad un altro judici et divilo pagari l'altra parti et poi divino li dicti consuli semblari lu pariri di ｛li｝ dicti judici et

63

第1章　メッシーナ海法序説

dari sentencia secundu loro consigliu.©

© Genuardi, pp.42-43; Starrabba, pp.280-281.
① St本には、ない。
② St本では、li。
③ St本では、da。
④ St本では、concordari。
⑤ St本では、ali になっているが、Starrabba, p.280, n. 1 は、alu に修正すべき、としている。
⑥ St本では、alu。
⑦ St本では、dimanda。

　本条は、公正・妥当な判決をえるため、専門家に意見聴取すべき義務を評議員に課している。本条は、Val 規則第10条に類似している、といわれているが、たしかに、その前半部（改行前の部）に定められた手続は、Val 規則第10条にほぼ一致している。

　これに対して、本条の後半部については、Val 規則第10条に対応すべき文言を発見することができない。

【結審の後、評議員は、公証人とともに、前述の訴訟の趣旨を読みそして深く理解しなければならず、そして、（メッシーナ）市の良き商人のところに赴き、そして、彼らに前述の審理のすべての論点および事実を告げ、その事実と手続を処理するために、彼らから助言をえなければならない。そして、つぎに、船長および航海者団体の良き人の助言をえなければならず、そして、同様に、彼らに審理の論点を告げなければならない。そして、その事実について、（助言が）一致したとき、前述の評議員は、当事者の面前で、先にのべられているように、前述の助言にしたがい、判決をしなければならない。そして、良き商人の助言が海の人（の助言）と一致しないとき、二人の評議員は、協議をしなければならず、（そして、協議の後、）前述の助言が一致すれば、先にのべられているように、判決がなされなければならない。そして、一致がみられなければ、商業に関する事項のときは、商人の助言にしたがい、海事事項のときは、船長

および海の人にしたがって、（判決がなされなければならない）。そして、これらのすべては、当事者不在のところで、そして、当事者が、その事項について助言をする者が誰かを知ることなく、なされなければならない。

そして、訴訟中に法律問題があるとき、前述の評議員が選任する裁判官に委ねられなければならず、前述の当事者は、その裁判官について情報を有し、また、助言がいかなるものかを知っていてはならない。前述の二人の当事者は、助言者に平分して報酬を支払わなければならない。そして、いずれかの当事者が、他の裁判官に委ねることを望んだときは、やはり、当事者が情報を有していない人に委ねなければならない。そして、この助言には、それを欲した当事者が支払をしなければならない。（助言が）一致した場合、それに抵触すれば前述の裁判官の助言が存立しえない、前述の裁判所の条項および規則を除いて、彼らの助言にしたがって、判決がなされなければならない。そして、前述の裁判官が、上述のように一致しなかったときは、前述の訴訟は、他の裁判官に委ねられなければならず、他方の当事者がその裁判官に支払いをしなければならない。そして、つぎに、前述の評議員は、前述の裁判官の意見を集約して、彼らの助言にしたがって、判決を下さなければならない。】

本条の前半部と Val 規則第10条の趣旨・手続の概要は共通しているもの、と思われる。小さな差異（少なくとも、表現上の）をあえて指摘すれば、評議員が専門家の意見聴取に同行させる者（の表現）である。本条は、これを「公証人（notaru）」としており、Val 規則第10条は、「書記（scriva）[1]」としている。

本条および Val 規則第10条に関連し、より注目すべき点を指摘しておきたい。評議員が意見聴取する専門家として「良き商人」と「船長および海の人」をあげている点、および、意見聴取の対象事項について、「商業に関する事項」と「海事事項」を明確に分けている点である。これら二つの点から、「商事事項」と「海事事項」に関して別個の慣習（法）が、往時すでに、存在しており、それぞれに別個の専門家（紛争解決に助言しうる人）がいたことが推測される（「商事事項」と「海事事項」に関して別個の慣習〔法〕が、往時すでに、存在していたことは、第28条および第43条からもうかがえる）。

第1章　メッシーナ海法序説

　本条の前半部が定めている専門家に対する意見聴取手続は、かなり慎重であ
りまた合理的である。すなわち、「商事事項」と「海事事項」の専門家の双方
から意見聴取すべきこと、そして、双方の意見が一致したときと、不一致のと
きの判断のなし方が規定されている。さらには、この意見聴取は、訴訟当事者
の関知しないところでなされるべきことなど、細やかな配慮がなされている。

　本条の後半部における訴訟中に法律問題がある場合の手続についても、訴訟
当事者の公平が計られている。

　なお、公正・妥当な判決をえるための専門家に対する意見聴取手続であって
も、第5条によるものは、訴訟当事者の要請によってなされるが、本条による
ものは、評議員の義務としてなすべきものとされている。

(1)　この訳語は、樋貝・前掲638頁のものである。CCMM にいう「公証人」と Val
　　規則にいう「書記」が類似の任務を遂行する場合として、前者の第19条と Val 規
　　則第5条に定めがある裁判所の公印の保管があげられる。すると、本条の「公証
　　人」と Val 規則第10条の「書記」は、同じ職種の者、という判断がなされうるか
　　もしれない。しかし、思い出しておきたいのは、COCM 第80条において、
　　notaru と scrivanu は、別の職種の人であることが明示されている（第2節2－
　　80）。

　2－21　第21条（Val 規則第11条）

〔Di la appellacioni：上訴〕

　Da quista sentencia quillu, lu quali gravatu si sentirà, pò appellari infra
giorni tri, contandu lu jornu chi pronunciata sarrà la sentencia, la quali
appellacioni divi esseri auduta et infra giorni dieci dallu dictu jornu presentari
carta et denari per fari lu processu: lu quali factu si divi cum lu sigillu di la
curti, et di li consuli, mandari alla curti undi specta la dicta appellacioni.©

　©　Genuardi, pp.43-44; Starrabba, p.281.

　CCMM のなかに、上訴に関連する規定は、それほど多くなく（第6条、本条、

第1節　メッシーナ海事評議員条項

第22条、第26条、第29条および第34条くらい）、上訴手続自体を規律した規定は、本条と第22条のみである。

　本条は、評議員裁判に対して上訴が可能である旨ならびにそのための書類提出および上訴費用の納付について規定している。

　【この判決によって、不服に思う者は、判決が申し渡された日から数えて3日以内に上訴することができる。その上訴は、受理されなければならず、（上訴人は、）前述の日から10日以内に、手続を遂行するための書類および現金を提出しなければならない。その事実は、裁判所および評議員の官印を押印して、上訴を管轄する裁判所に送付されなければならない。】

　Val規則第11条との差異として、上訴可能期間が評議員裁判の判決申渡日から10日以内とされているのに対して、本条では同様の日から3日以内とされている。上訴可能期間が7日間短縮されているのは、それだけ、迅速な法的紛争を可能なかぎり速く終結させたいからであろう。

　本条の第3段は、上訴裁判所への上訴申請書類の送付について簡略に定めている。

2－22　第22条（Val規則第12条）

〔Di quilla medesimi《kissa midemmj》：同前〕

Quillu《Killu》lu quali appillirà, divi prindiri lu processu di[①] la curti di li consuli ad soi spisi, et presentarilu, comu di supra dictu esti, et fari citari la parti appellata, et si passassiro[②] giorni dieci da lu jornu chi data esti la sentencia et non fussi la dicta sentencia appellata per scriptura, oy per palora, passa in cosa iudicata, et stari[③] ferma, et non si pò plui appellari et si passassiro li[④] giorni quaranta da lu iornu supradictu[⑤] et la parti appellanti non prendissi lu processu, similmenti la sentencia di li consuli passa in cosa iudicata et sta ferma, et non sinci pò in nenti contradiri, eceptu tamen chi la parti non potissi haviri lu processu et per altra raxuni et zo fussi non per culpa, oy cum culpa di la parti.[©]

67

第1章　メッシーナ海法序説

ⓒ　Genuardi, p.44; Starrabba, p.281.
①　St 本では、da。
②　St 本では、passariru。Starrabba, p.281, n. 3 は、passirannu と解している。
③　St 本では、staj。Starrabba, p.281, n. 4 は、sta と解している。
④　St 本には、ない。
⑤　St 本では、predictu。

　本条は、前条に引き続いて、上訴の手続方法について規定しており、前条を敷衍した規定内容になっているように思われる。

　【上訴をしようとする者は、自己の費用で、評議員裁判所の訴訟記録を入手し、先にのべられているように、それを提示して、被上訴人を召喚しなければならない。そして、判決のなされた日から10日が経過し、書面または口頭で上訴されなかったときは、前述の判決は、確定・終結し、もはや、上訴することができない。そして、上述の日から40日が経過し、上訴人が訴訟記録を入手しない場合、同様に、評議員の判決は、確定・終結し、以降、異を唱えることができない。ただし、当事者が、その過失によらず、または、その他の理由により、訴訟記録を入手できなかったときは、このかぎりでない。】

　本条においては、上訴手続（上訴に必要な書類の入手）費用が上訴人の負担であることが明示されており、さらに、評議員裁判所判決の日から40日の経過により、その判決が確定する旨を規定している。このような言及は、Val 規則第12条においてはなされていない。

　　2−23　第23条（Val 規則第16条）

〔Quandu serra facta querela per lo constrittu di la curti non apparteniri all'officio di consulato① : 評議員裁判所の管轄に対する異議申立て〕

　Quando serrà facta alcuna adimanda annanti li cunsuli oy per scrittura oy per parola: et alcuna di li parti proclamassi dicendu chi quilla addimanda non apparteni all'officio di lo consulatu di mari, li consuli cum consigliu si lu factu claru non fussi, divinu providiri et si casu 《cusu②》 esti chi ad loru officiu

68

appartegna, lu divinu judicari et si non esti factu, lu quali apparteni ad loru, lu divinu tramectiri allu judici allu quali quilla addomanda appartegna.©

ⓒ　Genuardi, pp.44-45; Starrabba, p.282.
①　St 本には、ない。
②　Starrabba, p.282, n. 1 は、cussi と解している。

　本条は、訴訟当事者による裁判管轄権に対する異議申立てについて規定している。Val 規則第16条が本条と類似している、と解されている。
　本条の内容を検討する前に、Val 規則の側から類似・対応関係を確認すると、
　前条と類似・対応しているのは、Val 規則第12条である。Val 規則の第13条から第15条の３カ条を飛ばして、第16条が本条と類似・対応しているのである。この３カ条の類似・対応関係の欠落・不存在は、CCMM と Val 規則の類似・対応関係の程度（Am と COCM の関係ほど顕著な類似関係はみられない）を表わす徴憑の一つ、といいうる。
　【なんらかの訴えが、評議員の面前で、書面または口頭でなされ、そして、いずれかの当事者が、その訴えが海事評議員の職務に属しない旨をのべ、異議を申し立てた場合、評議員は、合議により、その事実が明確でなければ、先議しなければならない。そして、訴えが、彼らの職務に属するときは、訴えにつき判断をしなければならず、そして、彼らの職務に属しないときは、訴えをそれについて管轄権を有する裁判官に移送しなければならない。】
　裁判管轄権は、公正な裁判にとって不可欠の前提・基盤をなすものであろう。その存否は、訴訟当事者にとり、大きな利害関心事である。
　本条は、文言上、当事者双方（いずれかの当事者：alcuna di li parti）に、裁判管轄権に対する異議申立権を認めており、被告のみにその権利を認める形式を採用していない。
　これに対し、Val 規則第16条は、被告（demanat）のみにその異議申立権を認めている。事実上、原告に異議申立権を認める実益は、それほど大きくはないのかもしれない。しかし、被告により反訴がなされたときなど、原告が管轄

第1章　メッシーナ海法序説

権の不存在に気付くことがあるのかもしれない。当事者双方に異議申立権を認めるのと、被告だけにその権利を認めるのと、いずれが望ましいのか、という議論に深入りはしない。ここでは、二つの規定のあいだにみられる形式的な差異（原告は、反訴がなされたとき、反訴の「被告」になる、というのであれば、両者に差異はないのかもしれないが）を指摘しておくにとどめたい。

　付言しておくと、異議申立てがなされた場合、管轄権の存否の判断は、評議員がするのであって、別組織によってなされるのではない。申立てを却下された者にさらに不服申立て（抗告）をする機会は与えられていない[1]。

(1)　Val 規則第16条は、その旨をより明確に示している。すなわち、「・・・事件ガ、彼等ニ繋属スベキモノナリト認定シタルトキハ、被告ヲ強制シテ訴ニ答辯セシメ上述ノ方式ニ従ヒ其ノ事件ニ付辯論セシムベシ」（樋貝・前掲641頁）。

2－24　第24条（Val 規則第17条）

〔Comu si procedi a questioni facta summarie zoè senza scriptura：略式審理手続〕

　Quandu serrà ｜facta｜ addimanda innanti lu dicti consuli di palora senza scrittura, divinu li dicti consuli ben comprendiri lu diri et l'allegari[①] dill'una et dell'altra parti et recipiri testimonii a bucca, carti oy altri informationi li dicti consuli in absencia di li dicti parti divino giri a boni homini mercanti per haveri di[②] loru consigliu supra tali materia et declarari 《a loru lu dictu di li dicti testimonij et mustrari[③]》 ad loru carti oy provi altri, li quali li ditti parti loru havirannu datu et fari per lu modu, lu quali da supra in altru capitulu esti dicti, lu quali consigliu havutu darrannu la sentencia di palora et[④] non per 《de》 scriptura, tamen si per alcuna di li parti sarrà demandatu chi la dicta sentencia li sia misa in forma puplica, ｜et｜ chi di zo li sia factu instrumentu testimoniali, li divi essiri factu et quistu si fa per non dari ali mercanti dilacioni di judiciu et bistintari la questioni di li mercanti.©

ⓒ　Genuardi, p.45; Starrabba, p.282.

①　St 本では、di li alleganti。

②　St 本では、da。

③　Genuardi, p.45, n. 3 は、St 本にみられる付加（挿入）がより正確である（più esattamente aggiunto）、と認識している。

④　St 本には、ない。

　本条は、略式審理手続（口頭で、書面なしに訴えの提起がなさた場合）について定めている。解読文（とりわけ、注の③）でみたように、Gen 本においては St 本には存在する部分が欠落しているなど、注目すべき差異が認められる（St 本のほうが文章として精度が高い）。

【訴えが、前述の評議員の面前で、口頭により書面なしに、提起された場合、前述の評議員は、一方および他方の当事者の陳述および主張をよく理解し、そして、口頭の証人、書類または他の情報を受理しなければならず、前述の評議員は、前述の当事者が不在の場で、それらの資料について助言をえるために、良き商人のところに赴き、そして、⫶彼らに前述の証人がのべたことを⫶陳述し、そして、彼らに前述の当事者が提出した書類またはその他の証拠を⫶開示し⫶、そして、すでに他の条項においてのべられている様式にしたがわなければならず、助言を受けて、口頭によるそして書面によらない判決をなす。ただし、いずれかの当事者により、前述の判決が正式の形式でなされること、それに関して証拠文書の作成が請求されたときは、そうしなければならない。そして、この手続は、商人に裁判の遅延をもたらしそして商人の審問を阻害することなしになされる。】

　略式審理手続によるほうが、正式な手続によるよりも、簡易・迅速に紛争の解決に至ることができるであろう。しかし、但書きにあるように、いずれかの当事者が正式な手続によることを望んだ場合、そうしなければならない。

　本条と Val 規則第17条を比較すると、後者のほうがやや詳細（丁寧）な形式になっており、また、注目すべき差異が認められるが[1]、両者の骨子に共通性・類似性を認めることは可能である。

第1章　メッシーナ海法序説

　本条は、訴訟当事者の発意に基づき略式の審理がなされる場合について定めているが、第43条は、同様の略式手続が、評議員の職権により採用されうる旨を規定している。

　⑴　本条によると、専門家（良き商人）の助言は、すべて、「訴訟当事者不在の場」でなされる。一方、Val 規則第17条によると、当事者は、評議員に同道し、専門家に対して請求理由をのべる機会が与えられており（当事者の請求理由などが専門家に伝えられていない、との不満を残させないため）、評議員が証人の証言内容などを専門家に報告するところまで立ち会える。その後、当事者がその場から退席し、専門家が評議員に助言を与える（樋貝・前掲642頁）。当事者が助言の具体的内容を知りえない、という意味では共通しているが、上記の差異は、海事評議員裁判制度の信頼性にかかわる（立法政策的には）かなり大きな差異であろう。

　　2−25　第25条

〔Li cunsuli divinu abreviari li termini di li① questioni：評議員の審問期間短縮義務〕

Supra ogni cosa si divinu forzari li cunsuli abreviari lu questiniyari② di li mercanti, lu plui chi ponnu quandu la questioni esti liquida et clara et chi vidirannu |ki| alcuna dilli parti si sforza plui bistintari la questioni per malvistati ca per justicia chi haya in quilla questioni.©

　ⓒ　Genuardi, p.46; Starrabba, pp.282-283.
　①　St 本では、la。
　②　St 本では、quistinuari。Starrabba, p.282, n. 3 は、quistiunari と解している。

　本条は、評議員に迅速な訴訟の進行を求めた規定である。本条と類似・対応関係にある規定を Val 規則のなかに発見することはできない。すなわち、第16条からつづいてきた Val 規則との類似・対応関係が本条で途切れている。

【いかなる事件に関しても、審問が決着し明確となり、そして、いずれかの当事者が、当該審問で認められる権利というより、故意に審問を延引している

もの、と判断するときは、評議員は、可能なかぎり、商人の弁論の短縮に努めなければならない。】

　迅速な訴訟の進行は、海事評議員裁判以外の一般的な（民事）裁判においても保障・確保されるべきであろう。本条は、海事評議員裁判に固有の要請を明文化した規定ではない、ともいいうる。Val 規則に本条と類似・対応する規定がないことは、とくに Val 規則の欠陥を意味しない、と思われる。

2－26　第26条（Val 規則第19条）

〔Spisi di questioni appellata：第一審の費用〕

Quandu la sentencia serrà appellata li cunsuli non ponnu condepnari li spisi, beni tamen li divino tassari et farili mettiri tassati intro lo processu.©

©　Genuardi, p.46; Starrabba, p.283.

　本条は、第一審の費用の負担について規定している。本条は、Val 規則第19条との類似・対応関係が指摘されているが、とりわけ、本条の本文は、Val 規則第19条に類似している。前条項でいったん途切れた Val 規則との類似・対応関係が復活している。

　【判決が上訴される場合、評議員は、費用の支払いを命じることができない。ただし、（評議員は、）費用を算定し、そして、訴訟中に、費用を納付させなければならない。】

　本文と Val 規則第19条との類似・対応関係は明白・顕著、といいうるが、本条の但書きについては、Val 規則第19条に類似した文言を発見しえない。但書きは、それと比較するとかなり簡略な形式になっているが、Val 規則第20条（前半部）に類似している、というべきかもしれない[1][2]。

(1)　この類似性は、Genuardi によって指摘されておらず、筆者の判断によるものである。ただし、筆者の参照した文献は、ごく限られたものでしかないため、この類似関係を指摘した者が他に存するかもしれない。
(2)　もし、本条但書きと Val 規則第20条の類似関係を承認しうると、Val 規則のほ

第1章　メッシーナ海法序説

うから計算した類似関係にある規定数が1カ条増えることになる。すなわち、Genuardi の考えによれば、Val 規則全42カ条のうち28カ条が CCMM に類似・対応関係にある規定を有する、とされているが、その28カ条には Val 規則第20条は入っていないからである。

2-27　第27条（Val 規則第21条）

〔Chi judicio pò fari l'unu consulu sulu et chi non senza lu compagnu：1名の評議員の面前でなしうる訴訟行為〕

Davanti li dui consuli oy l'unu di li dui si ponnu presentari capituli, instrumentu, dari testimonii, dari terminu, prindiri juramentu di calumnia, publicari et concludiri et fari omni autru actu judiciali, oy per parola, oy per scriptu: eceptu tamen dari sentencia, oy interlocutoria, la quali non si pò dari oy pronunciari, eceptu chi intrambu dui li consuli non siano presenti, sedano in la seggia 《seia》 di la curti: et cossi sententia oy interlocutoria si pò pronunciari et si aliter ¦si[①]¦ facissi, non vali nenti[②].[©]

[©]　Genuardi, pp.46-47; Starrabba, p.283.
[①]　aliter の前の si が現代標準イタリア語の接続詞 se に相当し、Gen 本にはない注①の si が再帰人称代名詞（3人称単数）と解すると、この文章の理解は容易である。
[②]　St 本では、ne teni。

　第2条、第4条および第7条ですでに検証したように、評議員裁判は、2名の評議員が協力（共同）して運営・進行されるのが原則である。本条は、この原則に対する例外を定めた規定、といいうる。

　【2名または1名の評議員の面前で、契約条項、法律文書および証拠の提出、期限の決定、宣誓の受理、ならびに口頭または書面によるその他のあらゆる訴訟行為の開示、決定および遂行をすることができる。ただし、判決または中間判決は、評議員の双方が在席し裁判所で執務していなければ、申し渡すことが

第1節 メッシーナ海事評議員条項

できない。そして、このように判決または中間判決は、申し渡すことができるのであり、もし、他の方法で申し渡されても、無効である。】

本文にあるように、1名の評議員の面前でなしうる訴訟行為（以下、本条に関して、例外的許容行為という）は、列挙されている。それを限定列挙と解するにしても（本条が例外規定であれば、制限的に解釈がなされてしかるべき）、例外的許容行為は、かなり広い範囲に及んでいる。あるいは、例外的許容行為について、実質的に制約を設けることになっていないのかもしれない。しかし、本文は、たとえ、例外的許容行為について、実質的に制約を設けることになっていないにしても、その形式は、例外的許容行為を列挙しているように読むことができる。

これに対して、Val 規則第21条は、例外的許容行為について、制限を設けていない。1名の評議員がなにかの用事で欠席する場合に、他の1名の評議員の面前で、訴訟行為をなすことができる[1]。

本条の本文が例外的許容行為をかなり広く認めているのに対して、但書きは、第4条に定められた2名の評議員による判決申渡しの原則に例外を認めていない。但書きは、第4条の原則を敷衍・補充説明した文言からなっており、1名の評議員によってなされた判決は無効である旨を明言している。

Val 規則第21条も、判決は2名の評議員によってなされるべきことを定めているが、そこに、1名の評議員によってなされた判決が無効である旨を明示した文言はみあたらない[2]。

(1)　「訴ハ二人ノ面前ニテ、又其ノ一人ガ或事ニ従事シ欠席スルトキハ他ノ一人ノ面前ニテ之ヲ為シ得ベク・・・」（樋貝・前掲643－644頁）。
(2)　もちろん、Val 規則第21条の解釈上、1名の評議員によってなされた判決は無効、と解されるのであろう。

2－28　第28条（Val 規則第22条）

〔La potestà《potestati》dilli consuli：評議員の権限〕

Li consuli hannu potestati di terminari tutti questioni, li quali sunnu di noli,

第1章　メッシーナ海法序説

di dannu di robba, la quali serrà carricata in navi, di paga et soudu di marinari《marina》, di fari parti ad navili, di fari incantari li navili, di factu di jectitu, di accomanda facta di① patroni a mercanti oy ad marinari, di debitu lu quali patruni di naviliu havirà prisu ad opu et |ad| necessariu di so vaxellu, di promissioni facta per patruni ad mercanti et da② mercanti ad patruni di robba et cosi trovati ad mari, di armamentu di navi oy di lignu, di paga di menzani③, di fari partiri mercancia infra mercanti, di ogni erruri di mercancia, di ogni actu mercantivili, di ogni cosa la quali virrà per mari fina ad tercia persona et di ogni altru actu, lu quali si conteni et declara in lo libro dellu consulatu.©

Ⓒ　Genuardi, p.47; Starrabba, pp.283-284.
①　St 本では、a。
②　St 本では、di。
③　St 本では、mizanu。

　本条は、評議員の権限について規定している。規定の形式としては、権限事項とされるもののうち、主たるもの（その数は多いが）を列挙し、そして、後半部において、すべての商事事項および海事事項に関するすべての問題の解決権限に及ぶことが確認されている。
　本条との類似性が指摘されている Val 規則第22条も、同様の形式を採っており、さらに、列挙された主要権限事項もほとんど一致している（列挙事項に若干の差異があったとしても、後半部における包括的権限の確認が、その差異を消してしまうであろう）。本条は、その解釈に困難や疑問が生じる規定ではないであろう。
　【評議員は、傭船料、船積みされる貨物の損害、海員の報酬および賃金、船舶共有⑴、船舶の競売、投荷行為、船長による商人または海員に対するコメンダ、船舶に必要なときに船長がする借財、船長による商人に対するまたは商人による船長に対する約定、海上で発見された貨物および物品、船舶（navi）ま

たは船（lignu）[2]の艤装、仲介人の報酬、商人間の商品の分割、商品のあらゆる間違い、あらゆる商業行為、第三者に対するあらゆる海事事項、ならびに、評議員職の文書中に含まれ宣言されているその他のあらゆる行為に関するすべての問題を決定する権限を有する。】

　なお、2－20でふれたが、海事事項と商事事項の分類がCCMMにおいて定着していることが、本条からも推測される[3]。

(1)　fari parti ad navili に対する試訳である。Val 第22条の対応部は、part de nau a fer であるが、Twiss, op. cit., p.473 は、partnerships in ship-building（樋貝・前掲644頁は、造船組合）との訳語をあてている。

(2)　ここにいう navi と lignu にとくに注意を要するような差異はないもの、と思われる。CCMM において、「船舶」を表わす用語として、navi と lignu（o）のほか、naviliu（o）と vaxellu（o）も用いられている。本条は、naviliu と vaxellu の艤装を、評議員の決定権限事項から排除するもの、とは思われない。

(3)　そのことは、第43条からもうかがえる。

　2－29　第29条（Val 規則第23条および第24条）

〔Comu mandirannu li consuli lor sentencia in execucioni et primo in beni mobili：判決の執行方法・動産執行〕

Li consuli mandirannu ad execucioni la sentencia oy interlocutoria per ipsi data in questa manera, quandu serrà deserta di appellacioni et passira in cosa judicata, primo sequirannu alli beni mobili di lu condennatu, tantu supra vaxellu, quanto altra cosa, et comandirannu allu condemnatu chi[1] infra giorni dieci diggia pagari et satisfari ala parti et si non havira pagatu, divinu prindiri tantu di ｜li｜ soi beni mobili et farili vindiri cum li debiti solemnitati di la curti, chi la parti sarrà integramenti satisfacta; in quista manera farrannu fari la[2] execucioni comu voli la forma di lu novu rithu supra la sentencia et poi[3] farrannu ispignari lu condemnatu et mandirassi la cedula chi infra giorni quindici diggia arricattari quilli cosi, li quali jorni quindici passati si vendirannu, facendu tri incanti alli cosi predicti, et poi si liberirannu et dillu

第1章　メッシーナ海法序説

preciu serrà pagata la parti tanto dilla cosa judicata, quantu etiam dilli spisi chi condemnirà la parti, et divisi requediri la parti et darili tempu chi pozza arrecaptari li predicti cosi per tuctu quillu jornu chi vinduti sarrannu.©

© 　Genuardi, pp.47-48; Starrabba, p.284.
① 　St 本では、qui。
② 　St 本では、li。
③ 　St 本では、po。

　本条は、確定判決（中間判決も含む）に基づく動産執行手続について規定しており、Val 規則第23条と第24条を一つにまとめたような内容になっている。

【評議員は、彼らがなした判決または中間判決を以下のように執行する。（判決または中間判決が⑴）上訴を退けられ確定した場合、（評議員は、）まず、敗訴者⑵の動産を、船舶も他の動産についても、差し押さえ、そして、敗訴者に対して、10日以内に相手方当事者⑶に支払い弁済するよう命じる。そして、（敗訴者が、）支払わなければ、（評議員は、）敗訴者の動産を没収し、裁判所が申し渡した相手方当事者に全額弁済すべき債務のために、その動産を売却させなければならない。（評議員は、）この方法により、判決に関する新しい規則（novu rithu）の形式が求めているように、執行させる。そして、つぎに、敗訴者から担保をえて、そして、その物品を買い戻すべき15日間の支払猶予がなされる⑷。15日間の経過後、前述の物品は、3度の競売によって売却され、そして、（敗訴者は）免責される。そして、売却代金から、相手方当事者は、確定判決をえた物および彼が要する費用について支払いを受ける。そして、相手方当事者は、売買のなされるすべての日について、前述の物品の買戻しを可能にするであろう期間を要求されそれを付与しなければならない。】

　判決確定後10日以内の債務の弁済、弁済なく10日経過した場合の差し押さえ船舶および動産の競売、15日間の競売の猶予、競売代金からの弁済といった一連の手続の概要は、Val 規則第23条と第24条の規定するところにほぼ一致している（競売の猶予期間が Val 規則第24条では10日間になっている、というような差

78

第1節　メッシーナ海事評議員条項

異はみられるが）。

　本条において、まず、注目・確認しておくべきは、本条が定めている動産執行手続の対象財産のなかに「船舶」が含まれていることである。本条において、船舶は動産一般と同様に扱われている。不動産執行手続については、次条（Val 規則では第26条）に規定が設けられている。ここには、わが国の民事執行法にみられるような船舶執行（同法112条以下）と動産執行（同法122条以下）との明確な分離および船舶執行と不動産執行の接近（同法121条・不動産に対する強制競売の規定の準用）は、いまだみられない。

　本条においてつぎに注目すべき（より注目すべき）は、「新しい規則」に対する明示的言及である。このような言及がなされていると、その「新しい規則」がだれによって何年に公布された規則なのか、つねに議論になりうる。

　これと同様の文言は、COCM 第87条にも存在している。そして、同条との類似性が認められている Am 第32条にも「新しい規則」への言及がなされている。試論で紹介したとおり、Am において、その編纂時期推定の手がかりの一つとして、第32条の「新しい規則」に大いに注目がなされている[5]。

　本条にいう「新しい規則」と Am 第32条および COCM 第87条にいうそれが、同一のものを指しているのか、当然に、議論を呼ぶところである。しかし、同じ表現がなされていても、二つの「新しい規則」は、おそらく、別のものであろう（Am 第32条にいう「新しい規則」は、ナポリの Magnae Curiae Vicariae 規則167を指す、とする説が有力である[6]）。本条にいう「新しい規則」は、おそらく、第34条の「見出し」にいう「新しい規則」に関連するもの、と思われる。「新しい規則」については、第34条の場で検討を加えたい。

⑴　本条において、主語の省略がいくつかみられるので、筆者において、適宜かっこ書きで補充しておいた。

⑵　condennatu（condemnatu）の訳語である。

⑶　parti の訳語である。勝訴者との訳語もありえよう。

⑷　この文章は、かなり意訳をしたものであるが、Murino, op. cit., p.313 を参考にしている。

第1章　メッシーナ海法序説

(5)　Am 第32条の「新しい規則」に関する議論については、試論・71－72頁および
　　108－109頁などを参照のこと。
(6)　試論・前掲所を参照のこと。

2－30　第30条（Val 規則第26条）

〔Comu sequirannu《exiquirannu》in beni stabili：不動産執行〕

Et si casu fussi chi lu dictu condemnatu non havissi beni mobili et havissi beni stabili, la curti per cedula di primu decretu divi mettiri in possessioni a la parti di alcuna cosa stabili di lu dictu condemnatu et standunci la dicta parti alcuni jorni in possessioni, si divinu bandiri li dicti beni stabili publicamenti per la citati di Messina per li lochi debiti et consueti di la dicta chitati continuamenti per giorni quindici et si di la dicta possessioni si trova preciu fina alla quinta parti minu chi vaglia raxunivilimenti havendu consideracioni di lu tempu, di locu, et di lo[1] introytu di la possessioni si divi la dicta possessioni vindiri et pagari la parti, comu di[2] supra esti dictu, et dari tempu allu condemnatu di arrecattari la possessioni predicta[3] per misi quattru, contandu dalu jornu chi liberata serrà et ｛si｝ infra li dicti misi quattru lu dictu condemnatu darrà a quillu lu quali accattirà la ditta vigna tuttu lu preciu et[4] li spisi etiam li pagherà《partira》, (con[5]) lu secundu decretu li divi esseri restituita la sua possessioni, passati li ditti misi quattru et[6] si preciu non sindi trovassi, comu di[2] supra esti dictu, divinu li ditti consuli giri allu locu predictu et cum persuni experti haviri consigliu et extimari lu dictu locu et dari lu extimatu a la parti in lu modu et forma supraditti et reservari allu condemnatu lu dictu tempu di misi quattru comu di susu declaratu esti.©

© 　Genuardi, pp.48-49; Starrabba, pp.284-285.
①　St 本には、ない。
②　St 本では、da。

80

③　St 本では、dicta。
④　St 本には、ない。
⑤　Genuardi の補足と思われる。St 本にも、ない。
⑥　St 本では、直前にピリオドが置かれており、大文字 E ではじまっている。St
　　本において、条項の文頭以外で、大文字ではじまる語は、数少ない。

　本条は、不動産執行について規定しており、Val 規則第26条に類似している、
といわれている。動産執行に関する規定（前条、Val 規則第23条・第24条）を設
けたのちに、不動産執行の規定を配置する点でも、CCMM と Val 規則は共通
している、といいうる。

　本条は、冒頭にあるように、敗訴者が動産を有しないときに、不動産執行が
なされることを明示している。Val 規則第26条の冒頭にも類似の文言がみられ
る。執行対象の財産を比較した場合、動産のほうが、債権者にとっては、簡便
に執行しうるであろうし、債務者にとっては、執行により受ける影響が小さく
て済むであろう。

　しかし、両者の規定の形式は、その後、かなり異なってくる。本条は、不動
産の差押え、15日間の公告、最低売却価格、4 カ月以内の買戻しなど、一連の
不動産執行手続について、かなり詳細な規定を設けている。

　Val 規則第26条は、上述のような詳細な手続について規定しておらず、敗訴
者所有の不動産の所在地の判事に対する執行依頼について、詳細に規定してい
る。少なくとも、形式上、両者の規定間に顕著な類似関係はみられない。

【そして、前述の敗訴者が、動産を有せず不動産を有する場合、裁判所は、
最初の命令の支払猶予により、前述の敗訴者のある不動産の一部の占有を取得
しなければならない。そして、前述の部分は、幾日間か占有下に置かれたまま、
メッシーナ市中、前述の市のしかるべきそして通常の場所において、公けにそ
して15日間継続して公告されなければならない。そして、前述の不動産につい
て、時期、場所および不動産の収益を考慮して、合理的な価値より低く、5 分
の 1 の部分まで相場がある場合、前述の不動産は、売却されそして、先にのべ
られているように、相手方当事者に支払いがなされなければならない。そして、

第1章　メッシーナ海法序説

敗訴者には、免責がなされた日から数えて4カ月間、前述の不動産の買戻しの期間が与えられなければならず、そして、前述の4カ月以内に、前述の敗訴者が、前述の不動産の購入者に代金全額および費用を支払えば、第2の命令（によって）、前述の4カ月の経過後、敗訴者の不動産は、彼に返却されなければならない。そして、相場がない場合、先にのべられているように、前述の評議員は、前述の場所に赴き、専門家から助言を受け、前述の場所を評価し、上述の方法および形式にしたがい、相手方当事者に評価額を与え、そして、敗訴者に、先に宣言されているように、前述の4カ月の期間を留保しなければならない。】

　次条の検討に移る前に、本条の文頭に置かれている Et について、若干の確認と推測をしておきたい。

　第19条の検討の場（2−19）で若干論じたように、Gen 本の第18条と第19条は、別個・独立の規定の形式になっているが、St 本では、その2カ条の規定を1カ条にまとめた形式の条文になっている。Gen 本第19条冒頭の Et に対応する語は、St 本の規定においては、文頭ではなく途中に登場する。

　これに対して、St 本においても、本条に対応する規定は、独立しており、その規定の文頭に、やはり、Et が置かれている。St 本と Gen 本の双方において、文頭に Et が置かれているのは、本条とそれに対応する St 本の規定だけである。

　筆者は、第19条の検討の場で、一つの解釈の可能性として、つぎのようにのべた。「一つの可能性として、長大であった（複数の内容を収めていた）条項が分割された折に、後半部にあった et がそのまま新条項の文頭に残った、と考えることができるであろう。その考えが正しければ、Gen 本の条項より St 本の規定のほうが、より古い形を残している、といいうるであろう」。

　もし、この仮説が正しければ、かつて、第29条と本条が一つにまとまった形式の規定が存在していたことになるのであろう。

第1節　メッシーナ海事評議員条項

2−31　第31条（Val 規則第27条；Am 第59条：試論・232頁以下）

〔Di iudiciu supra addimanda di nolu：運送賃請求に関する審判〕

|①| Si alcunu patruni di navi oy 《di》 autru② vaxellu si reclamirà③ di lo④ so mercanti per lu nolu⑤ dilla robba, la quali portatu l'havirà et quillu mercanti allegassi non li esseri tenutu pagari lu nolu, lu quali promiso li havirà⑥, allegandu chi⑦ quilla robba |li| fu carricata per littra di soi compagni 《compagnuni》 oy dirrà che⑧ li fu carricata per qualsivoglia autra⑨ manera oy⑩ allegassi chi li havissi addimandari⑪ alcuni dammagii⑫, li quali si affirmirà⑬ per lo⑬⁻² dictu mercanti haviri patutu, |⑭| si lu dictu⑮ patruni non confissirà senza nulla⑯ delacioni divi essiri constrittu pagari lu dictu nolu⑤, lu quali obligatu serrà pagari⑰ tantu di la abbagnata, quantu etiam⑱ dilla asciutta, verum lu dictu patruni primu chi sia pagatu et innanti⑲ divi dari plegiaria 《priiaria》 bona di retornari et emendari 《admendari》 allu dictu mercanti tucta quilla robba, la quali serrà bagnata et male factata⑳ in la sua navi incontinenti che canuxiutu serrà per defectu dillu patruni oy di lo⑳⁻² navilio, et tali adimanda di nolu⑤ non si divi fari per scrittura, purche di lu dictu nolu⑤ si mustri scrittura oy chi li parti |㉑| confessanu.©

ⓒ　Genuardi, pp.49-50; Starrabba, pp.285-286.
①　Am では、Jtem が入っている。
②　Am では、d'altro。
③　Am では、reclamasse。St 本では、arriclamira。
④　Am では、dal。
⑤　Am では、nolito。
⑥　Am では、che portasse, et detto mercante allegasse non essere tenuto pagare detto nolito, lo quale l'havesse promesso。
⑦　Am には、ない。
⑧　Am には、ない。
⑨　Am では、qualche altra。St 本では、qualunquata altra。
⑩　Am では、et li。

83

第1章　メッシーナ海法序説

⑪　Am では、da dimandare。St 本では、ad amindari。

⑫　Am では、danni。

⑬　Am では、affermarando（または affermaranno。試論・233頁 Am 第59条解読文注⑦）。

⑬-2　Am では、il。

⑭　Am では、et が入っている。

⑮　Am には、ない。

⑯　Am では、alcuna。

⑰　Am には、ない。

⑱　Am には、ない。St 本にも、ない。

⑲　Am には、ない。

⑳　Am では、maltrattata。

⑳-2　Am では、del。

㉑　Am では、le が入っている。

　本条は、Val 規則第27条および Am 第59条に類似している、といわれている。「1－1」でみたように、CCMM、Val 規則および Am の3者は、相互に類似・対応する数カ条の規定を、それぞれのなかに有している。その類似・対応関係は、かならずしも単純ではない。CCMM のうちの6カ条が Val 規則および Am の双方に類似する規定を有している（といわれている）が、本条は、その6カ条のうちの最初の規定である。

　【船舶またはその他の船のいずれかの船長が、商人に対して運送した商品の運送賃（nolu）を請求し、そして、その商人がその物品は彼の相手方の書類にしたがって、またはその他の異なった方法で船積みされていた、と主張して、約定した運送賃を支払う義務はないことを申し立て、そして、前述の商人がこうむった、と主張する損害の賠償請求をなしうることを申し立て、そして、前述の船長が認めなかった場合、なんらの遅滞なく、前述の商人は、水濡れしなかった（asciutta[1]）商品だけではなく、水濡れした商品についても、支払いが義務づけられた前述の運送賃を支払うことを余儀なくされる。しかし、船長または船舶の過誤によることが確認されるや、前述の船長は、支払いを受ける前に、彼の船舶において水濡れし、そして、手荒く扱われたすべての物品につき、

第1節　メッシーナ海事評議員条項

再出頭しそして前述の商人に賠償するための相当の保証を供しなければならない。そして、前述の運送賃につき書面が呈示されるかまたは当事者が認めれば、そのような運送賃の訴えは、書面によってなされることを要しない。】

　本条と Am 第59条のあいだには、動詞の法と時制のちがいや語順のちがい（たとえば、解読文の注③でみた reclamirà と reclamasse や解読文の注⑥でみた promiso li havirà と l'havesse promesso など）が散見されるほか、修飾節の有無（解読文の注⑰でみた lu quali obligatu serrà pagari）など、いくつかの差異が存在している。しかし、それらの差異は、規定の内容・趣旨に及ばないであろう。

　ここでは、つとに Guarino が指摘していること[2]を再確認しておきたい。すなわち、Am 第59条は、運送賃を表すことばとして nolito を用いているが、Am 第11条および第48条では、nolo が用いられている。この不統一は、Am 第59条と Am 第11条および第48条の編纂者（または翻訳者）が同一人物ではないことを推測させる。そして、Am 第48条については、前後の規定とともに、その編纂に私人の関与が推測されている[3]。

　一方、本条（CCMM 第31条）と COCM 第66条（Am 第11条に類似）および第101条（Am 第48条に類似）は、nolu で統一している。メッシーナの編纂者（または翻訳者）は、用語の統一性を心得ていた公人であったのかもしれない。

(1)　Am 第59条の「水濡れしなかった（乾燥した）」ことを表す asciutta に関して、arrivata と読む者も複数いる（試論・234頁 Am 第59条解読文注⑭参照）。本条は、そのような議論に有力な手がかりを与えてくれる。
(2)　Guarino, p.124-59-1.
(3)　試論・221頁 Am 第48条試訳注①および③参照。

2－32　第32条（Val 規則第28条；Am 第60条：試論・234頁）
〔Dimandi① di soudo《nolu》et paga di marinari：海員の金銭および報酬の請求〕

｜② Di③ addimanda di marinari, li quali dimandirannu④ loru soudu oy portati⑤ dallu《alu》⑥ patruni non⑦ si divi fari ｜《per》｜ scrittura⑧.©

85

第1章　メッシーナ海法序説

Ⓒ　Genuardi, p.50; Starrabba, p.286.
①　St 本では、Di adimanda。
②　Am では、Jtem が入っている。
③　Am には、ない。
④　Am では、dimandano。
⑤　Am では、soldi（,）o parti。
⑥　Am では、da loro。
⑦　Am では、tale dimanda。
⑧　Am では、sine scriptis。

　本条が Val 規則第28条および Am 第60条などと類似していることは、つとに、多くの研究者によって指摘・肯定されている。本条も、おそらく、Am 第60条などと同様、海員が船長に対して金銭または持分を請求する訴えに関する規定であろう。

　試論において、Am 第60条の適用範囲に関する議論（往時の海員をいわゆる賃金海員と参加海員に分類した場合、いずれの海員を適用対象とするのか。それとの関連で、賃金海員の報酬請求権または参加海員の持分分配請求権のいずれを適用対象とするのか）の概略を紹介しておいたが[1]、本条についても、同様の議論が生じうる、と思われる。

　しかし、解読文の注、とりわけ、③、⑦および⑧で示したように、Am 第60条と本条のあいだには、注意を要する差異が存在している。また、Gen 本と St 本においても見過ごしえない差異がある。

　議論を簡略にするため、先行詞の marinari（海員）を修飾する "li quali・・・patruni（船長に対して、彼らの金銭または持分を請求する）" の節を省略して、三つの文を比較すると、

　Am 第60条："dimanda de marinari, tale dimanda si deve fare sine scriptis."

　Gen 本の本条："Di addimanda di marinari, non si divi fari scrittura."

　St 本の本条："Di addimanda di marinari, non si divi fari per scrittura." となる。

　Am 第60条には、文頭に Di が置かれていない。試論は、dimanda de

86

marinari と tale dimanda を同格のもの、と解し、以下のように試訳している。

【・・・海員の訴え、そのような訴えは、書面なしに、なされなければならない。】

一方、Gen 本および St 本においては、本条の文頭に Di が置かれており、Am 第60条では tale dimanda が置かれている場所に non が置かれている。

主語になりうることばは、Gen 本では、文末に置かれた scrittura であろう。すると、以下のように試訳ないし内容説明をすることが可能であろう。

【・・・海員の訴えについては、書面（scrittura）は、作成されてはならない。】

ところが、St 本においては、scrittura の直前に per が置かれているため、scrittura を主語とすることはできない。ここでは、非人称形の si が用いられているもの、と解しうるであろうから、以下のように試訳ないし内容説明をすることが可能であろう。

【・・・海員の訴えについては、（訴えは、）書面なしに、なされなければならない。】

以上のように、三つの文章には形式的なちがいが認められるにもかかわらず、それらが示している実質的な規定内容は同じであろう。おそらく、船長に対する訴えには書面の作成を要せず、迅速な解決が望まれていたのであろう[2]。

なお、本条において、第26条からつづいてきた Val 規則との類似・対応関係がまた途切れることになる。その関係は、Val 規則第25条を除くと（CCMM のなかに類似・対応関係を有する規定がない）、規定の順序どおりに正しく展開されており、規定の順序が入れ替わることはなかった。

(1) Am 第60条に関する議論については、試論・235頁 Am 第60条解読文注＊参照。
(2) Guarino, p.128-60-1.

2－33　第33条

〔Di sacramentu simplicimenti addimandatu per la parti：被告の宣誓〕

Si alcuna persuna sarrà[1] dimandata per qualsivoglia《qualumquata》causa

第1章　メッシーナ海法序説

davanti li consuli preditti② et citata da qualsivoglia 《qualumquata》 persuna et
la parti dimandanti vurrà chi si prinda senza interrogatoriu lu sacramentu di
la parti dimandata 《dimanda》, non pò lu dittu dimandanti fari plui addimanda
contro quillu lu quali lo sacramento factu havirà et si nega, non si ⫾li⫿ pò lu
contrario provari, da chi lu sou sacramentu simplicimenti fu dimandatu, si
tamen confessirà in quillu lu quali confissatu havirà, divi esseri condemnatu.©

ⓒ　Genuardi, pp.50-51; Starrabba, p.286.
①　St 本では、sarria。
②　St 本では、dicti。

　本条は、原告の要請に基づく被告の宣誓がなされた場合について規定している。本条と類似・対応関係にある規定は、Am および Val 規則のいずれにもみあたらない。本条は、「シチリアに固有の規定」なのかもしれない。
　【いずれかの者が、いかなる理由により、いかなる者によって、前述の評議員の面前に訴えられそして召喚された場合においても、原告が、尋問なしに、被告の宣誓を求めたとき、前述の原告は、宣誓されたことに反する請求を重ねてなすことができず、反対の証明をなすことができない。宣誓が簡易に要請されたことから、自白がなされたときは、（自白した者は、）敗訴を申し渡されなければならない。】
　Val 規則との類似・対応関係が途切れた第25条が、（民事）訴訟一般に妥当する訴訟経済の理念を示した規定であり、Val 規則がとくに類似の明文規定を設ける必要がなかった、と考えることが可能かもしれない。本条も、これと同様に、民事訴訟の口頭弁論に関する原則を示したものにすぎないのであれば、Val 規則がとくに類似の明文規定を設けていないにしても、それをもって、Val 規則の欠陥ということはできないのかもしれない。

　2－34　第34条（Val 規則第29条）
〔La forma comu si procedi alla execucioni secundu lu novu ritu：新しい規

第1節　メッシーナ海事評議員条項

則に基づく執行手続の方法〕

Lu credituri virrà 《iura》 davanti li consuli et mostrirà istrumentu[①] publicu factu in publica forma in lo regnu di Sicilia[②] completu et factu di ogni solemnitati, li quali so requesti ad instrumentu publicu, per lu quali si provi obligationi expressa et presenti, lu quali sia liquidu et claru tantu di lo tempo di la soluptioni che sia passatu, quantu di ogni altra liquidacioni chi non sia necessariu fari probacioni extrinsica, si divi citari et esseri presenti lu debituri, oy in sua contumacia si divi procediri non essendu auduta la scusa di la sua absentia si serrà presenti et lu credituri usirrà[③] stringiri allu 《lu》 debituri in persona, divi lu debituri incontinenti pagari, dari pleggio comu bancu, oy esseri constrittu di la persuna per fino che paghi et satisfazza lu dictu debitu etiam li spisi liciti per la curti tassati et si pigno dassi oy pregiu comu bancu, divi lu debituri haviri jorni quindici di tempu a pagari, li quali finiti divi per ogni raxuni pagari, exceptu che lu debituri infra lu dittu tempu non si opponissi alla execucioni, lu quali, se si opponirà, divi dari pleggiu 《preiu[④]》 comu bancu di pagari et essirili[④-2] reservatu chi infra lu dittu tempu di jorni quindichi si pozza apponiri (*sic*) alla execucioni, lu quali, si infra quissu tempu non si opponirà, divi pagari: et si si opponirà, si divi procediri ad sentencia secundu li acti oy condemnandu lo dictu debituri, oy absolvendulu et di tal sentencia si pò appellari, ma si lu dictu[④-3] debituri condemnatu serrà et vorrà appellari, divi primo pagari et poi sequiri la appellacioni, lu quali si primo non pagassi, non pò sequiri ｜la｜ dicta appellacioni, ma si divi mandari ad execucioni la dicta sententia, et si paghirà, et vurrà sequiri l'appellacioni, lu credituri li divi dari sufficienti plegiaria 《priia》 di restituiri li ditti denari, si in casu chi l'appellacioni in tutu, oy in[④-4] parti, altramenti determinassi la ditta sentencia, et si per advintura[⑤] lu dittu credituri volissi la execucioni in beni oy tal beni serrannu mobili, oy stabili: si serranno mobili, la curti li divi mettiri in putiri alu dittu credituri di tanti beni

89

第1章　メッシーナ海法序説

mobili di quissu debituri chi plenariamenti sia quissu credituri beni contu⑥ di essiri satisfattu di quillu debituri 《debitu》 et di li spisi et poi li divi dari per via di cedula jorni quindici di tempu, infra li quali etiam lu dittu debituri si pò opponiri ala ditta execucioni et procediri in lu modu et forma preditti et si lu dictu debituri condemnatu vulissi appellari, li ditti cosi si divino vindiri et dillu preciu satisfari ali⑦ ditti credituri: et lu dittu credituri dari plegiu 《preiu》 comu di supra esti dittu; tamen si lu dittu credituri havissi pigni assegnati per lu⑧ dittu⑨ debituri, li quali pigni fussiro scritti et annotati in lu dittu instrumentu, divi 《di lu》 haviri lu dittu debituri solamenti jorni tri, fatta la execucioni sopra dilli⑩ ditti pigni scritti et notati in la ditta carta, et si infra li ditti jorni tri non aricaptirà li ditti pigni, si divino vindiri et pagari lu dittu credituri, servandu li preditti modi, anzi 《anti》 tamen chi li ditti pigni notati in la ditta carta si vindano, lu dittu credituri non pò stringiri lu dittu⑪ debituri in persona ne in beni, poichè serrannu venduti et lu preciu non bastassi satisfari lu dittu credituri, si divi contra di ipso procediri in persona et⑫ in beni di lo dittu debituri secundu la quantitati di lo debitu in li riti di la curti, divi tamen primo et innanti lu dittu credituri dari alla ditta curti plegiaria di lu duplu, nè per adventura |et| malamenti et per falcia dimandassi lu dittu debitu et quistu serrà tantu si si addrizzirà |tantu| in persona, quantu in beni mobili, quantu stabili, quanto etiam⑬ in pigno, li quali in cauthela scritti fussiro.

　Si per adventura si adrizirà in beni stabili, divi lu dittu credituri esseri miso in possessioni di tanti beni stabili chi vagliano 《uaguanu⑭》 allu duplu plui chi lu dittu debitu, lu quali dimandirà per cedula di primu decretu di |in (sic)| la curti, in la quali possessioni lu dittu credituri starrà giorni quindici continui da lu jornu chi mandatu 《mandira⑮》 sarrà la ditta cedula, ha⑯ da cuntari; li quali jorni quindici passati, farrà la ditta curti procediri di⑯-2 fari vindiri publicamenti li ditti beni allu incantu, li quali cosi venduti si divinu satisfari

90

第1節　メッシーナ海事評議員条項

alu predittu credituri, exceptuatu 《exceptu》 tamen chi lu dittu debituri[17] non fussi absenti per utilitati di la[18] republica[19], in qual casu si divi procediri, comu la raxuni dispensirà. Et la debita[20] execucioni si pò fari in quissi casi[21] sulamenti videlicet:

Ad instrumentu de impruntitu 《impruntu》: accumanda: deposito in denari oy cosi accomandati allu[22] guadagnu: di vendicioni di mercancia: et chi tali instrumenti non hajanu passatu anni dechi, cuntandu dallu[22-2] tempu chi |lu| dittu debituri divia pagari innanti, si anni dechi fossiro passati, si divi procediri per cedula et peticioni, comu in altri causi 《cosi si》 soli procederi per modu ordinariu.

Et si per adventura fussiro morti li[22-3] debituri et lu credituri oy alcuno di loro qualsivoglia 《qualunquata》 heredi havirannu oy loro oy exstraney per fina alli primi et a li secondi heredi, provata primo la morti et la successioni di quisto debituri oy |di| alcunu di quissi, divi la ditta execucioni procediri comu di[23] supra esti dictu, et ala[24] ditta vendicioni procedirà si accattaturi si trovirà, altramenti[25] si divi li ditti[25-2] beni |stabili cussi| grossamenti stimati dari ala parti creditrici, datu tamen[26] tempu[27] di misi quattro, infra li quali lu dittu debituri purrà arricuperari 《arricactari》 la ditta sua possessioni, dando la detta stima[28] cum tutti li spisi da loru fatti.©

© Genuardi, pp.51-54; Starrabba, pp.286-289.
① St本では、scriptu。Starrabba, p.286, n. 2 は、scriptura と解している。
② St本では、sichilia。
③ St本では、uurra。
④ Gen本の本条において、pleggio, pregiu, pleggiu, plegiaria, plegiu が何度か登場しているが、Genuardi は、それらすべてに、St本の対応語：preiu, preiia を示していない。
④-2 St本では、essiri。
④-3 St本には、ない。
④-4 St本には、ない。

第 1 章　メッシーナ海法序説

⑤　St 本では、la vintura。

⑥　St 本では、cautu。

⑦　St 本では、lu。

⑧　St 本では、u。lu の誤植であろう。

⑨　St 本には、ない。

⑩　St 本では、li。

⑪　St 本には、ない。

⑫　St 本では、oy。

⑬　St 本には、ない。

⑭　Starrabba, p.288, n. 2 は、vagliano と解している。

⑮　Starrabba, p.288, n. 4 は、mandira は明らかな誤記で、mandata が入るべきとしている。

⑯　St 本には、ない。

⑯-2　St 本では、da。

⑰　St 本では、cridituri。

⑱　St 本には、ない。

⑲　St 本では、re puplica。

⑳　St 本では、dicta。

㉑　St 本では、causi。

㉒　St 本では、a。

㉒-2　St 本では、lu。

㉒-3　St 本では、lu。

㉓　St 本では、da。

㉔　St 本では、la。

㉕　St 本では、前語とのあいだに小さな空白があって、menti。

㉕-2　St 本では、lu dictu。

㉖　St 本には、ない。

㉗　St 本では、terminu。

㉘　St 本では、summa。

　本条は、民事執行手続に関する長大・詳細な（CCMM のなかでもっとも長い）規定である。St 本が Gen 本と対応するのは、本条までである。Gen 本では、本条は、3 度改行され、4 段落に分かれているが、St 本では、Gen 本での 2

度目と3度目の改行に対応する所作はなされておらず、2段落からなっている。

　のちに省察するように、有力な異論が提唱されているが、本条は、Val規則第29条と類似する、と考えられている（Genuardiによると、修正されたものとの留保がなされているが[(1)]）。Val規則第29条との類似性を承認すると、前条で途絶えたVal規則との類似・対応関係が本条でふたたび復活し、第45条まで継続することになる。

　そして、Murinoは、本条について、つぎのようにのべている。「*la forma como si procedi alla execucioni secundu lu Novo Rith*" との見出しが付けられた長大な第34条は、王国のすべての裁判所のためにアラゴン王のFedericoによって1322年に公布された手続 *super execucionibus* の、軽微な辞句の相違による、移調（trasposizione）にすぎない[(2)]」と。

【債権者が評議員の面前に出頭し、シチリア王国内でなされたあらゆる申渡しの正式な形式の公的文書を呈示する場合において、公的文書の要件を充たしているその文書により、明確なそして現存する債務が証明されており、経過した支払いの時期および付加的な証明を要しないその他のあらゆる弁済の時期が解決済みであり明確であるときは、債務者は、召喚され出頭しなければならない。債務者欠席の場合、その欠席の弁明を聞くことなしに、手続がなされなければならない。（債務者が）出頭し、そして、債権者が債務者自身を捕捉することができる場合、債務者は、直ちに支払うか、銀行のような保証人を立てるか、または、前述の債務のほか裁判所が命じた正当な費用を支払いそして弁済するまで、本人自身が拘束されなければならない。そして、債務者は、質物または銀行のような保証人を提供するときは、15日間の支払猶予期間が認められ、その期間内に執行に異議を申し立てなければ、前述の期間の満了時に、全額を支払わなければならない。債務者が（執行に）異議を申し立てるときは、銀行のような支払いの保証人を立て、そして、前述の15日間、執行に異議を申し立てられるようにしておかなければならず、その期間内に異議を申し立てなければ、支払わなければならない。そして、異議申立てがなされれば、前述の債務者を有責とするかまたは無責とするか、証書に基づき判決手続がなされなけれ

第1章 メッシーナ海法序説

ばならない。そして、その判決について、上訴することができるが、有責とされた前述の債務者が上訴を望む場合、先に支払いをなし、つぎに上訴をしなければならず、債務者は、先に支払いをしなければ、前述の上訴をすることができない。しかし、前述の判決が執行を命じ、そして、支払いがなされそして上訴がなされる場合、債権者は、前述の金額を返却するに充分な担保を供しなければならない。全部上訴または一部上訴・一部確定の場合において、偶然、前述の債権者が動産または不動産に対する執行を欲するとき、動産が目的物であれば、裁判所は、債権者に対して、その債務および費用を債権者に支払うに足りる当該債務者の動産を処分する権限を付与しなければならない。そして、つぎに、前述の債務者には15日間の支払猶予が与えられなければならず、その期間内に、前述の債務者は、前述の方法および形式により、前述の執行および手続に対して異議を申し立てることができ、そして、前述の敗訴債務者が上訴を欲すれば、前述の物は売却され、そして、その代金は、前述の債権者に支払われなければならない。そして、前述の債権者は、先にのべられているように、担保を供しなければならない。しかし、前述の債権者が、前述の債務者から提供された担保を有しており、その担保が前述の文書に記載・記録されている場合、前述の債務者は、3日間のみが認められなければならない。前述の文書に記載・記録された前述の担保のうえに執行がなされ、そして、前述の3日間以内に前述の担保が買い戻されなければ、（担保の）売却がなされ、そして、前述の債権者に対して、前述の方式を遵守しながら、支払いがなされなければならない。しかし、前述の文書に記載された前述の担保を売却する前に、前述の債権者は、前述の債務者自身も物も拘禁することができない。なぜなら、（担保が）売却されそして代金が前述の債権者を満足させるに足りないとき、債務者自身および前述の債務者の物に対して、裁判所の規則（riti）にある債務の額にしたがい、手続がなされなければならないが、まずそしてその前に、前述の債権者は、前述の裁判所に2倍の担保（plegiaria di li dublu[3]）を供しなければならず、偶然、悪意または虚偽によって、前述の債務を請求することがあってはならないからである。そして、これは、請求が人に、動産に、不動産に、

94

および、保証書に記載された担保に対するものであるときにでもある。

　偶然、（執行が）不動産に対する場合、前述の債権者は、裁判所の最初の命令の支払猶予により請求する金額の2倍に相当する不動産の占有が認められなければならず、前述の支払猶予が始まる日から数えて15日間、その占有をすることになる。その15日間が経過すると、前述の裁判所は、前述の物を競売により公けに売却させる手続をし、売却された物（代金）は、前述の債権者に支払われなければならない。ただし、前述の債務者が公共の役務で不在のときは、このかぎりではない。そのときは、判決が定めるとおりに、手続はなされなければならない。そして、正当な執行は、以下の場合においてのみなされうる。すなわち、

　貸金、コメンダ、有償の金銭もしくは委託物の寄託、または商品の売買の文書に対して。そして、そのような文書は、前述の債務者が先に支払いをなすべき時から数えて10年を経過していてはならない。10年が経過していたときは、他の訴訟事件におけるのと同様、支払猶予および請願によって、通常の方式による手続のみがなされなければならない。

　そして、偶然、債務者および債権者が死亡しており、すなわち、彼らのうちのいずれかの者にだれか相続人がいる場合、彼らまたは第1順位および第2順位の相続人は、当該債務者または債務者のうちのいずれかの者の死亡および相続を証明し、先にのべられているように、前述の執行をしなければならない。そして、買主がいるときは、前述の売却がなされ、さもなければ、概算された前述の物｜不動産｜は、債権者側に与えられなければならないが、債務者には、4カ月間が与えられ、その期間内に、前述の概算額および関連費用を支払って、前述の占有物を買い戻すことができる。】

　Genuardi がなした留保（本条は Val 規則第29条に修正をしたもの）を待つまでもなく、両規定の長さを比較すれば、両者間にそれほど緊密な類似関係が認められないのは、明らかであろう。おそらく、Genuardi などは、ごく広い意味での執行手続に関連する規定、という程度の意味で、両者の規定間に類似・対応関係を認めるのであろう。

第1章　メッシーナ海法序説

　規定内容に関しては、本条が1322年アラゴン王 Federico の規則 *super execucionibus* の移調にすぎないであるとか、本条の見出しにいう「新しい規則」が1322年規則 *super execucionibus* を意味する、との見解が提唱されている[4]。

　これに対して、Zeno は、Val 規則およびバルセロナ海事評議員裁判所規則（Ordre iudiciari de la Cort dels consols de mar de Barcelona）における執行手続との差異を認め、むしろ、本条の独自性を強調する。

　Zeno が差異と考えるのは以下のような点である。カタルーニャの海法においては、債務者に対する執行手続は、有責判決（sentenza di condanna）に基づいてのみ、債務者所有の船舶またはその他の財産の強制売却権限を債権者に付与する評議員の確認判決（declaratoria）によって、なされた。これに対して、メッシーナでは、海上貸借、コメンダあるいは売買に関する公正証書（strumenti notarili）も、執行力を有する証書（titoli esecutivi）であった。すなわち、メッシーナでは、債権者は、判決を待たずに、公式の形式で作成された証書に基づき、弁済期が到来すれば、債務者の財産上に執行をなしえた[5]。

　Genuaridi だけではなく、Murino も、おそらく、Zeno が指摘する差異を認識していたであろう。この差異をもって、本条はカタルーニャの海法に符合しないと考えるか、些細な修正（lievi varianti）と評価するか。いずれに理があるのかについて、本節では、これ以上立ち入らないでおく。

(1)　Genuardi, p.XIV.
(2)　Murino, op. cit., p.314.
(3)　この用語は、つづりが若干異なるが、第9条に出てきた。
(4)　Genuardi, p.XV.
(5)　Zeno, op. cit., loco cit.

　2−35　第35条（Val 規則第30条）

〔Di plegiaria di stari ad raxuni：担保の提供〕

Si per lu adimandanti oy atturi sarrà addimandata pregiaria alu addimandatu oy conventu per scriptura oy per palora di stari ad raxuni et pagari quillu li quali la curti condamnirà, divi esseri lu dittu conventu strittu ad plegiaria di stari ad raxuni quandu sufficienti non fussi ad quilla addimanda la quali facta li serrà et quandu dari non la volissi, divi esseri misu prixiuni et starinci et defendirissi et si condemnatu non havirà da undi pagari et starranchi jorni quaranta la curti cum sacramentu di fari parti di zo chi guadagnirà a lu so credituri, lu divi liberari et si lu conventu sarrà di la chitati et custirà alla curti chi ipsu haya beni bastanti ala dicta adimanda, la quali facta li serrà, non pò ne divi esseri costrictu dari la ditta plegiaria di stari ad raxuni.©

© Genuardi, pp.54-55.

　本条は、勝訴判決をえた債権者が望んだ場合、判決を遵守するための担保を提供すべき債務者の義務に関連した規定である。

　本条は Val 規則第30条に類似している、といわれている。しかし、もう少しつぶさに観察すると、本条は Val 規則第30条の前半部分に、そして、次条が Val 規則第30条の後半部分に類似している。すなわち、本条と次条をひとまとめにすると、Val 規則第30条１カ条に対応する。これとはまったく逆の関係が、CCMM 第29条と Val 規則第23条・第24条にみられた。

　【申立人または原告によって、被申立人または被告に対して、判決を遵守しそして裁判所が命じるものを支払うための担保が、書面または口頭で要求される場合、前述の被告は、判決を遵守するための担保を提供しなければならず、担保が彼に対する要求を充たさず、そして、被告が担保の提供を拒んだときは、被告は、監禁、拘束そして隔離されなければならない。そして、被告が支払うものを有せず、そして、40日間の拘束を命じられる場合、裁判所は、収入の一部を債権者に支払う旨の宣誓があれば、被告を解放しなければならない。そして、被告が（メッシーナ）市民であり、彼に対する前述の要求に足りる財産を有することが裁判所にとって明らかな場合、前述の判決を遵守するための担保

第1章　メッシーナ海法序説

の提供は、強制されえずまたされてはならない。】

　担保不足・不提供の際の債務者の拘束、宣誓による解放、メッシーナ市民と非市民の処遇の差異など、規定内容の概要は、たしかに、本条とVal規則第30条の前半部分のあいだに類似・対応関係を認めうるであろう。

　もちろん、拘束期間が本条にあっては40日とされているのに対して、Val規則第30条では不定期（訴訟終了までまたは債務の完済まで）とされている点、あるいは、場合によっては、債務者に手錠が施される点は[1]、Val規則第30条のほうが本条より厳しい、といいうるであろう。

　⑴　筆者は、本条にいう "esseri misu（prixiuni et）starinci" については、「手錠を施す」までの意味はない、と考えている。

　　2－36　第36条（Val規則第30条）

〔Plegiaria per la curti prisa esti periculu di magistratu：担保不足の場合の評議員の塡補責任〕

　Guardannusi li consuli quandu prendirannu preyaria tantu di pagari, comu è bancu oy di stari ad raxuni oy di qualsivoglia altru modu chi prendanu homu sufficienti: et si per adventura prindirannu homu, lu quali fugirà oy non serrà sufficienti a pagari, sarrà periculu di magistratu.©

　©　Genuardi, p.55.

　前条の考察の場において指摘したように、本条は、Val規則第30条の後半部分に類似している、といわれている。両者は、担保不足・不存在の場合における評議員の塡補責任について定めている、という意味では、類似している。

　しかし、評議員の塡補責任の発生要件に差異がみられる。Val規則第30条の後半部は、債権者の要請があったにもかかわらず、評議員が債務者に担保提供の要求をせず、債務者が行方不明または無資力になった（債権者の要請があったにもかかわらず、評議員の判断で、担保提供はなされなかった）場合に、評議員の塡補責任を認めている。

一方、本条が評議員の塡補責任を認めるのは、債務者の立てた保証人が逃亡したか無資力であった（一応、担保提供はなされた）場合である。

両者の規定の文言からだけでは、債務者に担保提供の要求をしなかったことについて、あるいは、不適切な保証人を受け容れたことについて、評議員は、無過失であっても、責任を負うのか、それとも、有過失のときのみ、責任を負うのか、かならずしも明確ではない[1]。

【評議員は、銀行のように支払いをしもしくは判決を遵守するためまたはその他資力のある者を保証人として受け容れる場合には、熟慮を要する。そして、偶然、保証人として受け容れた者が逃亡しまたは支払い資力がないときには、判事が責任を負う。】

(1) 文言上、手がかりになりそうなのは、「熟慮を要する」くらいであろう。しかし、本文でのべた疑問について明確な解答をなすには、その文言だけでは不充分であろう。

2-37　第37条（Val 規則第31条）

〔Li consuli ponnu creari officiali et consuli fora di la citati et regnu：評議員の市外・王国外における事務官・評議員の選任権限〕

Li dicti consuli hannu potestati creari et ordinari officiali et consuli infra regnu per li chitatini et fora di regnu per tutti siciliani undi et comu ad loru megliu parrà et nulla autra chitati di lo regnu pò fora di regno creari nè confirmari consuli exceptu li messinisi, zo esti li patruni di navi et mercanti eligiri et li dicti consuli confirmari.©

© Genuardi, p.55.

本条は、見出しが示しているように、評議員の市外・王国外における事務官・評議員の選任権限について定めた規定である。Genuardi は、本条について、「修正されたもの」との留保（注意）を付してはいるが、Val 規則第31条との類似・対応関係を認めている。

第1章　メッシーナ海法序説

　Val 規則第31条は、評議員の権限について、「海事領事ハ海ノ慣習及ビ慣習法ニヨリテ決セラレルベキ、而シテ又海ノ慣習法ニ宣言セラレ、述ベラレ且特定セラレタル総テノ契約ノ上ニ一般ニ裁判権ヲ有ス[1]」というように、概括的に宣言した形式の規定である[2]。その規定と本条に、少なくとも、その形式上、たとえ、「修正されたもの」との留保を付したにしても、類似関係を認めるのは、かなり困難なように思われる。

　【前述の評議員は、王国内では（メッシーナ）市民のために、王国外では、すべてのシチリア人のために、彼らにとってより良いと思われるように、事務官（officiali）および評議員を選任し指名する権限を有する。そして、王国のその他の市民は、王国外では、評議員を選任することも再任することもできない。ただし、船長および商人であるメッシーナ市民が前述の評議員を選任しそして再任する場合は、このかぎりではない。】

　本条と Val 規則第31条の形式的な類似・対応関係の評価もさることながら、注目すべき本条の用語およびそこから推測しうる往時の状況について、若干言及しておきたい。注目したいのは、「王国外（fora di regnu)」という用語である。

　同じ用語は、第18条にもみられるが、「王国外にいる証人」に関して言及するものであった。本条では、その用語から、王国外で活動している市民が紛争に巻き込まれ、評議員・事務官による解決を必要としている状況を読み取ることが可能であろう。すなわち、往時、「王国外」で、かなり多くの市民が活動していたもの、と推測できる。そして、メッシーナがシチリア全体のなかで指導的地位を占めていたであろう、と推測しても（王国外での評議員の選任は、「すべてのシチリア人のために」なされていた）、大過はない、と思われる[3]。

(1)　樋貝・前掲649頁。
(2)　Twiss, op. cit., p.483, n. 1 は、Val 規則第31条にいう「海ノ慣習法（Custums of the Sea; costumes de la mer)」に関して、Val 規則第22条および第41条の参照を求めている。Val 規則第31条自体からも推測が可能であるが、Val 規則第22条および第41条、とりわけ、第41条は、「・・・判決ハ、『書カレタル海ノ慣習法』ニ従ヒ、・・・与ヘラルベシ」というように、往時すでに、文書化された海

100

第1節　メッシーナ海事評議員条項

事慣習法が存在していたことを明示している。

(3)　本条の規定内容は、Gen 本の第3部に収録された第126条によって再確認されている。その内容は、1283年12月15日、アラゴン王 Infante Giacomo が付与した特権と同様のもの、と考えられている。その特権は、いわゆる「シチリアの晩鐘」事件（1282年3月31日に勃発）が契機となって、シチリアの支配者がアンジュー王朝からアラゴン王朝に替わった（アラゴン王朝 Pietro 3 世がメッシーナに入ったのが1283年10月2日）直後に認められたものである。

2－38　第38条（Val 規則第32条；Am 第61条の一部：試論・236頁以下）

〔Comu si divi dividiri lu prezzu di navi venduta allu scaru：新造船舶の売却代金の分配〕

｜①｜ Li② navi oy lignu ad instancia di creditori, la②-2 quali da novu serrà facta et hedificata innanti③ chi④ sia varata et⑤ livata di⑥ scaru oy innanti③ che haya factu alcunu viaggiu serrà venduta, supra lo precio di quillu⑦tali naviliu, megliu chi④ havirannu⑧ raxuni⑨ quilli alli quali dovuta⑩ serrà: per quillo li quali⑪ hedifichiranno⑫ quisto navilio: per lignami, pichi, stuppa, chiova, sarcia zo⑬ li quali zò esti⑭ comparati sarrannu ad opu di quistu⑮ vaxellu, havendondi carti oy non carti oy⑯ cum quillo lu quali improntassi ala ditta edificacioni soy dinari ｜⑰｜ et tucti quisti currino allo ditto prezzo⑱ per unu modu⑲ et divino primo essiri⑳ pagati ca㉑ li altri creditori.ⓒ

ⓒ　Genuardi, p.56.

①　Am では、Jtem が入っている。

②　Am では、si（または se。試論・237頁 Am 第61条解読文注①参照）。

②-2　Am では、lo（または la。試論・237頁 Am 第61条解読文注③参照）。

③　Am では、avante。

④　Am には、ない。

⑤　Am では、o。

⑥　Am では、da。

⑦　Am では、del。

⑧　Am では、haverando（または haveranno。試論・238頁 Am 第61条解読文注

101

第1章　メッシーナ海法序説

⑨参照)。

⑨　Am では、ragione。

⑩　Am では、demum。

⑪　Am では、quelli。

⑫　Am では、edificarando（または edificaranno、edificarono。試論・238頁 Am 第61条解読文注⑪参照)。

⑬　Am には、ない。

⑭　Am では、cioè。

⑮　Am では、quel。

⑯　Am には、ない。

⑰　Am では、et questi de corriero al prezzo predetto が入っている。

⑱　Am には、ない（前注⑰参照)。

⑲　Am では、numero。

⑳　Am では、esserne（または、esserno。試論・238頁 Am 第61条解読文注⑳参照)。

㉑　Am では、tra。

　本条から第41条までの４カ条は、Val 規則第32条から第34条までの３カ条と Am 第61条および第62条の２カ条の規定に重複して類似・対応している、といわれている。類似・対応する規定の数が異なることからも分かるように、３者間の関係は、少し込み入っており、Genuardi にも混乱がみられる（1－1注(3)を参照のこと)。

　本条は、Val 規則第32条および Am 第61条の前半約３分の１の部分と類似・対応している。

　筆者は、試論において、Am 第61条について、「現代法の表現を借りれば、船舶先取特権（の物上代位効）に関する規定、といいうるであろう。船舶の売却代金のうえに優先弁済権を有する債権者の範囲、優先の順位および弁済の割合に関して、かなり明確な規定を設けている[1]」とのべている。このことは、それと類似・対応する本条以下の規定と Val 規則についても、ほぼそのままあてはまるであろう。

　まず、本条は、航海開始前に売却された新造船舶の売却代金のうえに、建造

102

費用債権者および融資債権者の優先権を認めている。すなわち、優先権が認められる債権を列挙し、その債権を有する者たちが同一順位にある旨を明示している。

【債権者の要請に基づき、新しく造船されそして建造された船舶または船が、造船台から進水しもしくは離される前、または、いずれかの航海をなす前に、売却された場合、板材、ピッチ、まいはだ、釘、索具、すなわち、その船舶の建造のために使用された物によって、船舶の建造に貢献した債権者は、書面を有しようといまいと、前述の建造に対し金銭を貸与した債権者とともに、その船舶の代金のうえに、優先権を有する。そして、すべてこれらの者は、同一順位に属し、そして、他の債権者のなかで、最初に弁済されなければならない。】

本条の基本的枠組み、すなわち、一定の債権者に対して、航海開始前に売却された新造船舶の売却代金上に、同一順位の優先権を認める点において、Val 規則第32条および Am 第61条（前半約3分の1の部分）の基本的枠組みと異ならない。

優先権を認められる債権者として、建材提供者が列挙されているが、Val 規則第32条に若干の表現上の差異があるにしても、3者は、実質的には同一の範囲の債権者を規定しているもの、と思われる。

3者の規定で、債権者の範囲を異にするかのような表現上の差異は、Val 規則第32条が建材提供者に先んじて「日傭人（iornales; journeymen）[2]」に優先権を明示的に認めている点である。

つぎの差異としては、Val 規則第32条が、優先権者が「・・・書面ヲ有スルコトヲ申立テ得ル者ニ対シテモ優先シテ権利ヲ有ス」と規定している点である。本条および Am 第61条（前半約3分の1の部分）には、そのような文言はみられない[3]。

しかし、これら二つの文言・表現上の差異・有無は、3者の規定に本質的な差異をもたらすほどのものではない、と思われる。

(1) 試論・237頁 Am 第61条解読文注＊。
(2) 樋貝・前掲649頁の訳である。これと同じ者をいうのか、断定はしがたいが、

第1章　メッシーナ海法序説

　次条および Am 第61条（中半約3分の1の部分）には、「その船を造った前述の
船大工」という文言がみられる。

(3)　Twiss, op. cit., p.484, n. 1 は、そのような条件は Am にはみられないが、黙示
　されている、と考えている。すると、本条および Am 第61条（前半約3分の1
　の部分）においても、優先権者は、書面によりその債権を申立てる債権者に対し
　ても、優先権を主張しうることになるのであろう。

　　2－39　第39条（Val 規則第33条；Am 第61条のつづき：試論・236頁以下）
〔Si non bastirà lo prezzo：売却代金不足の場合〕

Et si lu prezzo reciputo <u>da</u>① <u>quisso</u>② navilio non fussi bastanti a pagari <u>alli</u>③
ditti mastri, li quali lavuratu havirannu <u>in</u>④ <u>quissu</u>② lignu et ali vendituri della
stuppa, <u>pichi</u>⑤, lignami, chiova et altri cosi, quillu tali preciu si divi <u>infra</u>⑥ loru
partiri <u>soudu per libra</u>⑦, <u>però</u>⑧ <u>ca</u>⑨ ciascunu di loru esti in simili justicia <u>et
raxuni</u>⑩ et a tal credituri in quistu casu anterioritati di tempu non juva.©

© Genuardi, p.56.
①　Am では、di。
②　Am では、tale。
③　Am では、li。
④　Am には、ない。
⑤　Am には、ない。
⑥　Am では、tra。
⑦　Am では、soldo per lira。
⑧　Am では、prima。
⑨　Am では、che。
⑩　Am には、ない。

　本条は、冒頭におかれた Et からも分かるように、形式的にも、また内容的
にも、前条との連続性が認められる。本条は、Val 規則第33条および Am 第61
条の中半約3分の1の部分と類似・対応している、といいうる。
　本条は、船舶の売却代金が債権総額に不足する場合の分配方法について定め

104

ている。各債権者は、各自の債権額の債権総額に対する割合にしたがって分配を受ける。この場合、債権の発生時期は、無視されている。

【そして、その船舶から受領した代金が、その船を造った前述の船大工ならびにまいはだ、ピッチ、板材、釘およびその他の物品の売主に支払うのに充分でない場合、その代金は、債権者の各人が同等の公平および比率になるように、債権者のあいだで、割合に応じて分配されなければならず、そして、この場合、時の優先性は、それらの債権者にとって、役に立たない。】

3者の規定の類似・対応関係は、顕著である。ただ、Val規則第33条においては、本条の「債権者のあいだで、割合に応じて分配されなければならず」に相当する文の後に、「何トナレバ、此等各人ハ売上金ニ対シテハ各人同一ノ権利ヲ有スレバナリ[1]」との文言が挿入されている。

これに類似の文言は、本条およびAm第61条（中半約3分の1の部分）には存在しないが、規定の趣旨・理由説明にすぎず、少なくとも、現代的な感覚からすれば、不要のもの、というべきであろう。

冒頭で言及したEtについて、若干補足しておきたい。2−19および2−30でふれたように、条文の冒頭にあるEtは、その前条との連続・関連性を推測させる（次条の冒頭にも、Etが置かれている）。

興味深いのは、本条に類似しているVal規則第33条の冒頭にも、Eが存在していることである（Val規則第35条の冒頭にもEが置かれている）。繰り返すが、冒頭のEt（E）は、その条文がかつて前条の一部（後半部）であった可能性を示唆するものなのかもしれない。そうであれば、本条が前条の一部をなしていたのかもしれないように、Val規則第33条も第32条の一部をなしていたのかもしれない。

(1) 樋貝・前掲650頁。

2−40　第40条（Val規則第33条（?）；Am第61条のつづき：試論・236頁以下）

〔Comu poi chi havirà fattu viaggiu：航海開始後の場合〕

Et si per adventura lo[1] ditto vaxello havirà fatto alcunu viaggiu et poi

第1章　メッシーナ海法序説

serrà vendutu ad instancia di li② ditti credituri, lu preciu riciputu di quillu vaxellu si divi per③ quistu modu distribuiri, primo si divino pagari li serviciali et li marinari di li② navi di quillu lu quali custirà ipsi diviri④ recipiri per loru soudi et poi quilli li quali custirà primo haviri⑤ impruntatu supra lu edificiu di quilla⑥ navi secundo⑦ chi primo serrà in tempo.©

Ⓒ　Genuardi, pp.56-57.
①　Am では、il。
②　Am には、ない。
③　Am では、in。
④　Am では、se conoscerà doverno。
⑤　Am では、conoscerando（または conosceranno）haverno（試論・239頁 Am 第61条解読文注㊺参照）。
⑥　Am では、tal。
⑦　Am では、cioè。

　本条は、小見出しに表示したとおり、Genuardi によると、前条と同じく、Val 規則第33条に類似する、と認識されている。しかし、本条は、航海開始後の船舶売却代金の分配について規定しており、Val 規則第34条の前半部分⑴（および Am 第61条の後半約3分の1の部分）と類似・対応関係にある、というべきであろう。

　本条においては、海員の報酬債権が船舶建造費に関する債権より優先的に扱われている点が注目に値する。

　【そして、偶然、前述の船舶がいずれかの航海をなし、そして、その後、前述の債権者の要請に基づき、売却された場合、その船舶の受領した代金は、以下のように分配されなければならない。最初に、船舶の使用人および海員に、彼らの金銭として受け取るべき、と認められるものにつき、支払われなければならず、そして、つぎに、その船舶の建造につき以前に与信したと認められる者に、時において優先するものから順にである。】

　本条と Am 第61条の後半約3分の1の部分との類似関係は、一方が他方の

106

第1節　メッシーナ海事評議員条項

引写し、といいうるほど顕著である。

　これに対して、Val規則第34条の前半部分には、第1順位者に対する支払いの方法と理由を表わす文言が挿入されている(2)。これは、**2－39**で検討したVal規則第33条における規定の趣旨・理由説明文の挿入と同様の所作である。

(1)　Laband, a. a. O., S.334, N. 140; 試論・237頁 Am 第61条解読文注＊で「第1項」と表現している部分。
(2)　「而シテ之ハ其ノ金銭ヲ返還スベキ担保ヲ供セシムルコトナシニ為サルベシ。何トナレバ、此等売上金ニ関シテハ何人モ時ノ点ニ於テ優先セズ、又権利ノ点ニ於テ此等使用人又ハ海員ヨリ優良ナルモノナキカ故ナリ。・・・」（樋貝・前掲同所）。この挿入文言の前半部は、第1順位者に対する支払いの方法を表わしており、挿入の意義を認めるべきかもしれないが、後半部は、規定の趣旨・理由説明にすぎず、少なくとも、現代的な感覚からすれば、不要のものでしかない。

　2－41　第41条（Val規則第34条；Am 第62条：試論・240頁以下）

〔Supra quistu medesmi：同前〕

{[①] Et si alcuna cosa divissiro rechipiri li mastri, li quali havissiro in questo[②] facto jornati oy vendituri[③] di pichi, lignami, stuppa, et chiova, si ipsi[④] carta non havirannu[⑤], in tali casu non hannu li pirsuni preditti alcuna anterioritati[⑥], ne prerogativa di tempu, nè[⑦] miglioranza contra di quilli li[⑧] quali fussiro primo in tempo et fussiro creditori di quisso[⑨] vaxello, et si li parti di lo[⑨-2] patruni non bastiranno pagari li ditti[⑩] debiti, li quali prisiro[⑪] havirà, si divino li ditti creditori pagari di li parti di li altri[⑫] personali[⑬] et patroni di carati di quisso[⑭] navilio, si dato li havirannu potestati comu patruni, ca[⑮] in altra maynera[⑯] li ditti parcionali non forano[⑰] tenuti, ca lo ditto patroni, non havendo potestati, non pò obligari li beni di li ditti[⑱] parcionali, si como patroni oy in altra maynera potestati non havirà[⑲].[©]

[©]　Genuardi, p.57.
①　Am では、Jtem が入っている。

107

第1章　メッシーナ海法序説

② Am では、quello。

③ Am では、venditrine となっているが、venditure と解する立場も有力である（試論・241頁 Am 第62条解読文注④、同242頁 Am 第62条試訳注①参照）。

④ Am では、essi。

⑤ Am では、haverando（または haveranno。試論・241頁 Am 第62条解読文注⑥）。

⑥ Am では、integritate。

⑦ Am では、di。

⑧ Am では、delli。

⑨ Am では、quel。

⑨-2　Am では、delli。

⑩ Am では、predetti。

⑪ Am では、primo。

⑫ Am には、ない。

⑬ Am では、parzonari（または porzonali。試論・241頁 Am 第62条解読文注⑮）。

⑭ Am では、questo。

⑮ Am では、che。

⑯ Am では、modo。

⑰ Am では、sariano。

⑱ Am には、ない。

⑲ Am では、haveranno。

　本条は、Genuardi によると、Val 規則第34条に類似している、と評価されている。そのこと自体否定しえないが、より正確には、本条は、Val 規則第34条の後半部分[1]に類似している、というべきであろう。

　なお、本条と Am 第62条との類似・対応関係を省察しておくと、Am 第62条は、その後半部において、条件節に対応すべき帰結節が省略されるなど、解読・解釈が難しい規定である。しかし、そのことによって、本条と Am 第62条との類似・対応関係が否定されるいわれはないように思われる。

　【そして、日雇い作業をした船大工またはピッチ、板材、まいはだおよび釘の売主が、いずれかの物を受け取るべき場合、書面を有しなければ、その時、前述の者は、時において優先するその船舶の債権者に対して、なんらの優位性

も時の優先権も有しない。そして、船長の持分が彼の負担した前述の債務を弁済するのに足りない場合、この船舶のその他の人（altri personali）および持分所有者が船長に船舶共有者としての権限を付与していたときには、前述の債権者は、この船舶のその他の人および持分所有者の持分から支払いを受けなければならない。ただし、前述の船長が、船舶共有者としてまたはその他の様式で権限を有しなければ、無権限で、前述の参加者（ditti parcionali[(2)]）の財産に責任を負わせることができないので、前述の参加者は責を負わない。】

　本条と Am 第62条の類似・対応関係は、やはり顕著である。見出しにあるように、本条は、前条の継続規定である。そのことは、冒頭の Et からも了解することができる。Am 第62条の冒頭に Jtem が入っているが、直後に Et が置かれている。ここにおいても、前条との継続性が読み取れる。

　そして、解読文の注⑱でみた節に相当するものが Am 第62条には存在しない、という形式上の大きな差異がみられるものの、両者の規定内容に類似性を認めることにそれほど大きな困難はないであろう。

⑴　Laband, a. a. O., S.335, N. 143; 試論・241頁 Am 第62条解読文注＊で「第２項および第３項」と表現している部分。
⑵　Val 規則第34条のこれに対応する文言は、dits personers であり、Twiss. op. cit., p.487 は、これの訳語として said part-owners を与えている（樋貝・前掲651頁も、同様に、〔船舶〕共有者、としている）。本条における parcionali には（も）船舶共有者が含まれるであろうが、船舶共有者だけを意味するのではない、と思われる（たとえば、当該船舶により行われているコロンナ契約の参加商人なども含まれるかもしれない。試論・156頁など参照）。parcionali は、CCMM 第45条にも登場する。

2－42　第42条（Val 規則第35条）

〔Comu di tal prezzu si paga dota di donna：妻の優先権〕

Et si lo patruni di lo ditto vascello havirà mugleri, et havirà carta contra li beni di lo dicto patroni sou marito di la sua dota et lu ditto marito non havirà altri beni da undi la ditta donna si porrà pagari di sua dota et havirà discussu

第1章　メッシーナ海法序説

li ditti beni di so maritu, da undi ipsa si pozza pagari et intandu si adrizzirà a lu preciu di quillu vaxellu et per la sua carta dotali porrà primo in tempu di li autri, li quali supra quistu vaxellu impruntaru, in questu casu la ditta donna esti primera in tempu et megliu raxuni et quistu esti solamenti in li parti li quali quistu so marito supra questo vaxello havirà, ca li altri credituri di quistu so marito et quistu voli esseri in casu di arrendiri dota secundu la costuma di Missina(*sic*) sia ja venutu.©

　Ⓒ　Genuardi, pp.57-58.

　本条は、Val 規則第35条と類似・対応関係にある、といわれているが、Am には類似の規定を求めることができない。たしかに、以下に示す規定内容の長文の第1文（前段）は、Val 規則第35条と類似している、といいうる。第2文および第3文（中段および後段）に対応する文言は、Val 規則第35条にはみられない。

　本条は、船長の妻の持参金返還請求権について、船舶売却代金上に優先権を認めている。海事・商事の世界に活躍の場を求めている船舶所有者、商人あるいは投資家に比べると、使用人や海員は、一般的に、経済的弱者の立場にある。第40条がそれらの者に優先権を与えているのは、理にかなった所作といえよう。それと同様、往時、夫に比べ経済的に弱者の地位にあったであろう妻に優先権を与えるのも、やはり、望ましい態度であろう。

　【そして、前述の船舶の船長が妻を有し、そして、（彼女が）彼女の持参金について、その夫である前述の船長の財産に対して書面を有しているが、前述の夫が彼女の持参金について彼女に支払いができる他の財産を有せず、彼女がその夫の財産から弁済を求めている場合において、彼女が支払いを受けることができ、そして、その船舶の代金について訴えがなされ、そして、彼女の持参金の書面が、この船舶に貸付けをしたその他の者より、時において優先するときには、この場合、前述の夫人は、時において優先し、優先権を有する。そして、これは、彼女の夫が船舶上に有する持分においてのみのことである。彼女の夫

110

第1節　メッシーナ海事評議員条項

の他の債権者および夫は、持参金の返還の場合には、メッシーナの慣習にしたがうことを望むからである。】

　本条において注目すべきは、「メッシーナの慣習：costuma di Missina（sic）」という文言である。この文言は、次条にみられるような「海および商行為の慣行および慣習[1]」とは明らかに異なっている。本条にいう「メッシーナの慣習」は、メッシーナ市の一般的な社会生活関係における慣習（法）を意味するもの、と思われる。

　海事慣習（法）とは別個に一般的な社会生活関係における慣習（法）が併存していた、と考えられる例として、たとえば、アマルフィなどが好例であろう。周知のように、アマルフィでは、Am に示されている海事慣習（法）とアマルフィ市慣習（法：Consuetudines civitatis amalfie）が併存していた。アマルフィ市慣習（法）は、女性の「嫁資」ないし「持参金」に関す規定を多く有していることで、知られており、そして、Murino は、本条とアマルフィ市慣習（法）第19条の類似性を認めている[2]。同条は、以下のような規定である（一部、省略）。

〔Modus servandus inter creditores capientes bona debitoris：差押債権者間の分配方法〕

Bona debitoris cum capiuntur creditores non secundum quod jus dictat qui priore tempore potiore jure set concurrentes jnsimul equalentes inter se dividunt per libram nec obstat si alter creditor si prior alteri posterior. ... Uxor debitoris si prior sit tempore sive expresse sive tacite bona virj sint sibj pro dotibus ypothecata jn dyochero profertur omnibus creditoribus, et si sit posterior tempore concurrit jnsimul cum alijs creditoribus prioribus virj suj bona eius equa lance inter se dividenda per libram.©

©　Andrea de Leone e Alessandro Piccirillo（a cura di）, Consuetudines civitatis amalfie, Cava dei Tirreni, 1970, p.60.

【債務者の財物が収容される場合、債権者は、『時間的に先順位の者は、権利

111

第1章　メッシーナ海法序説

においても優先する』の法原則が定めるところにしたがわず、ある債権者が時間的に先順位であり、他の債権者が後順位であっても、すべての債権者が平等にそれらの債権者のあいだで、比例して、その財物を分配する。・・・債務者の妻は、時間的に先順位であるとき、すなわち、明示的または黙示的に、夫の財物が妻のために嫁資の担保として、自筆証書のなかで、抵当に入れられているとき、すべての債権者に優先する。しかし、（妻は）時間的に後順位のとき、夫の他の先順位の債権者のすべてと平等に、債権者のあいだで、比例して、夫の財物の分配に参加する。】

　なお、アマルフィ市慣習（法）については、おそらく、（少なくとも）3種類の写本の存在を認めるべきであろうが[3]、あと二つの写本の規定を併せて検証しているいとまは、本節にはない。

(1)　類似の表現として、第20条でみた「海事事項」および「商業に関する事項」がある。

(2)　Murino, op. cit., p.314, n. 1.

(3)　本文で引用した（Murino が言及している）De Leone e Piccirillo, op. cit., pp.28-90 が報じているもののほか、Tommaso Gar, Tavola e consuetudini di Amalfi, in Archivio storico italiano, Appendice, 1842-1844, pp.271-289 および Matteo Camera, Memorie storico-diplomatiche dell'antica città e ducato di Amalfi, vol. 1, Salerno, 1876（ristampa: Salerno, 1972）, pp.459-471 が報じているものがある（試論・297－301頁）。

　2－43　第43条（Val 規則第36条）

〔Comu ponnu li cunsuli terminari summariamenti et abreviari li questioni：評議員の簡易終結権限〕

Li consuli hannu potestati chi li questioni li quali innanti di essi si mettirannu, li ponnu determinari brevimenti summariamenti secundu ad loru et lu consigliu parrà senza figura et scriptu di judiciu, sulamenti guardandu la veritati di lo factu secundu chi è usu et costuma di mari et di actu di mercancia.©

112

第1節　メッシーナ海事評議員条項

Ⓒ　Genuardi, p.58.

　本条は、第24条と同様に、略式の審理手続について定めている。第24条が訴
訟当事者の発意による略式手続について規定しているのに対して、本条は、評
議員（および助言者）の判断による場合について定めている。

　【評議員は、海および商行為の慣行および慣習にしたがい事の真実のみを凝
視して、彼らの面前に提起された問題を、彼ら（の判断）および助言にしたが
い、裁判の形式および文書なしに、簡易に要約的に決定する権限を有する。】

　前条の検討の場（2－42）でも省察したように、本条には、「海および商行
為の慣行および慣習」という注目すべき文言が含まれている。CCMM のなか
に、「慣習」ないし「慣行」に言及した規定がいくつか散見され、その多くが
「海の慣行および慣習」であることは推測が可能であるが、直截に「海の慣行
および慣習」と表現しているのは、本条のみである。もっとも、本節が検証対
象としている CCMM は、「海事評議員」に関するものであるから、そこで言
及されている「慣行および慣習」は、本来的には、「海の慣行および慣習」の
はずであり、「海の」と、いちいち断る必要はないのかもしれない。

　海事法の分野では、往時すでに、簡易・迅速な紛争解決の思想とその具現化
の方策が定着していたであろうことが、本条からも、読み取ることができる[1]。

(1)　海事評議員裁判制度は、一般的な裁判制度と異なり、簡易・迅速な紛争解決に
　　対する海事関係者（多くは商人）の要請に即して生成・発展したものであろうが、
　　さらに、本条などは、その要請に具体的に貢献する趣旨の規定、といいうる。

　2－44　第44条（Val 規則第39条）

〔Quandu li cunsuli serrannu allegati suspetti：評議員の忌避〕

Quandu alcuni di li consuli oy ambidui per alcuna delli parti litiganti serrà
allegata per suspettusu et provirassi quilla allegacioni et serrà bastanti fari
allu predittu consulu oy alli dui suspetti, li altri quattru cunsuli futuri oy
preteriti et futuri divino di loro dui eligiri alli parti non suspettusi, li quali

113

第1章　メッシーナ海法序説

supra tali causa divino dari loru judiciu et si li consuli prediti sarrannu pruvati esseri tutti suspetti, si divino eligiri altri gentilhomini non suspetti alli quali divino per scarfii eligiri li ditti consuli, li quali sulamenti judichirannu in quista causa suspetta li sententii, li quali per li ditti consuli si darannu, si divino dari secondo requedino et volino li capituli di quista curti et illa undi li costumi et capitulo non bastanu si divi requediri lu consigli in lu modu et forma che in li supraditti capituli si conteni.©

©　Genuardi, pp.58-59.

　本条は、訴訟当事者により評議員が忌避された場合における執務代行者の選任方法について定めている。

　本条は、Val 規則第39条と類似するといわれているが、審理の公平性を確保する趣旨からすれば、本条のほうが徹底しているであろう。すなわち、忌避申立てが正当であった場合に、本条は、当該評議員を審理担当から除外（執務代行者を選任）するのに対して、Val 規則第39条では、海事関係の専門家を審理に加えるが、当該評議員を除外しない。

　【評議員のいずれかまたは双方が、紛争当事者のいずれかによって忌避を申し立てられ、そして、その申立てが真実であり前述の評議員または双方を忌避するに足りる場合、他の4名の後順位のまたは先順位および後順位の評議員は、彼らのなかから、当事者に忌避されない2名を選任し、その2名が、かかる訴訟について彼らの判決を下さなければならない。そして、前述の評議員がすべて忌避された場合[1]、当事者に忌避されない他の紳士を抽選により選任しなければならず、その者は、忌避された訴訟において、審理をするだけである。彼らによって下される判決は、本裁判所の規則が要求し欲するところにしたがい、なされなければならず、慣習および規則がなければ、前述の規則に定められている方法および形式により、助言が要請されなければならない。】

　評議員の忌避制度がいつごろから存在したのか、きわめて興味深い疑問であるが、本条の規定自体から、その疑問を解く鍵は発見できない。Val 規則第39

114

条においても、同様の状況である。Am には、評議員の忌避制度に関する規定が存在していない。

(1) この場合の解釈について、若干疑義がありそうであるが、おそらくは、以下のような場合であろう。6名の評議員（A から F）のうち、当該訴訟を担当していた A と B が忌避され、残り4名（C から F）のうち、C と D を執務代行者に選任したが、やはり忌避された。この場合、E と F が残っているが、この二人より C と D のほうが適任者として選任されていたのであるから、E と F は、改めて執務代行者に選ばれることなく、「他の紳士（P と Q）」が選任されるのであろう。Murino, op. cit., p.310 の解釈も同じ趣旨であろう。

2−45 第45条（Val 規則第42条）

〔Di sequestracioni：強制執行〕

Supra ogni sequestracioni, lu quali li ditti consuli farrannu, divino primu recipiri pregiaria di lu sequestranti che sia cossi comu illu alla curti darrà ad intendiri, et tal sequestru si divi fari a persuni li quali non fussiro bastanti ad quilla dimanda, ca si bastanti serrà, non si pò, nè divi fari sequestru, exceptu tamen in factu di nolu, lu quali si divi fari senza pregiaria et ad ogni persuna di qualsivoglia statu et condictioni sia et senza pregiaria a dinari di multi parcionali, li quali venuti fussiro di comuni columna.©

© Genuardi, p.59.

本条をもって、CCMM と Val 規則との類似・対応関係は、終了する。本条は、Val 規則の最後の規定である第42条(1)に比べると、かなり長文になっており、一見したところでは、両者の規定に類似性を認めることに困難を覚えるほどである。

しかし、債権者の主張の正しさを保証するための担保の提供は、すべての執行に先んじてなされる可能性があることと、備船料の請求に関連しては、担保提供が不要であることとする、その骨子は、たがいに類似している、といいうるかもしれない。

115

第1章　メッシーナ海法序説

　【評議員は、なそうとするすべての強制執行に関して、裁判所をあざむこう
とするような執行債権者から、先に、担保を受け取らなければならない。そし
て、かかる強制押収は、請求に応じる資力を有しない者に対してなされるべき
であり、資力を有する者に対してなされえず、なしてはならない。ただし、備
船料に関しては、担保なしに、そして、いかなる状態および状況にあってもす
べての者に対して、そして、複数の参加者（parcionali[2]）の共通のコロンナか
ら支出された金銭による担保なしに、強制執行をなすことができる。】

　本条においては、執行債権者の担保提供は、無条件で要求されているわけで
はない。まず、担保提供が義務づけられるのは、いわゆる裁判所をあざむこう
とするような「怪しげな」債権者である。そして、充分な資力を有する債権者
に対しては、担保提供を要求してはならない。

　Val 規則第42条には、本条にみられるような担保提供を要求するための条件
は、一切設けられていない。また、但書きの表現・文言もかなり異なっている
が、備船料の請求に関連する強制執行については、担保提供が不要、とする点
では、――かなり漠然としているが――類似性を認めても差し支えないであろ
う。

(1)　「裁判所ニ対シテ立ツル保証ハ領事ノ為ス凡テノ財産管理ニヨリテ認メラレル。
　　但シ自ラ運送賃支払ノ義務ヲ負担シ居ル船荷ヲ管理スルコトニヨリテハ此ノ限ニ
　　在ラズ」（樋貝・前掲654頁）。
(2)　この用語は、CCMM 第41条にも登場したが、筆者は、2－41注(2)において、
　　船舶共有者のみを指すものではなく、もう少し広い範囲の者を含む用語であろう、
　　との考えを示した。本条の parcionali は、私見の論拠の一つである。

　　2－46　第46条

〔Di chi cosa esti tenutu lu citatinu pagari contumacia：被告が欠席の責を負
う場合〕

Per li causi infrascritti persona citata non esti tenutu pagari contumacia zo
esti quandu citata sarrà per esseri facta contra di ipsa execucioni et quando

116

第1節　メッシーナ海事評議員条項

serrà citata ad acti judiciali per questioni ordinaria, poy tamen contestata la liti ca innanti beni esti tenuta et quistu si divi intenderi la parti citata non per impetu et mala intencioni non volissi veniri in la curti oy chi fussi contumaci in ogni actu judiciali, ma occupata per alcuni liciti et evidenti fachendi, ad uno o dui atti fussi contumaci nenti di minu per ogni modu contra di lu citatu in sua contumacia si può et divi sequiri a la questioni oy fari la execucioni.©

© Genuardi, pp.59-60.

　2-45でふれたように、第45条をもってVal規則との類似・対応関係は終わっている。そして、本条に類似の規定は、Amにもみられない。本条は、メッシーナあるいはシチリアに固有の規定なのかもしれない[1]。

　CCMMは、訴訟当事者（とりわけ、被告）が裁判に欠席（不出頭）をした場合に関する規定をいくつか設けており、第10条でみたように欠席者に罰金を科してまで、当事者に出席を促している。本条は、被告が欠席の責任を負わない（例外的な）場合を列挙している

　【下記の理由により、被告は、欠席の罰金を支払う責を負わない。すなわち、召喚された時に、自己に対して、執行がなされようとしていた場合および通常の審問のため、訴訟行為に召喚されようとしていた場合。先に財産を保全する判決を宣告され、そして、このことを被告が了解していなければならず、衝動および悪意によらず、出廷することを欲しない場合、または、あらゆる訴訟行為に欠席したけれど、なんらかの正当かつ明白な用件でふさがっていて、一個または二個の行為に欠席した場合。しかしながら、いずれにせよ、欠席した被告に対して、審問を行いまたは執行をすることができそしてしなければならない。】

　本条により被告が欠席の責を負わなくてよい、とされている場合は、なるほど、被告の意思や自己都合により欠席する場合ではなく、むしろ、他方で出席が強制されている場合、ということができよう。

　そして、おそらくは、本条が定めている被告が欠席の責を負わなくてよい場

第1章　メッシーナ海法序説

合（事由）は、本条が例外的規定であることからすると、制限的に列挙された
もの、と解すべきであろう。

(1)　トラパニには、Gen 本の規定に類似する条項を含んだ18カ条からなる海法（略
　　称：De officio Consulum maris et capitulis de ordinacionibus officii eiusdem）が
　　残されている（第2章参照）。Zeno, op. cit., p.139 は、その12カ条と、Murino,
　　op. cit., p.322, n. 1 は、その13カ条と Gen 本の規定との類似関係を認めているが、
　　それらのなかに、本条に類似する規定はない。

2－47　第47条

〔Di quissa midesmi causa：同前〕

Lu citatinu, zo esti quillu chi habita infra li mura di la chitati, cadutu in
contumacia sindi pò purgari, si comparrà in curti, mentri la curti si terrà; si
tamen venissi poy, finuta la curti, divi per ogni ragiuni pagari la pena di la
contumacia ed esseri spignatu per la cosa la quali dimandata li serrà per
accasciuni di reservari et cossi spignatu da locu innanti si divi defendiri
spignatu et si per adventura habitassi infra lu tenimentu, havi tempu purgari
la contumacia per tuttu quillu jornu, altrimenti si divi prochediri comu di
supra dictu esti.©

©　Genuardi, p.60.

　本条も、見出しが明示しているように、前条につづいて、被告が欠席した場
合に関する規定である。本条は、とりわけ、第10条と関連した規定である。第
10条は、訴訟当事者（実質的には、被告）が欠席した場合に支払うべき罰金（1
タリ）と追完金（5グラーナ）について定めている。本条は、とりわけ、後者
に関連している。

【被告が、市の城壁の内側に居住し、欠席した場合(1)、法廷が開かれている
あいだに出廷し、欠席をあがなう（追完する）ことができる。しかし、閉廷後
に現れた場合、いかなる理由であれ、欠席の罰金を支払い、そして、留保する

に際して（per accasciuni di reservari[2]）、彼に要求される物をもって、追完しなければならない。そして、このようにして追完が認められると、その後、防御をしなければならない。そして、（被告が、）偶然、保有地に居住する場合、その日中、欠席をあがなう時間を有する。さもなければ、上にのべられているように、手続をしなければならない。】

　被告は、遅参あるいは欠席をしても、直ちに自己に不利益な措置（たとえば、敗訴判決の申渡し）を受けるわけではなく、遅参あるいは欠席をあがなう機会が認められている。

　なお、本条の末尾にある「上にのべられているように」は、おそらくは、第34条の規定を意味するもの、と思われる。被告は、追完金を支払わないままでいると、欠席裁判の不利益を甘受しなければならない。

(1)　ここにいう「欠席した場合：cadutu in contumacia」は、「開廷に遅参した場合」の意味と思われるが、この後に、「欠席の罰金：la pena di la contumacia」が出てくるので、訳語を統一しておいた。

(2)　シチリア方言の accasciuni は、多義であり、主なもので、occasione、pretesto、molestia などの意味がある。したがって、上記の句には、「留保する迷惑料として」というような試訳なども考えうるであろう。

2－48　第48条

〔Di tempu factu a debituri per mayuri parti di credituri：債権者の多数決による弁済猶予〕

Si fussi alcunu patruni di navi oy mercanti lu quali a multi et diversi persons fussi obligatu per accomanditi oy per qualsivoglia altra raxuni et la mayor parti di quilli credituri cio esti in quantitati di denari concidirannu tempu ad quillu loro debituri certu et saputu quilli dilla minuri quantitati si divino stringiri et stari ad quillu tempu per quilli credituri datu et zochi lu dittu tempu sia senza nulla fraudi et malicia, ca si fraudi et malicia in chi fussi, non si ponnu nè divinu li minuri credituri stringiri; in casu et actu di

第 1 章　メッシーナ海法序説

fraudi et si lu debitu fussi in tanta quantitati lu accordatu alu tempu, quantu lu discordatu si divi stari ala quantitati di li persuni et si in persuni et quantitati di denari fussiro tanti li discordati, quantu li accordati, si divi stari alla parti la quali per equitati farrà lu dittu tempu.©

© 　Genuardi, pp.60-61.

　本条は、債務者（船長または商人）が複数の債権者に対して債務を負っている場合において、債権者の多数決によって、債務者に弁済猶予期間が付与されうる旨を定めている。その多数決は、債権者の頭数によるのではなく、債権の額の多数によるのを原則としている。

　【いずれかの船長または商人が、複数の者に対して、コメンダまたはその他あらゆる原因により、債務を負っており、その債権者の多数、すなわち、金額における多数者が、彼らの債務者に時間を与えた場合、少額の債権者は、多額の債権者が与えた時間に拘束され猶予しなければならない。そして、これは、前述の時間に詐欺および悪意がなければのことであり、詐欺および悪意があれば、少額の債権者を拘束することはできずまたしてはならない。詐欺行為の場合および債務額が時間を与えた債権者と付与に反対した債権者の額が同じ場合、人数が多い方にしたがう。そして、人数および金額において、反対者と賛成者が同数の場合、衡平によって認められる前述の時間、猶予しなければならない。】

　本条は、債権額の多数決を原則としながらも、頭数の多数決が認められる場合（猶予に賛成する者と反対する者の債権額が同額の場合）および頭数も同数の場合についての措置も定めている。多くの場合、原則によりことが決せられるであろうが、たしかに、原則による解決が図られないことも生じうる。ただし、「人数および金額において、反対者と賛成者が同数の場合」、最後の判断基準となる「衡平」が具体的にいかなるものをいうのか、本条の文言のみからは推測することができない。

　規定内容にとくに不合理は認められず、むしろ、本条は、商取引界における

120

第1節　メッシーナ海事評議員条項

常識を確認した規定にすぎないのかもしれない。Am のなかに本条に類似した明文規定を発見することはできない。

2－49　第49条（Am 第63条：試論・242頁以下）

〔Di curredu chi non si trovirà scripto in lo inventario, quando si vendirà：船舶売却時の財産目録に記載のない調度品について〕

Item si alcunu navili si① vindissi et lu①-2 patruni cum animo di fraudari oy per qualsivoglia altru modu non si① scrivissi tuttu lu corredu② in l'inventario, quilli lu quali l'accapta③ sentendu④ provari qualsivoglia⑤ cosa mostrassi⑥ esseri statu⑦ di lo navilio et⑧ non alienata, la⑧-2 divi haviri lu predictu accaptaturi senza alcunu preciu, non obstanti chi non sia scripta（in）inventariu eceptu chi⑨ lu predictu patruni ｛⑩｝ legitime mustrassi havirili acaptatu di⑪ lu so⑫ propriu.ⓒ

ⓒ　Genuardi, p.61.

①　Am には、ない。

①-2　Am では、il。

②　Am では、credito。ただし、corredo を置くべき、とする説も有力である（試論・243頁 Am 第63条解読文注⑤）。

③　Am では、lo havrà comprato（,）。

④　Am では、possendo。

⑤　Am では、qualunque。

⑥　Am では、mostrando。

⑦　Am では、fatta。

⑧　Am には、ない。

⑧-2　Am では、lo。

⑨　Am には、ない。（in）は、Genuardi の補足と思われる。

⑩　Am では、si が入っている。

⑪　Am では、da。

⑫　Am では、duplo。

本条は、船舶の売買がなされたときに、船舶とともに買主の所有に帰する物

121

第1章　メッシーナ海法序説

品（調度品）の範囲について規定している。

　船舶は、多くの構成部分からなる、いわゆる合成物であるが、航行の用に供するためには、いわゆる属具も必要になるし、航行の利便性・快適性を高めるためには、より多くの物品を必要とするであろう。

　船舶の売買がなされた場合、船舶自体とともに、どの範囲の物品が買主に移転するのか、本来は、「売買当事者間の合意」によることになるが、実際上は、それほど簡単・明瞭に解決しうる問題ではない、と思われる。

　本条にいう「財産目録」は、わが国の商法第685条にいう「属具目録」と同様の作用を果たしていたもの、と推測される。

【同様に、いずれかの船舶が売却され、そして、船長が詐欺の意図またはその他のあらゆる動機をもって、すべての調度品を財産目録に記載しなかった場合、船舶を購入した者は、船舶のあらゆる物品および引き渡されていない物品についても契約がなされたことを立証できれば、前述の購入者は、代金支払いなしに、財産目録に記載されていないにもかかわらず、その物品をえるべきである。ただし、前述の船長が、自己の金銭をもって購入したことを正当に立証したときは、このかぎりではない。】

　Am 第63条は、解読文の注②に対応する語を credito とし、同⑨に対応する文言を欠き、さらに、同注⑫に対応する語を duplo とするなど、解釈に困難が伴う規定である[1]。しかし、同条にいくつかの不明な箇所を認めるにしても、それをもって、同条と本条の類似・対応関係を否定することは適切ではない。

　(1)　Guarino, p.140-63-1; 試論・243頁以下・Am 第63条の試訳の注②参照のこと。

　　2－50　第50条

〔Ogni naviliu si divi bullari：喫水線印の打刻〕

Item chi ogni patroni di navilio covertu di Messina novu oy vechio non divi partiri di lu portu di Messina per andari ad altra parti carricata, ne vacanti, fina in tantu chi non sia ferrata per li personi ordinati supra lu ferrari di li

第1節　メッシーナ海事評議員条項

navili sub pena di florini cento di li quali li consuli di lo ditto anno divino haviri la quarta parti et delli altri tri parti in la maragma di la dicta curti.©

Ⓒ　Genuardi, p.61.

　本条は、船舶の安全な航行を確保するための安全基準（満載喫水線）について定めた規定である。船舶の安全な航行は、船主の私的利益にかかわるだけではなく、共同体全体の利益にも資する。往時すでに、このような認識が広く・深く浸透していたのであろう。

　【同様に、新旧を問わずメッシーナの有蓋船のすべての船長は、船積みしていようと空船であろうと、船舶の（喫水線を示す）鉄鋲打ちの権限を付与された者によって鉄鋲が打たれるまで、メッシーナ港から他の場所に出帆してはならない。これに反した場合、100フローリンの罰金が科せられ[1]、その４分の１を前述の年度の評議員が取得し、そして、他の４分の３は、前述の裁判所の公庫に収めなければならない。】

　本条の違反者が支払う100フローリンの罰金のうち、４分の１が評議員に帰属する。これは、評議員の職務遂行に対する対価（報酬）というべきものなのか、議論がありえよう。おそらく、次条に規定の手数料のほうが、評議員の対価（報酬）により近い性質を有するであろう。

(1)　第10条にいう「罰金」に関連して、「課す」ものか「科す」ものか、といった議論を行った（２－10注(1)参照）。「私法」「公法」あるいは「行政法」というような分類が、現代ほど、明確に意識されていなかったであろう往時の「罰金」の意味を問うのにどれ程の意味があるのか、筆者には不明であるが、第10条の「罰金」と本条にいう「罰金」では、後者のほうがはるかに公的制裁の性質が濃厚であろう。２－３注(1)も参照のこと。

　2－51　第51条

〔Di quisto casu：同前〕

Item chi li ditti consuli li quali sedirannu pro tempore cum consigliu di sei

第1章　メッシーナ海法序説

marinari experti oy plui digianu signari et fari mettiri li ferri a li ditti navili et di ogni naviliu di una coverta ciaschedunu di li dui consuli digia haviri per pidagiu tari uno et chascuno di li ditti marinari grana dieci et si lu navilio fussi di dui coverti divino haviri paga dubla.©

　　© 　Genuardi, pp.61-62.

　前条は、船舶の安全航行を徹底するため、先に、満載喫水線印の打刻前の船舶の航行禁止および違反した場合の罰金について、おそらく、強行法的に規定を設け、本条は、前条を受けて、喫水線印の打刻手続および費用について定めている。

　【同様に、執務している前述の評議員は、状況に応じて、6名またはそれ以上の熟練した海員の助言を受けて、前述の船舶に打刻をしそして鉄鋲を打たせなければならない。そして、すべての1枚甲板の船舶について、2名の評議員の各人は、手数料（pidagiu[1]）として、1タリを、そして、前述の海員の各人は、10グラーナを受け取るものとする。そして、船舶が二重甲板の場合、2倍の手数料（paga dubla[2]）を受け取るものとする。】

　2－50において若干言及したように、本条により評議員が受け取る1タリの手数料は、第50条に定められている25フローリンよりも、評議員の職務遂行に対する報酬により近い性格を有する、と思われる。

　⑴　pidagiu（現代標準イタリア語の pedaggio）に「報酬」という意味が含まれているのか、筆者の知るところではない。
　⑵　paga の試訳として「手数料」は不適切かもしれないが、本条では、pidagiu と同じものを指すために使用されている（同一語の繰り返しを避けるために、paga が用いられている）と思われるので、あえて、paga の試訳として「手数料」をあてておいた。paga は、compenso, ricompensa（o）などと同様、労働の対価を表わす用語の一つである。

　2－52　第52条

〔Di quisto casu：同前〕

第1節　メッシーナ海事評議員条項

Item nullu patruni diggia carricari lu so naviliu ultra dilli ditti ferri posti et ordinati per li ditti consuli sub pena di quatru di florinu per butti, di quanti butti serrà diportatu lu naviliu.©

© Genuardi, p.62.

　本条は、前２カ条に引き続き、船舶の安全な航行を担保するため、船長に対して、打刻された満載喫水線を超える船積みを禁止している。安全基準を設けても、それを遵守しなければ、意味がない。

　【同様に、いかなる船長も、彼の船舶に、前述の評議員によって設置・配備された鉄鋲を超えて、船積みしてはならない。それに違反した場合、船舶が積むことができない積荷について、積荷ごとに４分の１フローリンの罰金を支払わなければならない。】

　本条に違反した場合に支払われる罰金について、計算方法は、明示されているが、その納付先については、第50条のような明示的言及がなされていない。可能性として、評議員裁判所の公庫にすべて帰属する、と推測しうるが（評議員の取分に関する明示的言及がない）、たしかな根拠があるわけではない(1)。

(1)　ほかに考えられる納付先としては、第３条および第12条に定められている市の聖母（教会）の公庫がある。

2－53　第53条（Am 第64条：試論・244頁以下）

〔Di lo cangio di la bona munita：良貨の為替〕

Item di① qualsivoglia② mercancia si vindirà et lu accattaturi③ paghirà di bona munita et di argentu④ divi haviri⑤ di① lassitu ad raxuni⑥ per unza di grana quattru et quistu si chiama lu lassitu di lu cangiu⑦.©

© Genuardi, p.62.
① Am には、ない。
② Am では、qualunque。
③ Am では、il compratore。

125

第1章　メッシーナ海法序説

④　Am では、buono argento。

⑤　Am では、haverlo。

⑥　Am では、raggione。

⑦　Am では、l'affitto delo cagno。cagno の意味について、多くの議論・推測がなされている（試論・244頁 Am 第64条解読文注⑧）。

　　本条は、Am 第64条と同様、良貨で現金払いする買主に代金の減額を認めた規定である[1]。その用語に関して、方言による差異はみられるものの、Am 第64条とほぼ正確に一致している（割引きの割合も一致している）。

　　しかし、Am 第64条は、海法の規定というより、陸上の都市法の規定としての性質を帯びている、といわれている[2]。本条も、海事評議員（裁判所）と直接に関連する規定ではない。

　　【同様に、いかなる商品についても、売却されそして買主が良い銀貨で支払う場合、１オンスにつき４グラーナの割合で、割引を受けるべきであり、そして、これを為替の放棄という。】

(1)　Guarino, p.140-64-3; 試論・244-245頁 Am 第64条解読文注⑧。

(2)　Guarino, p.140-65-1; 試論・244頁 Am 第64条注＊。

2−54　第54条（Am 第65条：試論・245頁以下）

〔Lu chitatinu pò haviri parti di la mercancia si vindi a lu pisu et ala misura (con la sua interpretazione in pede)：市民の市場販売商品購入権（解釈付き）〕

{①} Di qualsivoglia② mercancia che si vindi alla chitati et③ lu④ chitatinu supravegna alu mercatu a lu pisu oy alla misura oy per tuttu quillu jornu di lo mercatu⑤ pò et divi haviri quilla mercancia per quillu precio proprio per lu quali lu havi havuto lu mercanti quantu⑥ ad si⑦ è necessaria per usu so et di la⑧ famiglia sua.©

©　Genuardi, p.62.

①　Am では、Jtem が入っている。

②　Am では、qualunque。

126

③ Am には、ない。

④ Am では、il。

⑤ Am には、ない。

⑥ Am では、quando。

⑦ Am には、ない。

⑧ Am には、ない。

　本条は、Am 第65条に類似している、といわれている。Am 第65条は、アマルフィ市民に対して市外の商人に優先して商品を先行取得しうる権利を認めた規定、と考えられている[1]。本条も、Am 第65条と同種の権利をメッシーナ市民に認める趣旨の規定、と考えうる。

　本条は、解読文の注⑤にみられるように、Am 第65条には存在しない文言が含まれているが、両者の規定における文言の差異・有無は、やはり、その間の類似性を否定するほどのものではない。

【（メッシーナ）市において販売されているあらゆる商品について、市民は、市場に来れば、自分自身およびその家族の使用のために必要なだけ、重量でもしくは数量でまたはその市場の日中、商人がその商品を取得したのと同じ価格でそれを入手することができ、そして、すべきである。】

　Am 第65条について、同条をアマルフィ海法に挿入したのは私人の所作、とする者が存在している[2]。それが正しければ、本条を CCMM に挿入したのも私人の所作、ということになるのであろう[3]。

　なお、見出しのかっこ書きにあるように、本条には、「解釈」文が付加されている。「上掲の条文の解釈（Interpretatione del soprascripto capitolo）」のタイトルのもとに、1428年7月4日に二人の評議員によって示された本条に関する解釈が報じられている[4]。

　このような所作は、本条においてはじめてなされるものであり、前条までにおいてはなされていない。この添付文は、Gen 本の第111条以下に収録されるべきもの、と思われる。しかし、これは、CCMM が適用されていた事実およびその時期を示すたしかな証拠の一つであり、資料的価値を否定されるもので

第1章　メッシーナ海法序説

はない。

(1)　Laband, a. a. O., S. 336, N. 148; 試論・245頁 Am 第65条注＊。なお、Am 第65
　条も、Am 第64条と同様、海法の規定というより、陸上の都市法の規定としての
　性質を帯びている、といわれている。本条も、やはり、CCMM 第53条と同様、
　海法の規定というより、陸上の都市法の規定としての性質を帯びている、という
　べきであろう。
(2)　Guarino, p.140-65-1.
(3)　Guarino, p.140-65-1 がいうように、陸上法の性質を帯びる規定（Am 第65条）
　を海法に混在させた所作（過誤）が私人ないし法律の素人によるものである、と
　いうのであれば、同様の過誤が場所と時代を異にした CCMM に関しても生じて
　いたことになる。
(4)　Genuardi, p.63.

　　2－55　第55条

〔Innanti sia partutu lu pisci ognunu pò haviri parti：分配前の魚の購入権〕

　Item standu lu pisci in lu ponti oy in qualsivoglia parti si vinda innanti chi
sia partutu, qualsivoglia persuna supraveni pò et divi aviri parti di quillu
pisci.©

　©　Genuardi, p.63.

　本条に類似・対応する規定は Am には存在しない。しかし、本条は、前2
カ条、とりわけ、前条と同趣旨・性質の規定、といいうる。

　規定内容は、やはり、海事法というよりは、市民に（前条におけるように、
市民〔chitatinu〕に限定した用語は用いられていないが）売買の機会を保障した規
定であろう。逆に、売買の目的物は、魚に限定されている（前条では、Am 第
65条と同様、目的物について、限定がなされていない）。

【同様に、魚が船橋またはどのような場所にあっても、分配される前に売却
されるのであれば、来た人は、だれであっても、その魚の一部を取得すること
ができ、そして、取得すべきである。】

第1節　メッシーナ海事評議員条項

　第53条から本条までの３カ条は、それ以前の規定と性質を異にしている、と
いわざるをえない。これらの規定がCCMMに収められた理由は不明、という
ほかないであろうが[1]、規定群の最後に配置したのは、妥当な措置であったの
かもしれない。CCMMは、実質的には、本条をもって終了することになる。

　⑴　Murino, op. cit., p.315, n. 2. は、第53条および第54条については、なにもふれて
　　いないが、本条がCCMMに収められた理由が不明である、としている。

2－56　第56条

〔Declaracioni di lo capitulu di stari quaranta jorni carzeratu：40日間拘束規
定の確認〕

　Item perchè in lo libro di la corti di consulatu si trova uno capitulo tenoris
sequentis.（*omissis*）©

　©　Genuardi, p.63.

　本条は、その見出しにあるように、「40日間拘束規定」の趣旨を確認・宣言
するものである。本条自体が、とくに独自の規定内容を有するわけではない。
CCMMのなかで「40日間の拘束」を定めているのは、第35条である。本条は、
第35条の趣旨を確認・宣言する規定である。
　【同様に、つぎのような趣旨の規定が評議員裁判所規則集のなかに存在する
理由。（以下省略）】
　Gen本（pp.63－65）によると、上掲のようなごく短かな本文の後、改行され、
次行の中央部に、挿入語 videlicet が１語だけあって、次々行以下に、長文の
説明文が置かれている。
　説明文は、1528年２月12日に６名の評議員によってなされた第35条に関する
解釈を詳細に報じるものである。
　その意味では、本条は、Gen本の第111条以下に収録されるべき性質のもの
であろう。２－55でのべたように、CCMMは、実質的には、第55条をもって

129

第1章　メッシーナ海法序説

終了しているのである。

3　むすびにかえて

　われわれは、「**2 メッシーナ海事評議員条項**」において、Val 規則との類似・対応関係に意を払いながら、CCMM の全56カ条を分析・検討してきた。その作業からみえてきたこと、あるいは、本節の成果を再確認しておくことにしよう。

3－1　全体的構成

　CCMM は、海事評議員の選任、その職責、海事評議員裁判所の訴訟手続および執行手続などについて定めている。56カ条のうちのほとんどの規定が、「海事評議員条項」のタイトルに相応しい規定、といいうる。それに相応しくない規定を探せば、第53条から第55条の 3 カ条くらいであろう。

　また、CCMM には、「私が先にのべたように」といった Am および COCMに散見される「私人の編纂への関与」をうかがわせるような表現・用語は、使用されていない。

　ただし、全56カ条が体系的に整序されたかたちで配置されているわけではない。また、Item[1]に典型的にみられるように、個別的用語の使用に統一性を欠くこともある。

(1)　Item は、COCM では、Am 第 2 条に対応する第58条から第110条までのすべて（全54カ条中、53カ条）の条文の文頭に置かれている。これに対して、CCMM では、第 3 条から第17条（St 本では、第15条）および第49条から（第54条を除き）第56条までの合計22カ条の文頭にしか置かれていない。この不統一がどのような意味を有するのか、CCMM にまつわる謎の一つであろう。

3－2　Val 規則との類似・対応関係

　人により評価が異なる規定があるが、Val 規則の約 3 分の 2 と CCMM の約半数の条文が類似・対応している。

130

類似・対応関係にある条文の配列をみると、類似・対応関係が認められない条文が途中に入ることがあっても、前後が入れ替わることはない。全体的には、CCMMとVal規則は、かなり類似・対応している、と評価することが可能であろう。

しかし、詳細に観察すると、CCMMとVal規則の類似・対応関係は、AmとCOCMにみられるほど緊密ではない。類似・対応関係が認められている条文の数が著しく多いわけではなく（約半数と約3分の2の条文が類似・対応）、規定内容についても、「一方が他方を引き写した」ほど類似しているものは、かなりかぎられている（もっとも、AmとCOCMほど類似〔酷似〕している例は、ほかにないのかもしれないが）。

CCMM全体は、決して、Val規則の「焼き直し」や「移調」として独自的な価値を否定されるものではない。

3－3　先行的な慣習（法）の存在

CCMMがVal規則のたんなる「焼き直し」ではないことを示す例として、先行的な慣習法への言及がしばしばなされていることをあげうるであろう。

メッシーナは、すでに11世紀中葉には、繁栄していた。11世紀中葉といえば、イベリア半島においてアラゴン王朝が成立したころである。このころ、まだ、アラゴン王朝の支配は、シチリアに及んでいない。アラゴン王朝のシチリア支配は、いわゆる「シチリアの晩鐘」事件（1282年）が契機となって、アンジュウー王朝がシチリアを退いてからのことである。

ノルマン王Ruggero 2世の1129年5月15日の特権付与（王国の他の場所においても、海事評議員を選任しうる権限をメッシーナ市民に付与）が後世の贋作であったとしても、1283年12月15日のアラゴン王Giacomoが同様の権限をメッシーナ市民に付与したことは、ほとんどの歴史家の承認するところであろう。その特権付与は、Val規則が公布された時期より50年前後遡る。

そして、いくつかの条文自体（第2条、第4条、第42条、第43条など）が、CCMMの制定（成立）・編纂の時期より先に、メッシーナに海事慣習（法）が

第1章　メッシーナ海法序説

存在していたことを、明示的および黙示的に規定している。

　また、Gen 本の第2条から第6条の見出しは、ラテン語で表示されており、他の条文のなかにも、しばしば、ラテン語の章句がみられる。この事実は、CCMM のもとの条文はラテン語で書かれていた、との推測を根拠づけるであろう[1]。

　⑴　Zeno, op. cit., p.136.

3－4　Am 第59条から第65条との類似・対応関係

　CCMM のいくつかの規定は、Val 規則の規定と類似・対応関係にあると同時に、Am 第59条から第65条とも類似・対応関係にある。便宜のため、1－2の注⑶に掲げた表を再度ここに掲げておく。

CCMM	31	32	38	39	40	41	49	53	54
Am	59	60	61	61	61	62	63	64	65
Val 規則	27	28	32	33	33*	34			

＊筆者は、CCMM 第40条と Val 規則第34条が類似する、と考えている（本節2－40参照）。

　この表から3者の関係について、いくつかの興味深いことが浮き上がってくる。主なものを順不同であげてみる。

　①類似・対応関係が認められる規定の配列について、Am では第59条から第65条まで連続しているが、CCMM では3度、Val 規則においては1度、途切れている。

　②CCMM 第38条から第41条の4カ条に類似・対応するのが、Am では第61条および第62条の2カ条であり、Val 規則では第32条から第34条の3カ条である。

　③CCMM と Am の後半の3カ条に類似・対応する規定が Val 規則には存在しない。

132

第1節　メッシーナ海事評議員条項

　これらが、それぞれ、または、全体として、なにを意味するのか、目下のところ不明、というほかない。3者を表面的に比較しただけの印象程度のことであれば、つぎの点を指摘しうるであろう。

　③に関しては、当然、相互に類似・対応する規定を有する Am のほうが、その種の規定を有しない Val 規則より、CCMM との強いつながりを感じさせる[1]。

　しかし、②についていうと、関連する条文の数のちがいだけではなく、使用言語に差があるにもかかわらず、3者の法は、かなり濃密な類似・対応関係を呈している。もちろん、同じイタリア語で記されているため CCMM と Am の類似性を認識することは容易である。一方、とりわけ、Val 規則第33条および第34条には、規定の趣旨・理由説明のための文言など、CCMM 第39条、第40条および Am 第61条にはみられない文言が含まれている[2]。そうした文言の存在を捉えて、CCMM と Am により強固な類似・対応関係を承認することがはたして妥当かは、即断しがたい。

　それよりも、CCMM および Val 規則においては、海事評議員裁判手続に関する規定群がかなり体系化されたかたちで残っているにもかかわらず、アマルフィにも存在したはずの同種の規定が、Am 第59条から第65条以外、なぜ、いまに伝わっていないのか（逆にいうと、Am 第59条から第65条だけが Am に挿入されたかたちで伝わっているのか）、古くからの疑問かもしれないが、改めて想い起こされる。

(1)　ただし、CCMM 第53条および第54条（Am 第64条および第65条）は、CCMM（Am）に配置されている妥当性について、疑問のある規定である（海法ではなく、陸上の都市法の性質を帯びている）。

(2)　2－39および2－40注(2)でみた文言。このほか、Val 規則第34条の半ばには、但書きの形式で、CCMM 第40条・第41条および Am 第61条・第62条にはみられない文言が含まれている（樋貝・前掲651頁参照）。逆に、CCMM 第40条および Am 第61条にあって Val 規則第34条に存在していない文言なども、ちがいとして指摘しうるが、そのような文言の存否にもかかわらず、②関連の3者の法の規定は、かなり濃密な類似・対応関係を示している。

133

第1章　メッシーナ海法序説

3-5　本節の成果

　本節は、CCMM 全56カ条の逐条的分析・検討により、メッシーナ海事評議員裁判制度の全貌を解明するとともに、Val 規則（および Am 第59条から第65条）との類似・対応関係の検証を試み、そして、[1-3]にかかげた[**本節の目的**]を（ほぼ）達成することができた。

　メッシーナ海法が有する中世イタリア海法史ないし中世地中海海法史研究上の重要性は、広く認識されているにもかかわらず、その実体（規定内容）は、ほとんど紹介されてこなかったが、CCMM を検討対象にした本節と COCM の分析・検討（Am との類似性の確認・検証）を試みた第2節を併せると、メッシーナ海法の中核・最重要部のおおよそのところは、理解が可能なまでになるはずである。

　筆者は、本節が、第2節とともに、メッシーナ海法に関する個別的研究として、中世イタリア海法史ないし中世地中海海法史研究[1][2]の深化・発展の礎の一つになりえたのではないか、と自答している。

(1)　「一都市の海法が他の都市の海法の影響を受けずに生成・発展した、というようなことは、ほとんど考えられない」（試論・247頁）。CCMM が規定している海事評議員裁判制度も、メッシーナにおいて独自に生成・発展したわけではないであろう。むしろ、13世紀後半から14世紀初頭には、地中海の広い範囲において、海事裁判慣習（法）に関する共通の基盤が存在していたもの、と推測される。その慣行ないし慣習法の淵源は、ティレニア海の沿岸にあったのかもしれない（Zeno, op. cit., pp.134-135）。知られているところでは、中世三大海法の一つであるコンソラート・デル・マーレの起源をピサ（Pisa）に求める有力説が存在している（Michele de Jorio および Domenico Alberto Azuni：拙稿「Michele de Jorio 小伝」関西大学法学論集49巻4号540頁）。

(2)　前注(1)でみた「推測」に確信を与えるには、一都市の海法に特化した個別的研究の蓄積のみならず（西）地中海諸都市の海法の全体を鳥瞰する概略史研究が有用（不可欠）であろう。そのような概略史研究がまたれる。

第2節　メッシーナ海事裁判所条項：
Li capituli et ordinacioni di la curti di mari di la nobili citati di Messina
—ME 海法第57条〜第110条—

1　はしがき

イタリア半島のつま先部分とシチリア（Sicilia）島を隔てる海峡（Stretto di Messina）にその名を与えたメッシーナは、地の利だけではなく、天然の良港にも恵まれるという幸運が重なった街である。その天然の良港には、多くの船が出入りし、街は、大いに繁栄した。メッシーナ港が、12世紀には、シチリアのもっとも重要な港（少なくとも、その一つ）になっていたことは、紛れもない事実であろう。海運が発達し、商業が栄えた街には、必然的に海（商）法が発生した。メッシーナも、その例外ではなかった。

メッシーナの海法関連の写本の存在は、散発的ではあったが、かなり以前から、いく人かの研究者によって公表されてきた。それらのなかでもっとも重要なものは、Luigi Genuardi, Il libro dei capitoli della corte del consolato di mare di Messina, Palermo, 1924, pp.28-159 が報じている、第1条から第167条までの通し番号によってまとめられた海事評議員裁判所に関連する規則である[1]。

この規定群（その後、第168条および第169条の一部の写本の断片が発見された）には、編纂者によって、統一的な呼称は与えられていない。これらは、大きく、第1条から第56条まで、第57条から第110条まで、および第111条以下に分けられる。

まず、第1条から第56条までには、以下のような簡略なタイトルが付されている。

Capitula Consulatus Maris Messane（メッシーナ海事評議員条項。以下において、「CCMM」と略称する）

CCMM は、海事評議員の選任、職責、海事評議員裁判所における訴訟手続

第1章　メッシーナ海法序説

などについて定めている[2]。そのうちのかなりの規定が、カタルーニャの立法、とりわけ、1336年から1343年にかけてアラゴン王 Pietro 4 世によって公布されたヴァレンシア評議員規則のいくつかの規定に類似している、といわれている。そして、いくつかの規定がアマルフィ（Amalfi）海法のいわゆる Foscarini 本（以下において、Am と略称する）第59条から第65条に類似している、といわれている。

　つぎに、第57条から第110条までには、以下のようなかなり長いタイトルが付されている。

　Li capituli et ordinacioni di la curti di mari di la nobili citati di Messina facti et ordinati per la universitati di la predicta citati（称揚された市共同体のために起草され制定された高貴なメッシーナ市海事裁判所の諸条項と諸規則。以下において、「COCM」と略称する）

　この54カ条が Am 第 1 条から第35条および第39条から第58条と、「正確に対応する」あるいは「正確な翻訳である」といわれるほどに類似（酷似）しているのである。

　この CCMM および COCM が、まさしく、メッシーナ海法の中核・最重要部をなすもの、といいうる（第111条以下は、15世紀から16世紀にかけて公布・裁可された海商に関する規則・布告のリスト）。

　今日の通説的見解によると、アマルフィ海法の適用範囲は、広範囲に及ぶものではなく、せいぜいアマルフィ海岸域に限られていた[3]、と考えられている。それにもかかわらず、「正確な翻訳」といわれるほど類似した海法が、なぜ、メッシーナに存在したのか。興味は尽きることがない[4]。

　本節は、先述の Genuardi の研究にしたがいながら、Am と COCM の類似性の確認・検証を主たる目的とする限られた作業になるが、本節により、両法の「類似のほど」が具体的に把握されることになる。すなわち、対応する規定の配列順、規定内容、使用文言・表現方法に至るまで、すべてを確認・検証することになる。そして、いうまでもなく、両法の「類似性」の確認・検証作業は、「差異」の確認・検証作業でもある。見過ごしがちな小さな差異の発見に

136

より、両法に対する理解の深化が期待されるところである。

　メッシーナ海法は、その中核的部分のCOCMの大部分の規定とCCMMのいくつかの規定がAmとの類似性・関連性が認められる、という意味において興味深いだけではなく、中世イタリア海法について論じる場合にも、メッシーナ海法は、忘れることができない。そのメッシーナ海法の中核的部分について、読者諸賢は、第1節（CCMMが主たる検討対象）と本節（COCMが主たる検討対象）により、その具体的な構成・規定内容をかなり詳しく知ることができるであろう。

(1)　筆者は、すでに、拙著『アマルフィ海法研究試論』関西大学出版部・2003年（以下において、『試論』と略称する）247頁以下（とりわけ、253頁以下）において、これらの規定群について概略を報じたことがある。なお、Genuardi（1882－1935）の著書は、彼がパレルモ国立古文書館（Archivio di Stato di Palermo）で発見した17世紀前半の10数種の写本とともに、これらの規定の写本を収めている。

(2)　第1節でみたように、Genuardi 以前にも、CCMM について、報告をした者がいる。Raffaele Starrabba, Consuetudini e privilegi della città di Messina sulla fede di un codice del XV secolo posseduto dalla Biblioteca comunale di Palermo, Palermo, 1901 が、パレルモ市立図書館（Biblioteca comunale di Palermo）蔵の15世紀初頭の写本に基づき、同条項について紹介をしている。しかし、Starrabba が紹介しえたのは（第34条に相当する部分まで）、同条項の全部ではなかった。Genuardi が発見した写本と Starrabba が紹介したものには、およそ2世紀の隔たりがあるが、両者が記録している法文にみられるちがいは、おどろくほど（2世紀の隔たりがあるようには思われないほど）小さい。

(3)　Recentemente, ad es., Alfredo Antonini, Tabula de Amalpha e sua eredità nel diritto attuale: Ipotesi di parallelismo fra antichi e odierni istituti, Diritto dei trasporti, 2011, p.775. たとえ、アマルフィ海法の適用範囲が限定的であったとしても、同法がメッシーナ海法に影響を及ぼしたことは明白である。また、アマルフィ海法が往時もっとも広範な適用範囲を有したコンソラート・デル・マーレの形成に影響を及ぼした可能性を否定することはできないであろう。Cf., Salvatore Corrieri, Il consolato del mare, Roma, 2005, pp.27-30.

(4)　Genuardi は、アマルフィ海法とメッシーナ海法との関連・由来（いずれが他

第1章　メッシーナ海法序説

に範を与えたのか）について、メッシーナ起源説を主張している（試論90頁以下）。しかし、現在、この議論は、アマルフィ海法の先行性を認める方向で、ほぼ一致している（試論258頁）。したがって、本節は、Genuardi のメッシーナ起源説の検証を直接の目的としない。

＊本節の方針

　［小見出しの番号・Am の対応条文］　2において、COCM の各条（第57条以下）について、順次、検討するが、「小見出しの番号」を COCM の条文番号に合わせ、2－57からはじめる。また、便宜のため、COCM の条文番号のあとに、対応する Am の条文と試論での主たる検証箇所をかっこ書きで表示しておく。Ⓛを付してある Am の条文は、ラテン語文の規定を意味する。

　［見出し］COCM のすべての条項に「見出し」が付されている。見出しが語・句ではなく、文章になっている条項も多くみられるが、それらの見出しについても、本節では、可能なかぎり、簡潔な表現で「試訳」をしておく。

　［対照方法］Am のラテン語文の規定と COCM の規定を対照する場合、明確に対応する文言もあるが（船舶を表わす navigium と navilio (u) など）、文法上の差異など、逐一確認・対照するのが不適切なものも存在している。それらの規定の対照は、対応すべき語句の不存在などの指摘が主たる作業とならざるをえない。専門用語・規定内容の類似性に注目する。

　COCM が使用しているシチリア方言は、現在の標準イタリア語だけではなく、Am の使用方言ともかなり異なっている。Am のイタリア語文の規定との対照にあたり、差異として認識する用語・表現としないものについて、以下のような方針で臨みたい（ただし、おおよその方針である）。

　差異とするもの：動詞の時制と法。定冠詞の有無。関係代名詞の差異・有無。

　差異としないもの：単語のつづり（例：lu patruni と lo patrone）。冠詞前置詞（例：di li と del）。ラテン語（なまり）とイタリア語（例：cum と con、esti と è）。

　［規定内容］COCM の多くの条項は、Am の対応条文の試訳を参照すれば、固有の試訳を要しないであろうが、各条項の検討のため、各条項の規定内容を【　】で示すことにする。とくに注意したい部分に下線を施す。

　［Guarino の引用方法］本節は、Am の各条について詳細な検討を行っている Tabula de Amalpha, diretto da Antonio Guarino, Cava dei Tirreni, 1965 を頻繁に引用する。同書は、以下において、Guarino として引用し、たとえば、p.36-1-2とした場合、同書36頁にある Am 第1条に関する注の2を意味する。

138

2 メッシーナ海事裁判所条項 (COCM)

COCM 第57条以下の規定の個別・具体的な分析・検討作業に入るまえに、COCM の形式的特色（留意点）を三つほど確認しておきたい。

（i） まず、「**タイトル**」である。COCM は、Am と同様に、タイトルを有している。両者を比較すると、Am のそれはラテン語で表記されているが、COCM のそれはイタリア語（シチリア方言）で表記されている。使用言語のちがいは、一部の規定の文言にもみられる。すなわち、Am の21カ条がラテン語で表記されている（残りの45カ条がイタリア語表記）。Am においてラテン語が用いられていることが、Am の時代的な先行性を認める論拠とされている点については、ここで詳しく繰り返すまでもないであろう。

ここでは、別の相違点と共通点について省察しておきたい。便宜のため、Am のタイトルを掲げておく。

Capitula et ordinationes Curiae Maritimae Nobilis Civitatis Amalfae quae in vulgari sermone dicuntur la Tabula de Amalfa（通俗的表現ではアマルフィ海法と称されている、高貴なアマルフィ市の海事裁判所の諸条項と諸規則）

両者の前半部分は、実質的に共通している。「高貴な」市の「海事裁判所諸条項・諸規則」である旨が表示されている。

相違点は、後半部分にみられる。Am では、その条項・規則が通俗的表現でTabula de Amalfa と称されている旨（quae in vulgari sermone dicuntur la Tabula de Amalfa）の確認がなされている。その呼称（通称・俗称）がいつごろからそしてどのあたりまで広まっていたのかは、もちろん、タイトル自体からうかがい知ることはできない。しかし、その呼称が Am の編纂されたころにはすでに定着していたであろうことは、想像に難くない。

一方、COCM のタイトルの後半部分は、同条項の趣旨を明らかにしている。すなわち、COCM が「（メッシーナ）市共同体のために起草され制定された（facti et ordinati per la universitati di la predicta citati）」ものであることを明示している。往時のメッシーナ市共同体（COCM が想定していた地域的適用範囲）がどのあたりまでの地域を指していたのか、筆者には想像することができない。

第1章　メッシーナ海法序説

しかし、タイトルの表現自体から、COCM が広く地中海ないしティレニア海全域に妥当していたことを読み取ることは困難であろう[1]。

つぎに、両者の共通点を確認しておきたい。capitula（capituli）と nobilis（nobili）である[2]。これらの文言は、それを使用する法律の編纂時期を特定するための絶対的な決め手にはなりえないにしても、決め手の一つにはなりうる、と思われる。すなわち、capitula は、アンジュー王朝期[3]、ナポリ王国の諸都市において、法律の規定を指すことばとして普及していた。しかし、それより相当以前からも、capitula は法律の規定を指すことばとして用いられていた。また、都市に nobilis（高貴な）という尊称が与えられた時期についても、14世紀または15世紀よりもかなり古くに遡りうる。

Am および COCM は、かなり古くから使用されていることばを、それぞれのタイトルのなかに有しているのである。

(1)　しかし、COCM のタイトルの後半部分から同条項の制定趣旨がメッシーナ市共同体のためのものであり、そして、その適用範囲がメッシーナ市の勢力範囲に限られていた、というように限定的に捉えることは適当ではないかもしれない。メッシーナの交易範囲がかなり広範囲に及んでいたことは周知のことである。試論・251頁以下参照。

(2)　これらの二つのことばに関連する議論については、試論・69頁以下、74頁以下および99頁以下などを参照のこと。

(3)　1266年、Carlo 1 世がシチリア王に即位。1282年（シチリアの晩鐘事件により）、シチリア島を失うが、Carlo 2 世（1285–1309年）から Giovanna 2 世（1414–1435年）まで、ナポリ王を出す。

(ii)　つぎに、「前置きのことば」である。COCM は、タイトルのあとにつづけて、第57条の規定のまえに、Imprimis per li navilij chi vannu ad usu di rivera（まず第一に、メッシーナ海岸[1]の慣習にしたがい航海する船舶に関して、）という文言を置いている。このことばに正確に対応する文言は、Am 第1条の冒頭部分（Jn primis pro Navigijs quae vadunt ad usum de Rivera）にみられる。COCM がこのことばを第57条の規定のなかに組み入れずに、同条の外に置い

140

た理由は定かではない。

　最初のことば（Imprimis）は、ラテン語である。イタリア語で記述された COCM の条文中にも、ラテン語が散見される。これと同様の現象は、同時代に編纂されたと推測される他都市の海法にもみられる[2]。

　ここで用いられている navilij（naviliu の複数形）は、「船舶」を表しているが、この用語は、「航海」を表すこともある（「航海」を示すことばとして、viaggio (u) も用いられている。たとえば、第61条、第67条など）。同様の現象は、Am においてもみられる。

　COCM は、ここで、「海岸」を「rivera」（語頭が小文字）と表記している。この表記方法は一貫している[3][4]。一方、Am によると、第1条の冒頭の「海岸」は、語頭が大文字で「Rivera[5]」となっている（同様の表記は、第7条、第36条、第43条および第47条でなされている。語頭を小文字にした表記は、第39条および第41条にみられる）。

(1)　前置文には「海岸」とだけ表記されているが、明らかに、「メッシーナ海岸」のことである。同様のことは、Am 第1条の「海岸」についても当てはまる。
(2)　同様の現象がみられる例として、編纂時期を1363年とするのが有力なトラーニ海法などをあげることができる。同法については、拙稿「トラーニ海法素描」関西大学法学論集55巻4・5合併号1286頁以下を参照のこと。
(3)　Am では、Rivera のほかに、Navilio や Ritus など重要な意味を有する（と思われる）ことばが、時として、語頭が大文字で表記されているが、COCM においては、それらの用語についても、一貫した表示方法（小文字表記）がなされている。
(4)　筆者は、Genuardi のなした復刻による表記しか頼る術を有しない（写真復刻版を有していない）。Genuardi が写本どおりに復刻したのか、通常の表記方法（文中のことばは、固有名詞以外、すべて小文字表記）にしたがい、修正を施したのかは不明である。
(5)　Guarino, p.36-1-2 は、語頭大文字表記になっている点が「意味深長である」としている。

(iii)　最後に、「見出し」である。COCM は、第57条から第110条までの連

第1章　メッシーナ海法序説

続した54カ条からなっている。そして、各条に「見出し（語・文）」が付され
ている。この点がAmと大きく異なり、両者の編纂時期の前後関係を解明す
るうえでの重要な手がかりの一つになっている（Amのほうが時代的に先に制
定・編纂された、とする通説の論拠の一つに、Amが「見出し」を有しないことがあ
げられている[1]）。

(1)　Ad es., Mario Murino, Andar per mare nel medioevo, Le antiche consuetudini
　　marittime italiane, Chieti, 1988, p.316.

　　2−57　第57条（Am第1条①：試論・130頁以下）

〔Chi divinu fari li marinari incomenciatu lu viaggio：海員の航海開始後の義
務〕

Incomenzatu lu viaggiu et factu l'improntitu① li marinari sunnu tenuti dellà
innanti serviri et aiutari lu naviliu in tutti comodi auxilii et necessarii di lo
navili ad requesta di lu patruni, et si alcunu di li cumpagnuni predicti in suo
defectu non ci venissi, fussi in pena secundu arbitriu di lo patruni et tutti li
compagnuni②, la quali pena si digia applicari a la colonna comuni.©

　©　Genuardi, p.65.
　①　Amでは、aliquali solutione（,）seu mutuo。
　②　Amでは、sotiorum（ラテン語は、Amにあるままの形で対照し、語尾変化は
　　論じない）。

　本条は、Am第1条（前置きのことばを除いた）と後述のような若干の注意点
を除くと、ほぼ正確に対応している。
　【航海が開始されそして前払い（improntitu）がなされた場合、海員
（marinari）は、船長の要求に基づき、船舶の便宜および必要的援助のために、
船舶に対して尽力しそして援助する義務を負う。そして、前述の海員
（cumpagnuni predicti）のいずれかが、不注意により（義務を）怠った場合、船

142

長および海員全員（tutti li compagnuni）の裁量により、詐欺の罰金が課せられ、そして、この罰金は、共通のコロンナに帰属する。】

　先にのべた若干の注意点について確認しておこう。第一点は、義務発生の前提要件である。本条においては、「前払いがなされた（factu l'improntitu）」ことがあげられている。Am第1条では、「なんらかの支払いまたは前払いがなされた（facta aliquali solutione seu mutuo）」こととされている。実質的には、両者に違いはないのかもしれないが、形式的には、Am第1条におけるほうが、要件が広く設定されていることになる。

　より注意すべきと思われるのは、義務を懈怠した海員に対する制裁（罰金）について裁量権を有する者がだれかである。まず、Am第1条は、海員をNautae（nautaの複数）と呼称し、そのいずれかの者（aliquis dictorum）が義務を怠った場合、「船長および参加商人の裁量により（ad arbitrium patroni et sotiorum）」罰金が課せられる旨を規定している。

　Amにおいて、sotius＝sociusは、商品または金銭をコロンナ契約に出資する「参加商人」を表わす用語として用いられているが、周知のとおり、Amでは（COCMにおいても）、同一用語がちがう意味に用いられている例がいくつかみられる。sociusについても、そのことがあてはまるかもしれない。しかし、ここにいうsociusについては、少なくとも、航海上の損益について持分を有する者、とする立場が有力である[1]。その立場によると、その者には、船舶所有者（共有者）、船長、参加商人のほか、いわゆる「参加海員[2]」が含まれる、と考えるのであろう。すなわち、航海から生じる利益・損失の大小・有無にかかわらず固定給を受け取る「賃金海員」は、そこに含まれないことになる。

　これに対して、本条は、見出し中および本文で最初に海員を表すことばとしてmarinari（複数形）を用いたあと、前述の海員（cumpagnuni predicti）というようにcumpagnuniを用いている。明らかに、本条においては、marinariとcumpagnuniは同義語といいうる。しかし、罰金の裁量権者として船長と「海員全員（tutti li compagnuni）」があげられている[3]。

　本条のcompagnuniがAm第1条にいうsotiusと同義であれば、本条と

143

第1章　メッシーナ海法序説

Am第1条の規定内容は、実質的には同一といいうるであろう。しかし、compagnuniが「航海上の損益について持分を有する者」だけではなく、「海員全員」をいうのであれば、両者の規定内容は、かなり異なってくる。すなわち、本条においては、義務懈怠海員に対する制裁の決定（裁量）に、当該海員を除く他の海員全員も参画する（それらの海員に「参加海員」だけではなく「賃金海員」も含まれる）ことになるのであれば、広い範囲の意見が聴取されることになり、本条の規定は、義務懈怠海員に対する制裁の決定（裁量）が限られた範囲の者の意思決定による、と考えられるAm第1条の規定内容よりも、いわゆる「民主的な」内容になっている、というべきなのであろう[4]。

⑴　Travers Twiss, Capitula et ordinationes curiæ maritimæ nobilis civitatis amalfæ, The Black book of admiralty, vol. 4, in Rerum britannicarum medii ævi scriptores, Appendix Part Ⅳ, London, 1876, p.3, n.2., etc.

⑵　参加海員は、コロンナ契約に労務出資する者として参加する（他の契約当事者と同様、航海から生じる利益・損失の分配・分担をする）。同じ海員でも、賃金海員とは異なる処遇を受ける（試論・126頁以下参照）。

⑶　さらに詳細にみると、本条では、cumpagnuniとcompagnuniが両用されている（同一用語でありながら、綴りが異なる例はよくみられるが、この二つのことばが同一用語であると速断・断定しうるかは不明である）。このあとにも、同一条項においてcumpagnuniとcompagnuniの双方が登場することがある（たとえば、第64条、第70条、第78条など）。それらの条項の用語法と本条のそれを整合的に解するべきなのかが問われることになる。

⑷　Am第1条は参加海員に関する規定、と考えられている（試論・184頁注＊参照）。本条のcompagnuniがAm第1条にいうsotiusと同義であれば、本文で述べたとおり、両者の規定内容は、実質的には同一といいうるであろう。なお、compagnuniについては、2－64で詳論する。

　2－58　第58条（Am第2条Ⓛ：試論・183頁以下）

〔Li marinari chi non sequino lo viaggio in chi pena sunno：航海を継続しない海員に対する制裁〕

Item si alcunu marinaru ha havutu lu impruntu①, non volissi sequiri lu viaggiu incomenzatu <u>staya a lu patruni dimandari</u>② lu dublu infallibiliter lu cumpagnuni divi pagari, di lu quali dublu la mitati divi haviri lu patruni et l'altra mitati la corti <u>per la maragma et per la reparacioni</u>③.©

© Genuardi, p.66.
① Am では、pecunia seu mutuo。
② Am では、sit in arbitrio patroni (,) ab eo petere。
③ Am には、ない。

　本条と Am 第 2 条のあいだには、かなり注意を要するちがいが存在しているが、その規定内容は異ならない、と思われる。本条は、前条と同様、義務を履行しない海員に対する制裁に関する規定であるが、海員の支払う制裁金（罰金）の額・分配方法・割合をも定めている[1]。

　【同様に、いずれかの海員が前払い（impruntu）を受け取ったのち、開始された航海の継続を欲しない場合、船長の裁量により、その海員に対し倍額の請求がなされ、海員は、当然に、その支払義務を負う。その額につき、<u>義務不履行に基づきそして損害賠償として</u>（per la maragma et per la reparacioni）、船長が半額をそして海事裁判所が他の半額を取得する。】

　海員の航海継続義務違反に基づく受領金額の倍額の返還義務は、Am 第 2 条の規定するところとほぼ同じである。しかし、前条と Am 第 1 条において、海員の義務発生の前提要件に関する若干の相違がみられたように、本条と Am 第 2 条においても、同様の差異がみられる。すなわち、本条においては、「前払いを受け取った（ha havutu lu impruntu）」ことが要求されているが、Am 第 2 条においては、「金銭または前払いを受け取った（recepta pecunia seu mutuo）」ことが要求されている。この差異も実質的な内容を伴わない、形式的なものにすぎないのかもしれないが、一応指摘しておくことにする[2]。

　本条においては、航海継続義務違反の海員に対する制裁の裁量権は、Am 第 2 条におけるのと同様、船長（のみ）が有するとされている（前条および Am 第 1 条の規定とは異なる）。そして、制裁金の半額を船長が取得し、残りの半額

145

第 1 章　メッシーナ海法序説

を海事裁判所が取得するところは、本条と Am 第 2 条でまったく異ならない。

　ただ、本条は、末尾に、Am 第 2 条に対応する文言を発見しえない "per la maragma et per la reparacioni" を付加している。この部分については、とりわけ、maragma については確証をえられないので、規定内容などから推測せざるをえないが、上記のように「義務不履行に基づきそして損害賠償として」と試訳をしておきたい。この部分は、倍額支払（船長と海事裁判所の折半）の理由・目的を表すのであろうが、注意的・確認的な文言であり、必ずしも本条にとって不可欠というほどのものではないであろう。

⑴　Am 第 2 条については、参加海員と賃金海員のいずれに関する規定なのか、議論が対立している（試論・184頁注＊参照）。同様の議論が本条においても成立するのか、即断を許さないであろう。この議論をするのであれば、COCM の全体を Am と細部にわたって注意深く対比・検証する必要があるものと思われる。

⑵　Am で二つの用語が選択的・並列的接続詞で併記されている場所に対応するところで、COCM では一つの用語で表わされていることが散見される（たとえば、第64条、第65条、第67条など）。この差異は、たんに形式的なちがいであって、実質的な差異をもたらさないのかもしれないが、少なくとも、立法技術的な観点からは看過しえない。2 －67注＊参照。

　2 －59　第59条（Am 第 3 条Ⓛ：試論・185頁以下）

〔Di chi summa lu marinaru si pò carcerari：拘禁される罰金額〕

　Item per tarì cinco lu predittu① cumpagnuni, non havendu undi pagari, si divi mettiri in prixiuni② et committendu baractaria expressa {③} si divi carcerari per minu④ ad arbitriu di lu officiali.Ⓒ

Ⓒ　Genuardi, p.66.
①　Am には、ない。
②　Am では、欠落がみられるが、debet carcerari と解されている（試論・185頁 Am 第 3 条解読文注②参照）。
③　Am では、saltim（statim の誤記）が入っている。
④　Am には、ない。

Am 第 3 条は、前（2 カ）条を受けて設けられた規定と考えられているが、同様のことは、本条については、その文言からより明確である。すなわち、Am 第 3 条は、その主語をたんに nauta としているが、本条は、lu predittu cumpagnuni（前述の海員）としている。前（2 カ）条で規定されている海員が本条の主語とされている。本条は、罰金を支払えない海員（および詐欺的行為をなした海員）が拘禁される旨を規定している。

【同様に、制裁金（罰金）が 5 タリ[1] を超え、前述の海員が支払手段を有しない場合、その海員は拘禁され、そして、明白な詐欺的行為をなした海員も、少なくとも（per minu）、（海事裁判所の）職員の裁量により、拘禁されなければならない。】

本条と Am 第 3 条の類似性も明白であるが、Am 第 3 条にある statim（直ちに）を欠く一方で[2]、Am 第 3 条にはない per minu を有している。これらの語・句の有無は、規定内容の本質に影響を及ぼすものではないであろう[3]。

(1) タリ（tari, tarenus）は、謎の多い通貨である。アラブ起源であることは一様に承認されているが、語源については諸説がある。957年の文書に、アマルフィの指導者・Mastalo 2 世が新しい tari で支払いをした旨の記載が残っている、という（tari については、試論・67頁以下、98頁以下参照）。

(2) statim の欠落は、制裁の即時性を疑わせる論拠になりうるとしても、その用語自体が抽象的なものであり、一定の時間的な「巾」を認めざるをえない。

(3) per minu の付加は、海事裁判所の職員以外の裁量権者の存在を推測させうる形式になってはいるが、海事裁判所の職員の裁量権を奪うものではない。

2－60　第60条（Am 第 4－5 条Ⓛ：試論・186頁以下、176頁）

〔Lu patruni divi declarari li parti di lo naviliu：船長の船舶持分の宣言義務〕

Item lu patruni divi declarari quanti parti tira lu naviliu, ita quod ciascuno navili divi tirari per ogni salmi dechi di portatu parti una.Ⓒ

Ⓒ　Genuardi, p.66.

本条は、Am 第 4 条と第 5 条を一つにまとめたような形式の規定である。な

第1章　メッシーナ海法序説

ぜ、このようなことが生じたのかは不明というほかない。

【同様に、船長は、船舶がいくらの持分を有するかを宣言しなければならず、そして、すべての船舶は、10サルマ⑴あたり1持分に相当する。】

本条の前半部がAm第4条と、後半部がAm第5条と正確に対応している。Am第4条と第5条は、それぞれ単独では、意味不明の規定である。両者が合体したような形式の本条も、それ自体だけでは、なお、その意味は不明である。

Am第4条の意味は、Am第23条やAm第47条の規定など（コロンナ契約⑵における損益および共同海損〈投荷〉の分担・分配は、各当事者の持分にしたがってなされる旨を定めている）と併せて考えることによって、判明する。同様に、本条の前半部も、第78条や第99条などの助けを借りることによって、ようやく、その意味が判明する。

Am第5条に対応する本条の後半部は、船舶所有者（共有者）に与えられる持分の具体的計算基準を明示している。そこで示されている基準は、Am第5条に示されているものとまったく異ならない。

⑴　サルマ（salma）：重量の単位。1サルマ＝8トモロ、1トモロ＝27.73kg。したがって、1サルマ＝8×27.73kg＝221.84kg。サルマについては、試論・97頁以下、103頁以下、176頁Am第5条解読文注①参照。

⑵　コロンナ（colonna）契約：船舶所有者（共有者）、金銭・財産の出資者、船長および参加海員によってなされる共同企業を目的とする契約。かつて、有力な商法研究者や経済史研究者によって、同契約が株式会社の始祖であるか否かについて議論がなされた（試論・iv頁注(3)参照）。同契約については、試論・121頁以下参照。

2－61　第61条（Am第6条Ⓛ：試論・146頁以下）

〔Lu navilio et lu denaru accomandato si fa una massa：船舶および受託金銭による一つの資産の形成〕

Item statim chi lu naviliu accumenza lu viaggiu et prindi accomanda per lo viaggio lu navilio① et lu denaru si fa una massa et un corpu et lu naviliu esti tenutu ali accomandi {②} alo navilio non obstanti qualsivoglia altra obligacioni

148

antiqua oy novella per qualsivoglia modu facta.©

ⓒ　Genuardi, pp.66-67.
①　Am では、viaggio. その語に関しては、navigio に修正すべきとする意見が支
　　配的である（試論・147頁 Am 第6条解読文注④）。
②　Am では、et accomandum が入っている。

　本条も Am 第6条とほぼ正確に対応している。しかし、解読文の注②でみ
たように、欠落部が存在している。その欠落部を推測により埋めることができ
たとしても、本条は、Am 第6条がそうであるように、本来的な意味が不明と
いうほかない。
　【同様に、航海がはじまり、船舶が航海のために財産を受け取るや、船舶と
財産が一つの資産（una massa）および一つの集合体（un corpu）をなす。その
他のあらゆる古いまたは新しい債務が、いかにして発生していようとも、船舶
は財産に対し、（財産は[1]）船舶に対し責任を負う。】
　解読文の注②でみた欠落部を放置したままでは、本条は、意味が通じない。
しかし、Am 第6条から推測すると（さらには、いわゆる Mansi 本[2]を手掛かり
にすれば）、この欠落部は、容易に埋めることができる。
　欠落部を埋めることにより、文章が形式的に完成したとしても、本条につい
ては、Am 第6条についてみられるのと同様の議論の対立がありうるであろう。
すなわち、コロンナ契約において出資された船舶・財産が独立した共有財産
（出資者の私的財産とは分別された独立の財産）を形成するか否かという議論であ
る[3]。Am 第6条（ないし Am におけるコロンナ契約）については、独立財産の
形成を否定する説が有力のようであり、結論的には、否定説を支持すべきと思
われる。おそらく本条（ないし COCM におけるコロンナ契約）についても、否
定説を支持すべきであろう（ただし、筆者の直感的判断の域をでないが）。

⑴　推測により欠落部を補充した。次注⑵で紹介する Mansi 本第6条では、et lo
　　accomandi が入っている。これと同旨の文言を補充すれば、本条の意味は通じる。
⑵　試論・51頁以下に紹介したとおり、アマルフィ海法に関しては、Foscarini 本

第1章　メッシーナ海法序説

のほかに、Mansi 本が存在している（ただし、不完全な写本）。本節は、Foscarini 本と COCM の比較検証を主たる目的としているので、Mansi 本の参照は最小限にとどめたい。Mansi 本については、Salvatore Ferraro, Gli ordinamenti marittimi di Amalfi. Il "Codice Mansi", Roma, 1983 に紹介がなされている。本節は、Mansi 本を引用する場合、同書による。

(3)　試論・146頁以下。この議論（肯定説）は、コロンナ契約が会社における社員の有限責任制度の原始的形態を示すとの議論につながってゆくのであろう。

2−62　第62条（Am 第 7 条⑬：試論・154頁以下）

〔Constitutu lu patruni di li personali chi potestati ha：船長の事業遂行権限〕

Item statim chi li patruni di li carati di lo navilio constituyxino et ordinanno alcuno in patruni di lo loru navilio, lu predicto constituto pò prindiri accomanda di qualsivoglia persona meglio li pari et obligari lu navili a qualsivoglia chi voli secundu usu di rivera di la chitati predicta①, non obstanti qualsivoglia pactu publico oy privato oy per contrattu oy senza contrattu, lu quali li parti havissiro infra loru factu②.©

©　Genuardi, p.67.
①　Am では、略記されている（ptter と解読するのが一般的）。pertinenter と理解する立場が有力であるが、Twiss, op. cit., p.6 は、prædictæ と解している（試論・155頁注⑥参照）。
②　Am では、e contractu vel ex quasi contractu inito inter partes。

　本条は、船舶共有者の船長の選任権限を明記するとともに、選任された船長の事業遂行に関する権限について規定している。

【同様に、船舶共有者が何人かを船長に選任し指名するや、その選任された者（船長）は、彼が適任と思うだれからであれ、委託（accomanda⑴）を引き受けることができる。そして、船長は、当事者間でなされた契約によるもしくは契約によらない、いかなる公的なもしくは私的な約定にもかかわらず、メッシーナ海岸の慣習にしたがい、意に叶うだれにでも船舶を提供することができ

150

る。]

　船舶共有者は、通常、自ら船舶に乗り組み航海をすることはなかった（船舶を自分たちが選任・指名した船長に委ねた）のであろう。船舶共有者は、船舶が出帆すれば、船長にすべてを任せるしかなかった。本条において、船長の広範な事業遂行権限が規定されている。

　本条とAm第7条のあいだに（形式的な）差異を求めるとすれば、解読文の注②でみたように、「契約によらない（senza contrattu）」と「準契約による（ex quasi contractu）」であろう。準契約（quasi contractus）の意味について、「双方的合意（契約の本質的要素）を欠くが、契約から生じるものと類似の債務を発生させる適法行為・事実」と一応理解しておく[2]。もし、その理解が正しければ、本条とAm第7条のあいだに、やはり、実質的差異は認められないことになるのであろう。

(1)　本条は、Am第7条と同様、コメンダ契約に関する規定と考えられる。おそらく、本条も、コロンナ契約に適用が可能であろう（試論・154頁参照）。
(2)　筆者の知る限り、Amの研究者は、Am第7条のquasi contractusの意味・内容について、だれも、議論・説明をしていない。

2－63　第63条（Am第8条：試論・160頁以下）

〔Chi divi fari alcunu di li caratari non volendu risicari：航海に不同意な船舶共有者の求償権〕

Item si alcuno di li patruni di li carati non volissi in alcuno viaggio arrisicari lo sou caratu, lu quali havissiru in[①] lo navili et lu patruni di lo navili si partissi cum[②] la colonna sua et lu navili patissi naufragiu oy perdissi per qualsivoglia[③] modu, lu predictu navili si divi vindiri et insembla cum[②] la restanti colonna si divi partiri per unza soudo per lira[④], per quilli persuni li quali adrisicannu in lo viaggio[⑤] et quillo patruni di li carati, lu quali non volsi per quillu[⑥] viaggio adrisicari, divi haviri regressu in li altri beni di lo predicto[⑦] patruni contrafacienti et nulla actioni contra lu navili oy di li carati

第1章　メッシーナ海法序説

li quali havi in <u>lo navili</u>⑧.ⓒ

　ⓒ　Genuardi, pp.67-68.
　①　Am には、ない。
　②　Am では、con。編纂時期が Am より新しいといわれる COCM のなかの本条
　　　において、ラテン語（ラテン語風）のことばが散見されるのは興味深い（もう一
　　　つの cum、predictu (o)）。cum については、以後、逐一指摘しない。
　③　Am では、（前置詞 per なしに）qualunque。
　④　Am では、per onza (,) soldo per libra。
　⑤　Am では、Navilio。その語については、「船舶」ではなく、「航海」と解する
　　　のが一般的である（試論・162頁参照）。
　⑥　Am では、questo。
　⑦　Am では、detto。
　⑧　Am では、不明確であり、（定冠詞なしに）caviale、coviale、couiale とも読め
　　　る。意味とすれば、cominale あるいは comune に相当する、と解されている（試
　　　論・161頁 Am 第8条解読文注⑩参照）。

　本条が対応する Am 第8条は、Am のなかに最初に登場するイタリア語の
規定である。両者の類似性は、前7カ条以上に容易に認識しうる。いくつかみ
られる形式的な文言の差異は、航海に反対した（少数持分の）船舶共有者を保
護する規定の実質的な内容に、まったくまたはほとんど差異をもたらしていな
い。
　【同様に、船舶共有者のうちのいずれかが、ある航海において自己の持分を
危険にさらすことを望まず、そして、船長がその船舶共有者の財産（colonna）
とともに船舶を出帆させ、そして、船舶がどのようなかたちであれ難破しまた
は損害をこうむった場合、その船舶は売却され、残りの財産とともに、船舶を
危険にさらした者のあいだで、持分の割合に応じて分配されなければならない。
この航海について危険を冒すことを望まなかった船舶共有者は、彼の意見に反
対した前述の船長の他の財産に対して求償権を行使しうるが、船舶またはその
船舶の船舶共有者に対してはなんの権利も有しない。】
　日本商法第695条であれば、新航海に反対の船舶共有者に他の（新航海に賛成

152

の）船舶共有者に対する自己の持分の買取請求権を認めている。類似の規定は、Am にも、COCM にもみあたらない。おそらく、新航海に反対の船舶共有者は、船舶共有から脱退すること（船舶共有契約の一方的解約）ができなかったのであろう[1]。彼は、新航海開始前に投下資本の回収をなしえず、彼が恐れていた事態が現実のものになった場合にも、船長に対する求償権は有しても（ただし、権利行使しうる対象の財産が限られているように読める点〈regressu in li altri beni〉に注意を要する[2]）、他の船舶共有者に対してはなんら権利を有しないのである。

(1) 試論・152頁参照。
(2) この点は、Am 第8条においても変わりはない。本条（および Am 第8条）が少数持分の船舶共有者に対する保護規定として十全のものであったのかの判断は、現代的な法的感覚からなすべきではないであろう。

2－64　第64条（Am 第9条Ⓛ：試論・163頁以下）

〔Non si pò dari parti d'avantagio ad cumpagnuni*：航海者に対する収益付与の禁止〕

Item {①} nullu patruni pò, nè divi dari parti di avantaggio <u>ad alcuno compagnuni</u>② exceptu li avantaggi saputi di lo nacheri et di lo scrivano③ {④} senza comunicatu consiglio di tutti li partionali soy.Ⓒ

Ⓒ　Genuardi, p.68.
＊cumpagnuni（compagnuni または compagni）　COCM は、すでに一部（第57条から第59条）みたように、航海に参加する人物を表わす用語として cumpagnuni、compagnuni または compagni（以下、cumpagnuni と称する）を用いることがある。この用語に対してどのような訳語が適切なのかは、かなり困難な問題である。同様の問題が Am においても存在することを、試論は、何度か、示唆していたが（試論・154頁 Am 第41条試訳注①、同167頁 Am 第29条試訳注②、同174頁 Am 第44条試訳注③参照）、COCM における問題は、より複雑なのである。そのことについては、第57条から第59条の解説の場で若干ふれているが、「見出し」においてその用語が初めて登場する本条の場で、より詳しく論じておきたい。

153

第1章　メッシーナ海法序説

　まず、ラテン語文の規定が集中して存在している Am 第１条から第23条に対応する COCM 第57条から第78条のあいだに、cumpagnuni は、12カ条（の本文）に合計14回、出てくる。そのうち、最初の３カ条の第57条から第59条（の本文）において、cumpagnuni は、海員（nauta）を表わすために３回（ただし、第57条および第58条〈の本文〉は、海員を表わす用語として、marinari または marinaru〈以下、marinari と称する〉も用いている）、参加商人（socius：sotius）を表わすために１回（小計４回）用いられている。そして、その３カ条の見出しには、marinari の文言がみられる。その３カ条においては、cumpagnuni は、「海員または参加商人のいずれか」を示すために用いられている。

　つづいて、COCM は、第64条から第78条において、９カ条（の本文）で（残り・小計）10回、cumpagnuni を用いている。これらすべては、Am にいう「海員または参加商人」に対応している。そして、その９カ条の本文には、marinari は登場しない。第73条を除き、他の８カ条は、見出しにも cumpagnuni を用いている（第73条が見出しで marinari を用いたのはなにかの誤りであろう）。すなわち、その９カ条（少なくとも、本文）においては、cumpagnuni は、「海員および参加商人の双方」を包摂する用語として用いられている。

　Am 第24条以下（第38条を除くと、すべてイタリア語文の規定）に対応する COCM 第79条以下においては、９カ条（の本文）で10回、cumpagnuni が用いられている。これらすべては、Am にいう compagni（compagno）に対応している。ちなみに、COCM 第79条以下において marinari が用いられている場合、Am でも marinari が正確に対応して用いられている。すなわち、少なくとも、文言上・形式上は、cumpagnuni は、marinari とは別の人物を表わすために用いられている。すると、その人物とは、「参加商人」にゆきつくことになりそうである。

　しかし、残念ながら、この推論は、規定の内容をつぶさに観察すると、成立しえないようである。Am 第24条以下に登場する compagni（compagno）について、たとえば、Guarino は、navigante (i), socio, equipaggio, marinari をあてており、Twiss は、associates, ship's officer, ship's company というように、訳語を適宜使い分けている。試論は、航海者と海員（ただし、Am 第47条においてのみ）を使い分けている。

　COCM 第79条以下で用いられている cumpagnuni とそれ以前に登場する cumpagnuni に対して別の訳語をあてはめるべきかもしれないが、同一用語でありながら、場所ごとにかなり異なった内容を表わすようである。本節の主たる目的は、COCM と Am の類似性の検証であり、特定用語の使用場所ごとの適切な

154

訳語の検討までを含まないので、cumpagnuni には、例外もありうるが、暫定的・便宜的に、試論で用いている「航海者」をあてておくことにする。読者諸賢は、そうした暫定的・便宜的所作を了とされたい。

①　Am では、quod が入っている。
②　Am では、cuicumque Nautarum (,) vel sociorum.
③　Am では、nisi illis (,) quos scimus (:) videlicet Naclerio et scribe.
④　Am では、et hoc non audeat facere が入っている。

　Am 第9条は、船長の権限に一定の制限を加える趣旨の規定の一つである点については（おそらく）議論の余地のないものであるが、いくつか不明なところを残している。Am 第9条は、Am の66カ条のなかにあって、注目度の高い・議論の多い規定である。

　本条と Am 第9条のあいだには、形式的にはかなり注意を要する差異がみられるが、両者の実質的内容については、（おそらく）差異はないもの、と思われる。解読文の注で指摘したことを繰り返すことになるが、両者の形式的な差異を確認しておこう。

　まず、解読文の注②でみた差異は、本条以降にも何度か出てくるものである。本条の compagnuni と Am 第9条の nauta vel socius の範囲が同一か否かで、規定の実質的内容に差異が生じることになる（収益の付与の禁止対象者の範囲に差異が生じる）。compagnuni については、解読文の注＊において、かなり詳しく議論したので、これ以上の深入りはしないことにする。

　解読文の注③でみた差異も、注目に値する。Am 第9条の「nisi illis (,) quos scimus (:) videlicet Naclerio et scribe（われわれが知っている者、すなわち、上級船員および船舶書記を除き）」は、多くの耳目を集めるところである。scimus（scio の直説法現在一人称複数形）は、Am 第47条の ho（avere の直説法現在一人称単数形）とともに、Am 編纂（の一部）に私人が係った、との推論の根拠の一つになるものである[1]。

　さらに、上掲の表現は、法律の文言としては、いかにも冗長である。少なくとも、現代的な法律の用語方法では、「上級船員および船舶書記を除き」で足

第1章　メッシーナ海法序説

りるはずである。このような冗長な表現や繰り返しも、私人の表現方法を推測させる根拠とされている。これに対して、本条には、そのような推論の根拠となりうるような用語は存在していない。

　解読文の注④でみた差異は、「et hoc non audeat facere（そして、それをあえてしてはならない）」に対応する用語の不存在である。上掲の文言は、冗長・繰返しそのものである。これを省略しても、規定の形式・内容とも、いささかも不足は生じない。

　【同様に、船長は、上級船員および船舶書記の了知された収益（li avantaggi saputi di lo nacheri et di lo scrivano）を除き、利害関係人の会議に通知することなく、収益の一部をいかなる航海者にも与えることができないし、また、与えてはならない。】

　Am 第 9 条に比べるとかなり簡潔な（無駄の少ない）形式に仕上がっている本条であるが、なお、若干の疑問の余地がある。Am 第 9 条は、明らかに、収益（の一部）付与の禁止の対象者から、「上級船員および船舶書記」を除外する形式の規定になっている。

　これに対して、本条は、「上級船員および船舶書記の了知された収益 (2)」以外の収益を航海者に与えることを禁じている。すなわち、本条は、航海者に対する付与が禁じられた収益の範囲を画定する形式になっている。したがって、本条においては、上級船員および船舶書記が対象者であるか否かは（直接）読み取ることができない。

　しかし、先述のとおり、この両者の形式上の差異は実質的な差異を生じるさせるものではない、と思われる。これ以上の議論は、いたずらに混乱を招くだけであろう。

(1)　試論・163頁 Am 第 9 条解読文注③参照。
(2)　本文の訳語は、いかにもこなれが悪いし、これでよいのか議論がありうる。
　　「上級船員および船舶書記の了知の収益」というほうが、こなれているであろう。
　　一方、法律文書において、多義性を有する助詞「の」の使用に細心の注意を要することは多言を要しない。そのため、あえて、本文に掲げた訳語をあてはめてお

156

いた。その所作が大過のないものであったとしても、なお、疑問が残る。それは、本条で用いられている前置詞 di に起因する。シチリア方言によると、前置詞 di は、標準イタリア語の前置詞 di と da の意味で用いられるようである。たしかに、COCM においても、Am が da を用いているいくつかの場所で di が用いられている。しかし、シチリア方言にも前置詞 da は存在し、COCM においても、Am が da を用いている場所で da が用いられていることがある（第106条では、di と da が両用されている）。

2−65　第65条（Am 第10条Ⓛ：試論・141頁以下）

〔Chi divi fari lu patroni facta vila lo navilio：船長の出帆時の義務〕

Item facta vila divi lu patruni mostrari et declarari publicamenti ad tutti li compagnuni① tutta la colonna, la quali trahi di la chitati②et chi in mercancia et chi in denari comu et undi vaij③.Ⓒ

Ⓒ　Genuardi, p.68.
①　Am では、cunctis nautis（,）et sotijs（sotiis）。
②　Am 第10条の対応部（qui trahunt de Civitate）は、denari に対応する語（denarios）のあとに置かれている。
③　Am では、et etiam eis narrare（,）quo sunt ituri。

本条においても、解読文に付した注で分かるように、Am 第10条と若干の差異がみられるが、規定の趣旨・内容に変りはない。

【同様に、船長は、出帆に際して、すべての航海者に対して、市外に持ち出されるすべてのコロンナ、すべての商品および金銭ならびに目的地を、公然と示しそして宣言しなければならない。】

コロンナ契約が企画され、参加者（出資者）が募られ、徐々に、参加者および出資財産が増加・蓄積され、そして、いよいよ出帆するに至るまで、コロンナ契約に参画する者がすべて、契約内容の詳細を知っているわけではない。そのことが、本条から明らかになる。重要事項は、出帆に際して、船長によって開示・宣言（確認）されることになる。

第1章　メッシーナ海法序説

2－66　第66条（Am 第11条：試論・189頁以下）

〔Lu patruni non divi investiri ala sua colonna nulla mercancia：船長のコロンナ契約への合算禁止義務〕

Item nullu patruni divi mectiri oy investiri① ala sua comuni colonna ⎸②⎸ mercancia di nulla specie③oy qualitati, exceptu poi venduta la mercancia, ⎸④⎸ extracti li spisi et pagatu lu nolu di lu naviliu, ita quod⑤, liquidatu lu denaru, si divi implicari cum la comuni columna.©

Ⓒ　Genuardi, p.69.
①　Am では、mostrare。
②　Am では、o が入っている。
③　Am では、parte。
④　Am では、et が入っている。
⑤　Am では、che。

　本条に対応する Am 第11条は、同第8条につづいて2番目に登場するイタリア語の規定であり、その解釈について議論が大きく分かれている(1)。本条とAm 第11条の対比から、Am 第11条に関する議論の進展に向けた小さな手がかりをいくつかつかむことはできるが、それ以上の成果をえることは無理のようである。

　【同様に、船長は、いかなる種類（specie）または品質の商品も、その共通のコロンナに組み入れまたは投資して（investiri）はならない。ただし、商品を売却し、費用を控除しそして船舶の経費（lu nolu di lu naviliu）を支払ったのち、精算された金銭は、共通のコロンナに算入されなければならない。】

　Am 第11条では、「mercancia de nulla parte」の parte の意味について解釈が分かれているが、specie（解読文の注③参照）が入れば、そのような対立は生じないであろう。また、Am 第11条の mostrare（解読文の注①参照）の意味についても議論が分かれているが、やはり investiri のほうが納まりがよい。

　本条との対比から Am 第11条に関する議論の進展に示唆をえることができるのは、このあたりまでである。「船舶の経費」については、本条においても、

158

Am 第11条と同様の疑問が残る。

(1)　ここで用いられている nolo が傭船料を表わすものであるとすると、コロンナ
　　契約の当事者間において傭船料が問題とされる意味が不明とする議論・疑問であ
　　る（試論・189頁 Am 第11条解読文注＊参照）。

2－67　第67条（Am 第12条Ⓛ：試論・190頁以下）

〔Ogni guagagnu duranti lo viaggio si divi contribuiri alla colonna：航海中に
生じた全収益のコロンナへの帰属〕

Item durandu la compagnia oy lu viaggiu[①] qualsivoglia guagagnu oy per
trovatura oy per qualsivoglia modu oy per exercitio chi fachissi oy lu patruni
oy qualsivoglia compagnuni[②], si divi contribuiri[③] ala comunitati predicta[④],
verum la persona propria la quali fa lu exerciciu oy trova la trovatura, divi
haviri alcuno avantaggiu ad arbitriu dilli consuli.[Ⓒ]

Ⓒ　Genuardi, p.69.
①　Am では、societate（,）vel navigio。その navigio は、船舶ではなく、航海を
　　意味する、と考えられている（試論・190頁 Am 第12条解読文注①参照）。
②　Am では、per nautas et sotios。
③　Am では、accumulari, communicari。
④　Am では、略記されており、その解釈について、議論が分かれている（試論・
　　190頁 Am 第12条解読文注⑧参照）。

　見出しが明示しているように（本文からも読み取りうるが）、本条は、コロン
ナ契約または航海の継続中に生じたすべての収益について、その帰属・分配関
係を規定している。

　解読文注②および③でみたように、本条においては、Am 第12条にみられる
同（類）義語の反復＊は存在しないが、同条と本条の類似性は明白である。

【同様に、組合または航海の継続中、船長またはあらゆる航海者によって発
見され、または、（営利）活動によってもしくはその他のあらゆる方法によっ
て獲得されたあらゆる利益は、前述の共同体に帰属する。しかし、その活動ま

159

第1章　メッシーナ海法序説

たは発見をした人は、評議員の裁量により、なんらかの優遇を与えられるべきである。】

　コロンナ契約または航海の継続中に獲得された収益については、その原因を作った人には優遇措置〔割増分配〕が認められるが、独り占めは認められない。

＊同（類）義語の反復　一個の事項を表わすために同（類）義語が反復して使用されることは、法律の規定のなかではともかく、とくに珍しいことではない。本条の解読文注②および③だけではなく、それ以前にも、その都度、各条項の解読文の注において指摘してきたように、Amは、COCMが一つの用語で済ませている場所で、しばしば、二つの用語を用いている。もちろん、Amが一つの用語で済ませている場所で、COCMが二つの用語を用いている例も見られるが（Am第15条とCOCM第70条）、そのような逆転現象は、圧倒的に数が少ない。Amに多くみられる同（類）義語の反復は、法律編纂技術の未成熟さ（編纂時期の古さ）を示す論拠の一つになりうるのかもしれないが、その検証は、本節の目的を外れることになるので、立ち入らないことにする。しかし、同（類）義語の反復例の多さは、COCMとの対照・検討作業において、看過しえない事実であることを指摘しておきたい。

2−68　第68条（Am 第13条Ⓛ：試論・136頁以下）

〔La spisa divi haviri lu patruni oy compagniuni restandu in terra：陸上に残った者の費用負担〕

Item si alcunu di li compagnuni[①] restassi in terra[②], di la comunitati[③] divi haviri per soi spisi ut infra {[④]} videlicet[⑤]: {[⑥]} per giornu grana cincu, lu scrivanu grana setti, lu patruni grana dechi et si restassi in parti, duvi fussi inopia di vita[⑦], divi haviri plui secundu lu arbtriu dilli consuli, nenti di minu[⑧] divino haviri la parti loru di lu guadagnu secundu guadagna lu naviliu.[Ⓒ]

Ⓒ　Genuardi, p.70.
①　Am では、aliquis (,) nautarum (,) vel sotiorum。
②　Am では、in tra または intra と略記されているが、in terra と解されている（試論・136頁 Am 第13条解読文注②参照）。

160

③　Am では、ad utilitatem societatis。

④　Am では、declarabitur が入っている。

⑤　Am では、略記されているが、videlicet と解されている（試論・137頁 Am 第
　　13条解読文注③参照）。

⑥　Am では、nauta が入っている。

⑦　Am では、locis sterilibus。

⑧　Am では、nihilinq（略記と思われる）となっており、nihilominus または
　　nihilominusque と解されている（試論・137頁 Am 第13条解読文注⑥参照）。

　本条においても、前条の本文におけると同様、colonna の文言は存しないが、
本条もコロンナ契約に関連する規定であることについて、疑問はないであろう。
本条と Am 第13条の類似性も、やはり明白である。

　【同様に、航海者のうちのいずれかの者が共同体のために陸上に残った場合、
その者は、その経費として、下記のとおり、すなわち、1日あたり、(海員
は⁽¹⁾) 5グラーナ⁽²⁾、船舶書記は7グラーナ、船長は10グラーナを受け取る。
そして、人跡稀な地に残る場合、その者は、評議員の裁量に基づき、より多く
を受け取る。いずれにせよ、その者は、船舶の収益にしたがい、その者に属す
る持分を有する。】

　共通の利益のため陸上に残った者が受け取ることができる金額が本条と Am
第13条でまったく異ならない。なお、後半部の割増給付の受けられる場所に関
して、Am 第13条（in locis sterilibus：不毛の地に）と本条とで若干の差異がみ
られる。しかし、「不毛の地」は、ほとんど例外なく「無人のまたは人跡稀な
地」であるから、その差異は無視しうる表現上のものであろう⁽³⁾。

⑴　解読文の注⑥でみたように、本条では、nauta に相当する用語が欠落している。
　　ここで補充されるべき海員は、いわゆる参加海員であろう。Am 第13条から同第
　　15条までが参加海員に関する規定であることに、ほぼ異論はない（試論・184頁
　　Am 第2条解読文注＊参照）。

⑵　通貨・グラーナ（grana：granum）は、Am の編纂時期を推測する有力な論拠
　　の一つになっている。アマルフィに関連する文書でグラーナが最初に現れるもの

第1章　メッシーナ海法序説

は、1261年1月20日の文書といわれている（試論・96頁以下参照）。
(3)　なお、コンソラート・デル・マーレ（ヴェネツィア・1576年イタリア語版）は、
　　第71条および第72条において、本文でみた Am 第13条の文言に類似の表現（in
　　loco sterile）をしている。

　　2－69　第69条（Am 第14条Ⓛ：試論・137頁以下）

〔Chi divi haviri lo compagnuni si fosse malatu oy prisu di fusta contra sua
voluntati：病気のまたは海賊に捕獲された航海者の取分〕

Item si alcunu compagnuni① fussi prisu di fusta② oy di qualsivoglia altra
persona contra sua voluntati, duranti lu viaggiu③, divi haviri la sua parti, non
obstanti che non servirà ala comunitati④; similiter si cadissi malatu, li divi fari
li spisi liciti et li curi et darili la sua parti⑤ et etiam si fussi firuti, defendendu
lu navilio, et li divi pagari lu medicu et darili la parti et fari liciti spisi et
curi⑥.Ⓒ

Ⓒ　Genuardi, p.70.
①　Am では、aliquis nautarum (,) vel sotiorum。
②　Am では、esset apprehensus a Piratis。
③　Am では、Navigio になっているが、「航海」の意味に解されている（試論・
　　138頁 Am 第14条解読文注③参照）。
④　Am では、societati。
⑤　Am では、ultra praedictam partem。
⑥　Am では、habeat dietas (,) expensas necessarias (,) et in medico (,) ultra
　　praedictam partem。

　本条は、いわゆる参加海員と賃金海員の処遇のちがいの一つを表わす規定で
あるが、その形式および内容の両面において、やはり、Am 第14条とほぼ正確
に対応している。
　【同様に、航海者のいずれかの者が、その意思に反して、航海中、海賊
（fusta）またはその他のいずれかの者に捕獲された場合、共同体（comunitati）

162

のために働いていなくとも、彼の持分を受け取る。同様に、病気になった場合にも、正当な費用、治療を受けるほか、彼の持分が与えられる。そして、船舶を防御しているときに負傷した場合、彼には、外科治療費（lu medicu）が支払われ、その持分が与えられ、正当な費用の負担および治療（liciti spisi et curi）がなされる。】

　本条のcompagnuniには、Am第14条のaliquis nautarum（,）vel sotiorumが対応しており、そのnautaeは参加海員を指す、とほぼ異論なく解されている。本条のcompagnuniのなかに含まれるmarinariも同様に参加海員を指すのであろう。

　fustaが「海賊」を意味するのか確信を持ちえないが[1]、航海中の海員をその意に反して捕獲する者を「海賊」と解しても大過はないもの、と思われる。

　捕獲された者または病気・負傷した者が受け取ることができる持分・費用などについて、本条とAm第14条のあいだにいくつかのちがいがみられるが、それらは、両規定の本質的な差異を示すものではないであろう[2]。

(1)　筆者には、シチリア方言にいうfustaが「海賊」を意味するとの具体的な根拠を提示することはできないが、わずかな手掛かりとして、池田廉他編『伊和中辞典（第2版）』小学館1999年・660頁に「オールと帆で進む戦闘用の船（14−17世紀、地中海の海賊船で、ガレー船より小さい）」という説明がみられる。ただし、同書の初版・1983年・619頁では、「オールと帆で進む戦闘用の船（15−16世紀に用いられ、ガレー船より小さい）」となっていた。

(2)　Am第14条の最終節は、海員に給付されるもののなかに、「食事」を入れているが、本条にはそれがない。ここに一つの差異を発見する。また、Am第14条の最終節は、medicoを掲記しているが、curae（curas）を再言していない。この点については、重複を避けただけか、二つのことばの意味が異なるのか、議論が分かれうる（試論・138頁Am第14条解読文注⑥参照）。本条の最終節は、二つのことばを列記しているので、本節では、別の訳語を与えておくことにした。

　2−70　第70条（Am第15条Ⓛ：試論・138頁以下）

〔Si fussi prisu alcunu cumpagnuni et bisognassi aricaptari：身代金の支払〕

第1章　メッシーナ海法序説

Item duranti lu viaggiu① alcunu compagnuni② fussi prisu et abisognassi arricaptarisi③, si divi aricaptari③ da tutta la comunitati④ et similiter si, mandatu ad utili di la comunitati⑤, fussi arrobatu, quillu chi perdi, si divi remendari di la comunitati, exceptu dinari oy mercadancia⑥ lu quali ipsu compagnuni non portassi ad utili di la comunitati, ma ad sua propria eo tunc li divi perdiri lu compagnuni.©

- © Genuardi, p.71.
- ① Am では、navigio。そのことばは、「航海」の意味に解されている（試論・139頁 Am 第15条解読文注①参照）。
- ② Am では、aliquis nautarum (,) vel sociorum。
- ③ Am では、redimere, reddimatur。
- ④ Am では、a tota societate。
- ⑤ Am では、ad utilitatem societatis (,) vel comunitatis。
- ⑥ Am では、si ammississet aliquid が入っている。

　本条も、若干の注意を要すべき形式的・文言上の差異はみられるが、規定の趣旨は、Am 第15条とまったく異ならない。

　【同様に、航海者のいずれかの者が、航海中、捕獲され、そして、身代金の支払いが必要とされる場合、身代金の支払いは、共同体全体（tutta la comunitati）によってなされる。同様に、共同体の役務のために派遣され、そして、強盗にあった場合、失った物は、共同体（comunitati）によって塡補される。ただし、共同体の利益のためでなく、個人的な利益のために所持していた金銭または商品は、そのとき、その航海者がそれを失うものとする。】

　確認しておくべき差異は、Am 第15条においては、組合（societas）と共同体（comunitas：*sic*）の類義語の反復がみられるが（解読文注⑤参照）、本条では対応語として comunitati のみが使用されている点、そして、共同体により塡補されない航海者の財産について、Am 第15条は抽象的な表現「aliquid（ある物）」を用いているが、本条は「dinari oy mercadancia：金銭（あるいは財産）または商品」と具体的な表現をしている点である。

第2節　メッシーナ海事裁判所条項

　なお、本条の適用対象となる海員は、Am 第15条の適用対象となる海員同様、参加海員であろう。

2－71　第71条（Am 第16条Ⓛ：試論・192頁以下）

〔Lu cumpagnuni chi fugi duranti lu viaggiu in chi pena è：逃亡した航海者に対する制裁〕

Item si alcunu cumpagnuni① fuissi, divi perdiri la parti sua, non obstanti chi havissi servuto la comunitati etiam② lu patruni pò dimandari ｛③｝ lu dublu, lu quali dublu si divi dividiri ut supra.Ⓒ

Ⓒ　Genuardi, p.71.
①　Am では、aliquis nautarum（,）vel sociorum。
②　Am では、et esset となっているが、解釈が分かれている（試論・192頁解読文注③、同193頁試訳注＊参照）。
③　Am では、ab eo が入っている。

　Am 第16条は、(i)意味不明な文言（解読文の注②でみた et esset）を含むこと、(ii)制裁金の算定額の基準が明示されていないこと、および、(iii)本条にも存在する「上述のように（ut supra）」がどの条項を指すのかが不明な点から、いく人かの解釈者により、かなり大胆な補充・解釈がなされている。本条においては、Am 第16条の(i)に対応すべき場所に適切な文言が入っているので、それに関する補充・解釈の必要はない。

　しかし、本条にも、Am 第16条の(ii)および(iii)と同様の不明確さが存在している（両者は、形式的には、正確に対応している）。

【同様に、いずれかの航海者が逃亡した場合、共同体に貢献していたにもかかわらず、その持分（parti）を失い、それに加えて（etiam）、船長は、2倍（duplu）を徴収することができ、それは上述のように（ut supra）分配されなければならない。】

　Am 第16条については、逃亡を企てた者が一般の航海者だけではなく、船長

165

第1章　メッシーナ海法序説

である場合についても規定している、との解釈もみられる[1]。本条は、船長が逃亡した航海者に対して制裁（金）の支払いを求める形式になっており[2]、船長が逃亡を企てた場合については一切ふれていない。

　Am 第16条について、Laband の解釈が比較的多くの支持をえている。すなわち、Am 第16条を同第2条と関連づけて、逃亡を企てた航海者が金銭または前払いを受け取っていたとき、船長は、その者から彼が受領した額の2倍を徴収しうる、との解釈である。これに対して、筆者は、試論において、制裁金の算定額の基準を「持分」と解する可能性を指摘しておいた[3]。

　このような Am 第16条にまつわる議論・解釈は、そのままの形で（両者の文言が正確に対応するから）、本条においても繰り返されることになるであろう。

(1)　この解釈については、試論・192頁 Am 第16条解読文注③参照。
(2)　本条には、解読文注③でみたように、ab eo（彼から）に対応する文言がない。制裁金の徴収権者が船長で、支払義務者が逃亡した航海者であることは明白である。Am 第16条におけるように、2倍額が「船長から」徴収されるというような解釈は、もはや成立しえない。
(3)　本条は、補充・修正を要しない完結した形式の文章になっている。本条には、「金銭または前払い」は登場しない。制裁（金）の算定基準になりうる用語として「持分」が存在している。逃亡した航海者はその「持分」を失うほか、船長は、彼に対して、その倍額の制裁金を請求しうる、との解釈が成立しうる可能性は大いにありそうである。なお、Am 第16条に関する主要な三つの解釈の可能性については、試論・193頁 Am 第16条試訳注＊および①をも参照。

　2－72　第72条（Am 第17条Ⓛ：試論・168頁以下）

〔A cui resta lu impruntitu：前払いに関する（船長の）責任〕

Item lu impruntitu① resta supra lu patruni ｛②｝.Ⓒ

Ⓒ　Genuardi, p.71.
①　Am では、omne mutuum（,）et imprumptum.
②　Am では、et eum respiciat が入っている。

166

第2節　メッシーナ海事裁判所条項

　本条に対応する Am 第17条は、簡略な規定であるが、議論の多い規定である。同条は、とりわけ、航海者に対する賃金および前払いに関する船長の責任を定めた規定であろう、との点に関しては、ほぼ意見の一致をみている。しかし、同条（のみ）から、航海ないしコロンナ契約に関するその他の利害関係人との関係などについては、明確な結論を導き出すことは、困難である。そして、同条をどの規定（Am 第16条または Am 第18条）と関連づけて解釈するかで、結論がかなり異なってくる[1]。

　これと同様の現象（あるいは、それ以上に複雑な対立）が、本条についても生じる。Am 第17条は、簡略な規定であるがゆえに、多くの議論をもたらした、といいうる。本条は、【同様に、前払いは、船長の負担となる】というように、Am 第17条以上に簡略な規定であるため、より多くの議論の対立を生じる可能性を有するのである。

　本条の主語・impruntitu に対して、Am 第17条の主語は、omne mutuum（,）et imprumptum となっている。Guarino[2]によると、mutuum は、imprumptum（および impronto）と同義のようである。すると、Am 第17条は、（Am が他所においてもしばしばなしている）同（類）義語の反復をしただけであり、その主語と本条の主語は、異ならないことになる。

　つぎに、本条は、Am 第17条の末尾に置かれた文言（et eum respiciat）を有していない。結論を先にいえば、この文言の有無は、両規定に決定的な差異をもたらすものではない、と思われる。現代法的な感覚からすれば、債務と責任は分離が可能な法概念であろう（一般的常識に合致するかは疑問であるが）。しかし、その現代法のもとにおいても、債務の負担者は責任の負担者でもあり、債務の額は責任の額と一致するのが原則であろう。そうであれば、なおのこと、債務と責任の概念が未分化であったであろう往時において、Am 第17条が【すべての賃金および前払金は、船長の負担となり、船長がそれにつき責を負う】としていても、本条の規定するところと変わらないことになる。

　このほか、Am 第17条について存するその他の疑問、たとえば、船長の責任が無過失責任であるか否か、極めて重要な問題であろうが、本条においても、

第1章　メッシーナ海法序説

解決の方途は発見しえないままである。

⑴　Am 第17条に関連する種々の疑問については、試論・167 - 168頁参照。
⑵　Guarino, p.36-1-6.

　　2 -73　第73条（Am 第18条Ⓛ：試論・164頁以下）

〔Lu patruni non pò implicari ne explicari senza voluntati di li marinari：航海者の同意なしの算入・除外の禁止〕

Item |Ⓘ nullu patruni divi implicari nè explicari senza expressa cosciencia et voluntati di tutti li compagnuni② oy di la plui parti③.Ⓒ

Ⓒ　Genuardi, p.71.
①　Am では、quod が入っている。
②　Am では、omnium nautarum vel sotiorum。
③　Am では、saltem maioris partis。

　本条と Am 第18条は、ほぼ正確に対応する文章構造からなっている、といいうる。船長は、航海継続中、多くの重要な判断を迫られる。それらの判断について、船長が権限を有しているにしても、その権限の行使には、一定の制約が課せられる。本条では、すべての航海者またはその過半数の明示的了解・同意が要求されている（見出しは、海員：marinari を用いているが、規定内容は、明らかに、航海者：compagnuni に関するものである）。

【同様に、船長は、すべての航海者またはその過半数の明示的了解および意思なくして、（前払金を）算入しまたは除外してはならない。】

　まず、本条と Am 第18条に共通の疑問点から確認しておく。本条も、Am 第18条と同様、動詞・implicari および explicari の目的語を明示していない。そのため、Am 第18条にみられたのと同様に⑴、二つの動詞の目的語について、解釈が分かれうる可能性がある。しかし、Am 第18条には、文頭の Item のあとに、quod があるため、同第17条と関連づける立場が有力である⑵。その立

168

場に立つと、目的語の不存在は、解釈上、それほど大きな障害にならないようである。本条についても、前条と関連づけて解釈をすれば足りるであろう。

quod に対応すべき文言の不存在は、解釈によって補いうるとしても、解読文注③でみた Am 第18条の文末における副詞・saltem と本条の接続詞・oy のちがいには、若干の注意を要する（ただし、これも、実質的な差異をもたらさない、形式的な差異にとどまる、というべきかもしれない）。

本条と Am 第18条が「すべての航海者の同意」を原則としている点では一致しているもの、と思われる。本条においても、たんに「航海者の過半数の同意」で足りる、とは規定されていない。全員の同意と過半数の同意が（選択的な接続詞・oy によって）並列されていても、共同体における意思決定は「全員の同意」が原則（望ましいあり方）のはずである。しかし、このことの道理は、Am 第18条におけるほうがより明確・適切に表現されている、といいうる。同条では、【すべての海員または参加商人の、<u>少なくとも</u>（saltem）、その過半数の同意】が要求されている。二つの規定は、すべての航海者の同意が得られない場合、安易に過半数の同意を求めてはならない点では、一致しているのであろう[3]。繰り返すことになるが、その道理を明確・適切に表現するためには、saltem のほうが優れている（ただし、現代法的な感覚からする法令用語の適否については疑問が残るであろうが）。

(1) Am 第18条および同第17条と他の条文との関連づけに関する議論については、試論・165頁 Am 第18条試訳注①、168頁 Am 第17条解読文注＊参照。

(2) Ad. es., Guarino, p.60-18-1.

(3) Am 第18条の意思決定の参加者と決議要件について、Guarino, p.60-18-3 に注目すべき記述がなされている。すなわち、「海員の全員の同意または参加商人の過半数の同意」が要求されている、というのである。また、そこにいう海員は、いわゆる「参加海員：equipaggio *ad partem*」という。「参加海員の全員の同意」または「参加商人（soci）の過半数の同意」が要求されている、との解釈になるのであろう（その成立の可能性について、筆者は、にわかには判断しえない）。同様の解釈は、本条においては、その文言上、成立しがたいように思われる。

第1章　メッシーナ海法序説

2−74　第74条（Am 第19条Ⓛ：試論・144頁）

〔Di chi si divi conzari lu naviliu, havendo necessario in viaggio：航海中の修
繕費の負担〕

Item partutu lu naviliu da lu portu ben conzatu et apparicchiatu, comu esti
licitu, et in lo viaggio①　si rompissi per mudu chi abisognassi conza②, si divi
conzari di tutta la colonna di quillo viaggio③.Ⓒ

Ⓒ　Genuardi, p.72.
①　Am では、ipsa。
②　Am では、vel aliquo indigeret。
③　Am では、quod resarciatur et accomodetur（,）expen columne ipsius viagij。
　　この部分については、略記された語（expen）が入っていることから解釈が分か
　　れている（試論・144頁 Am 第19条解読文注③および④参照）。

本条は、船舶が航海中に修繕（conza⑴）を要する事態に陥ったときの修繕費
の負担について規定している。

【同様に、船舶が、修繕されそして艤装されて港を出たのち、航海中に、修
繕を要するほど毀損した場合、その航海のすべてのコロンナ（の費用）で修繕
されなければならない。】

本条の規定の趣旨は、Am 第19条のそれと（おそらく）まったく変わらない。
解読文の注でみた三つの差異は、（おそらく）形式的な差異にすぎないであろう。

まず、本条において、主語の naviliu は、文頭に一度登場するだけであり、
解読文の注①でみたように、Am 第19条では、本条の副詞句（in lo viaggio）の
ところに、主語の ipsa（明らかに、船舶）が入っている。連続する二つの文章
の主語が同一の場合、後の主語の省略は、珍しいことではない。一方、出帆後
の毀損の発生場所は、「航海中に」限られている。その副詞句の有無は、二つ
の規定の内容に差異をもたらしえない。

つぎに、毀損の程度についての表現上の差異であるが、Am 第19条は、「な
にかを必要とする（aliquo indigeret）」との抽象的な表現をし、本条は、「修繕
を要するほど（per mudu chi abisognassi conza）」と少し具体性を持たせた表現

170

第2節　メッシーナ海事裁判所条項

をしている。この表現方法の差異が実質的な差異をもたらすのかは、疑問である。

　最後に、作業に関する表現であるが、やはり、本条が一つの用語（conzari）を用いている場所において、Am 第19条では、同（類）義語の併用（resarciatur et accomodetur）がみられる。

　⑴　"conza" は、広く、修理または修繕の意味を有するようであるが、アマルフィ
　　方言（concia）では、「つめものをする」ことを意味する、といわれている（試
　　論・143頁 Am 第20条解読文注①参照）。

　2－75　第75条（Am 第20条Ⓛ：試論・143頁以下）

〔Si la conza l'havissi bisognu innanti lu viaggiu cui la divi pagari：発航前の
修繕義務〕

　Item si la conza① l'havissi abisugnatu anti chi parta da lu portu, ｜②｜ si divi
sulamenti conzari③ ad spisa di li carati, non obstanti chi la conza sia fatta
infra lo viaggio, poy duranti④ pero ca ｜⑤｜ li carati divinu dari lu naviliu⑥ aptu
ad navigari.Ⓒ

　Ⓒ　Genuardi, p.72.
　①　Am では、navis。
　②　Am では、et concia が入っている。
　③　Am には、ない。fieri を補充する見解が有力である（試論・143頁 Am 第20条
　　解読文注②参照）。
　④　Am には、ない。
　⑤　Am では、patroni（,）vel が入っている。
　⑥　Am では、viagium となっているが、一様に、navigium（船舶）が入るべき、
　　と考えられている（試論・143頁 Am 第20条解読文注③参照）。

　Am 第20条は、形式的には、欠落部（解読文の注③参照）と要修正個所（解読
文の注⑥参照）を含んでいるが、通説的見解にしたがって、補充と修正を行え
ば、内容の理解に困難は伴わない。

171

第1章　メッシーナ海法序説

　これに対して、本条においては、形式上の欠落は、みられない。しかし、文章の構造をつぶさに観察すると、奇異に思われる点がいくつかみられる。もっとも大きな差異は、本条の条件節の主語と Am 第20条の条件節の主語が異なっている点である。便宜のため、Am 第20条の前半部（条件節を含む）をここに示しておく。

　"Jtem si navis antequam egrediretur de portu egeret refectione（,）et concia debet（fieri）expensis de caratis ..."

　ここでは、主語が船舶であり、目的語が修理・修繕になっている。【同様に、船舶が出帆前に修理・修繕を要する場合、・・・船舶共有者の費用で（なされ）なければならない・・・】というような意味になるであろう。

　一方、COCM 第75条においては、条件節の主語が conza であり、目的語は助動詞の前に置かれた人称代名詞（l'havissi）で、それは、conza を指しているのであろう。再帰動詞の例にみられるように、同一文中の主語と目的語が同一のものを指すことはありえよう。たとえば、「修繕が（la conza）、それを要する場合（l'havissi abisugnatu）」という文章の構造も成り立つかもしれない。

　しかし、"anti chi parta da lu portu" の parta をいかに解釈するかが問題である。このことばが、動詞：partire（出帆する）の活用形であれば、その動作の主体（船舶）を容易に推測しうるにしても、解釈で補充しなければならない。

　もし、parta が partenza（出帆）を意味する名詞であれば、本条は、原文どおりでも、意味は通じるであろう。しかし、シチリア方言（あるいは南部イタリア方言）の parta が標準イタリア語の partenza を意味する名詞であるかについて、筆者は確証をえられない。

　ちなみに、Mansi 本は、"Jtem si la conzia li bisognasse avante la partuta dalo porto se deve solamente concziare ale spese dele carate ..." となっている。下線で示したように、本条の parta に対応する場所に「出帆」を意味する名詞が入っている。そうであれば、内容の把握は、かなり容易になる。

　【同様に、（船舶の）出帆前に修繕が必要とされる場合、その修繕が航海中、その最中になされるときにも、船舶共有者の費用だけでなされなければならな

172

い。船舶共有者は、航海に適した船舶を提供しなければならないからである。】

　最後に、小さな差異を指摘しておこう。やはり、類義語の併用の問題である。本条は、修繕費用の負担者として、船舶共有者（carati）のみを掲げている。一方、Am 第20条は、船舶所有者（patroni）と船舶共有者（carati）を掲げている。講学上、船舶所有者は船舶共有者を包摂する用語であるが（船舶共有者という用語は単独の船舶所有者を包摂しない）、本条が単独の船舶所有者の義務を排除するものでないことは自明のことであろう。

　いくつかの疑問点がそこに存在しているが、上掲文の内容に落ち着くのであれば、本条と Am 第20条の規定内容に格別の差異を求める必要はないであろう。

2－76　第76条（Am 第21条Ⓛ：試論・194頁）

〔Si in lo viaggiu si rompi oy perda cosa alcuna quid faciendum：航海中の滅失・毀損の負担〕

Item si infra lu viaggiu si rumpi oy perda cosa alcuna di lo navilio si divi refari et acaptari per tutta la comunitati |①|.Ⓒ

Ⓒ Genuardi, p.72.
①　Am では、vel societate が入っている。

　本条は、COCM 第74条を要約・再言したような形式の規定である（Am 第21条と Am 第19条の関係と同じ）。本条は、解読文の注①でみた同（類）義語の反復を除けば、Am 第21条の正確なイタリア語訳といいうるほど、Am 第21条に正確に対応している。

【同様に、航海中、船舶のいずれかの物が毀損または滅失した場合、共同体全体によって修繕および購入される。】

　COCM 第74条から本条までの３カ条は、船舶の修繕・補修費用について定めている。同第74条と同第75条が対象とする修繕・補修は、航海中の予測不能なものと日常的なものに分類が可能である。本条は、第74条と類似しているが、より概括的・抽象的な形式になっている。そのため、本条の適用範囲は、第74

第1章　メッシーナ海法序説

条のそれより広くなるのかもしれない[1]。

(1)　Am 第21条についてであるが、Guarino, p.60-21-1 は、同条が船上の運送品の
　　滅失の場合をも含みうる、との解釈の成立可能性を示唆している（試論・194頁
　　Am 第21条解読文注＊参照）。

　2-77　第77条（Am 第22条：試論・194頁以下）
〔Lu naviliu chi leva menzi portati non leva calamentu：部品交換の禁止〕
　Item quandu lu navilio leva <u>menzi purtati</u>① non divi di <u>corredu</u>② ruttu
livari <u>calamentu</u>③, nè remenditu {④| di <u>gumina truncata</u>⑤ et dilli autri cosi
<u>quasi</u>⑥ in tuttu in arbitriu di li consuli.©

ⓒ　Genuardi, pp.72-73.
①　Am では、mele portate となっているが、mele が意味不明のため、mezze あ
　　るいは meze と解する者がいる（試論・195頁 Am 第22条解読文注②）。
②　Am では correrio、corriero そして corredio などと解読が分かれている。
③　Am では、tusumento。
④　Am では、eccetto が入っている。
⑤　Am では、abumina trenciata。
⑥　Am では、guaste。

　本条に対応する Am 第22条は、ラテン語文の規定群のなかに挿入された最
後（3番目）のイタリア語文の規定であるが、解読の分かれることばがいくつ
か存在している。Am 第22条の解釈・翻訳は、極めて困難であり、ほとんどの
研究者は、その作業をあきらめるか、あるいは、推測の域を出るものではない
旨をことわっている[1]。
　本条と Am 第22条を比較検討しても、やはり、困難な状況に変化はなく、
むしろ、謎が深まったようにさえ感じられる。
　まず、Am 第22条についてであるが、最初の leva とあとの levare（本条では
livari）では、同一語でありながら意味が異なる、との説が存在している[2]。そ
の議論に関連し、Am 第22条の "leva mele portate" の部分の解釈が分かれて

174

いる（有力なところでは、「古くなった帆を交換する場合」のほかに「出帆するに際し」や「半分の荷で航海する場合」など[3]）。本条の"leva menzi purtati"は、残念ながら、上記の議論に決定的な手掛かりを与えてくれない。

つぎに、とりわけて注意を要するのは、解読文の注④で指摘したeccetto（excepto）の不存在である。Am 第22条では、本文にあたる前半部と、eccetto以下の後半部（但書き）に分かれているが、本条では、その分離がみられない。eccettoの不存在のまま、"non divi"以下の主節の翻訳を試みても、おそらく、意味不明のものになるであろう。

最後に、小さく見落としがちな文言について一瞥しておこう。本条の解読文の注⑥で指摘した"quasi"である。Am 第22条では、"guaste"になっている。この差異は、法的には、かなり大きな差異をもたらすものであろう。すなわち、Am 第22条の"guaste"は、明らかに形容詞であるから、「破損したその他の物を（altre cose guaste）全部（in tutto）・・・」との訳が成り立つ。それに対して、本条の"quasi"は、副詞である。したがって、本条では、「その他の物を（autri cosi）ほとんど全部（quasi in tuttu）」と訳すべきことになるであろう。

上記のことを念頭に置いて、Am 第22条の試訳をもとに本条の内容を大胆に（合理的な論拠を示しえないほど）推察すると、以下のようになる。

【同様に、船舶は、古くなった部分（menzi[4]）を交換する場合、壊れた船舶用具のロープ部分（calamentu）を交換してはならない。ただし（eccettoを補充する[5]）、摩耗した索（gumina truncata）および、評議員の裁量により、その他の物を（autri cosi）ほとんど全部（quasi in tuttu）交換する場合は、このかぎりではない。】

資料に存在しない文言の補充が厳に慎むべき行為であることは、筆者もよく理解しているところである。しかし、うえにのべたように、eccettoの不存在が本条を意味不明なものにしてしまうように思われる。eccettoを補充しないまま、本条の内容をあえて推察すれば、以下のようになるかもしれない。

【船舶は、古くなった部分を交換する場合、壊れた船舶用具のロープ部分を交換してはならず、評議員の裁量により、摩耗した索およびその他の物のほと

第1章　メッシーナ海法序説

んど全部を補修（remenditu）してはならない。】

eccetto を補充しないままの内容の推察（試訳）が、日本語の文章の形式を一応採りうるにしても、法的な義務内容に示しえているのかは、大いに疑問である。eccetto の補充の要否および是非の判断は、読者諸賢に委ねるしかない。

(1)　試論・195頁 Am 第22条解読文注②および同197頁参照。
(2)　試論・195頁 Am 第22条解読文注①参照。
(3)　試論・197頁 Am 第22条試訳注①参照。
(4)　シチリア方言で menzu は、標準イタリア語の mezzo、avere や forza を意味するようである。
(5)　eccetto の補充は、あくまでも筆者の判断による。

　　2－78　第78条（Am 第23条Ⓛ：試論・127頁以下）

〔Finito lo viaggio lo patruni li divi fari raxuni：船長の航海終了後の決算報告義務〕

Item, finitu lu viaggiu, et extracti li spisi, divi lu patruni fari raxuni <u>di compagnuni</u>① in loru <u>presencia</u>② in la curti et extracti li spisi, lu guadagnu si divi partiri ad parti, comu è consuetu, et si <u>li cumpagnuni</u>③, {④} citati, non comparissiro alu mettiri di la raxuni, non ponno opponiri ala raxuni, <u>et</u>⑤ si lu patruni non li fachissi requediri in lu tempu dillu calculu, quandu voglanu lu ponnu {⑥} contra opponiri.Ⓒ

Ⓒ　Genuardi, p.73.
①　Am では、navis（,）vel sotijs（sociis）となっているが、nautis（,）... と読むべきとされている（試論・127頁 Am 第23条解読文注②参照）。
②　Am では、略記されているが、presentia（praesentia）と解されている（試論・128頁 Am 第23条解読文注⑤参照）。
③　Am では、nautae（,）vel sotij（socii）。
④　Am では、ad hoc が入っている。
⑤　Am では、verum。
⑥　Am では、et valeant（,）が入っている。

176

第2節　メッシーナ海事裁判所条項

　本条は、解読文の注①および②においてみたように、Am 第23条について存在している若干の要注意点を解きほぐす手がかりを与えている。その規定の内容は、Am 第23条と異ならない。

　【同様に、航海を終了し、そして、費用を控除すれば、船長は、海事裁判所において、航海者のまえで説明をしなければならず、費用を控除したのち、慣習のとおりに、利益を持分に応じて分割しなければならない。航海者は、呼ばれたにもかかわらず、決算報告に出席しなかった場合、報告に異議を唱えることができず、そして、船長が航海者を決算報告時に呼ばなかった場合、航海者は、欲するとき何時でも、異議をのべることができる。】

　Am 第23条においては、船長が決算報告すべき相手方として、参加海員および（「または：vel」となっているが、意味は「および」）参加商人とされている。Am 第23条は、Am のなかにあって、参加海員と賃金海員の処遇を分けて規定している例の一つに数えられている。本条も、おそらく、同様の規定であろう。いわゆる賃金海員は、航海の収益のいかんにかかわらず、固定給のみを収受しうるにすぎないから、決算報告を受ける利益を有しない。

　　2－79　第79条（Am 第24条：試論・176頁）

　　〔Quantu è ciascuna parti：持分の価格〕

　　Item ciascuna parti divi essiri unzi cinco.©

　　©　Genuardi, p.73.

　本条と対応する Am 第24条は、Am の後半部に集中しているイタリア語文の規定群の最初の規定である。本条では、主語と動詞（述語）が正置されているが、Am 第24条では、倒置されている。両規定間にみられる差異は、それだけである。

　本条は、【同様に、各持分は、５オンスとする】という簡略な規定である。本条も、Am 第24条と同様、前条を補足するものであろう[1]。

　なお、Am には、「船舶の各持分を16オンス」とする旨の第36条が存在して

177

第1章　メッシーナ海法序説

おり、その規定と Am 第24条との関係（矛盾関係の有無）が問われている[2]。しかし、COCM には、Am 第36条に対応する規定が存在しないため、Am にみられるような議論は生じない。

(1)　Am 第24条と Am 第23条との関連については、試論・176頁参照。
(2)　二つの規定の編纂の時期について、半世紀以上の隔たりがある、との説も提唱されている（試論・82頁以下、同・176頁注(60)参照）。あわせて、本節・2－90－2(i)参照。

　　2－80　第80条（Am 第25条：試論・198頁以下）

〔Comu divi esseri creatu lu scrivanu：船舶書記の宣誓〕

Item ogni <u>lignu</u>[1], lu quali mina scrivanu, divi veniri alla curti et fari <u>juramentu</u>[2] allu scrivanu, comu requedi lu rithu, et <u>di illà</u>[3] innanti la sua scriptura divi esseri acceptata in la curti comu propria scriptura publica di <u>notaru</u>[4] publicu.[C]

[C]　Genuardi, pp.73-74.
①　Am では、Navilio。
②　Am では、jurare。
③　Am では、dalla。
④　Am では、N. と略記されているが、公証人（notaro）と一様に解されている（試論・199頁 Am 第25条解読文注⑦参照）。

　本条と Am 第25条のあいだにみられるいくつかの差異は、互換性のある呼称および方言のちがいにすぎず、両規定の内容に差異をもたらしえない。

　往時、船長および海員以外に、船舶に乗り込み実際に航海する者のなかに、船舶書記が存在した。船舶書記は、重要な職責を担うものであった。

　【同様に、船舶書記を帯同する船舶（の船長[1]）は、海事裁判所に赴き、そして、規則[2]が要求するところにしたがい、船舶書記に宣誓をさせなければならない。そして、それ以降、彼の（作成する）文書は、海事裁判所において、公証人の真正の公文書として受理されなければならない。】

（1）Am 第25条の対応部の Navilio について、船長または乗組員と解する立場も有力である（試論・198頁 Am 第25条解読文注①参照）。船舶は、しばしば擬人化されるので補足の必要はないかもしれないが、試論・199頁では、「船舶（の船長）」と補足・試訳しておいた。本条においても、同様の所作をとっておく。

（2）Am 第25条に登場する「規則（Rito）」は、同第32条に出てくる「新しい規則（novi Ritus）」とは別のものであろう、と解する立場が有力であるが、しかし、どの規則を指すものかは不明である（試論・198頁 Am 第25条解読文注⑤参照）。同様の議論が本条と COCM 第87条についても生じうる。

2－81　第81条（Am 第26条：試論・199頁以下）

〔Li marinari chi su tenuti rumpendo oy essendo priso lu naviliu：難破・捕獲時の海員の義務〕

Item si alcunu naviliu rumpissi oy fussi prisu, quillu lu quali resta si divi partiri per unza soudu lira[①], ala quali perdita li marinari non sunnu tenuti, ben[②] tamen divinu restituiri lu impruntitu.[©]

© Genuardi, p.74.
① Am では、per onza (,) soldo per libra。
② Am では、verum。

本条と Am 第26条との差異は、極めて小さく、内容にまったく影響を及ぼさない。本条は、船舶が難破または捕獲された場合の海員の処遇に関する規定である。

【同様に、いずれかの船舶が難破または捕獲された場合、残存する物は、持分の割合に応じて（per unza soudu lira）分配されなければならず、損失に対して、海員は責任を負わない。しかし、前払いを返還しなければならない。】

本条が対応する Am 第26条は、参加海員を対象とする規定であり、賃金海員に関する類似の規定は、別（Am 第52条）に設けられている。同様の関係は、本条と COCM 第104条にみられるであろう。

第1章　メッシーナ海法序説

2−82　第82条（Am 第27条：試論・200頁）

〔Li marinari chi su tenuti quandu lu naviliu pati naufragiu：海難時の海員の義務〕

Item <u>chi</u>① si alcunu naviliu patissi naufragiu ⑫ per modu <u>chi</u>③ potissi habilimenti prindiri conza <u>et comu</u>④ li compagni sunnu tenuti aiutari, mentri si conza, <u>la</u>⑤ quali conza si divi estrahiri di tuttu lu comuni <u>etiam</u>⑥li marinari per la parti loru di lu guadagnu tamen fattu ⑦.©

Ⓒ　Genuardi, p.74.
①　Am には、ない。
②　Am では、et fusse が入っている。
③　Am には、ない。
④　Am には、ない。
⑤　Am では、alla。
⑥　Am では、et。etiam の略記との推測もなされている（試論・200頁 Am 第27条解読文注③参照）。
⑦　Am では、in quello viaggio が入っている。

　本条と Am 第27条については、解読文の注でみたいくつかの差異よりも、海難時の修繕費用の負担義務者を表わす文言の一致に注目すべきかもしれない。COCM は、これまでに何度か、Am の「海員または（および）参加商人」に対応すべき用語として、「航海者 compagnuni」という単一の文言を用いている。COCM は、第84条以降においても（第101条までのあいだに）、いくどか compagnuni を使用している。それに対応して、イタリア語文からなる Am の後半部の規定は、より短い compagni を用いている。Am において compagni が登場するのは、本条に対応する第27条が最初である。

　しかし、本条においては、COCM において常用されている compagnuni ではなく、compagni が使用されている。そして、COCM は、本条以外の場で、compagni を使用していない。COCM において、compagnuni と compagni が同じ航海者を表わすのか（COCM にいう compagnuni と compagni に対して、Am

180

は、すべて、compagni をあてている）、深い検証を要するのかもしれないが、本節においては、上記の事実の指摘に留まらざるをえない。

【同様に、いずれかの船舶が難破し、そして、適切に修繕を受けることが可能であった場合、<u>航海者</u>（compagni）は、修繕中に助力する義務を負い、その修繕につき、共同の資金から、そして海員（marinari）からは、<u>（その航海において）</u>生じた利益のうちの彼らの持分より、控除がなされなければならない。】

上掲文の（その航海において）は、解読文の注⑦でみた Am 第27条の末尾の文言を参考にした補充である。その文言は、コロンナ契約が単一の航海についてのみ形成されたものではないことを表している、と説く者がいる[1]。本条においても（上記の文言を欠いているが）、同様の解釈が可能であろう。

(1)　試論・200頁 Am 第27条解読文注④参照。

2－83　第83条（Am 第28条：試論・200頁以下）

〔A chi su tenuti li patruni et marinari, potendusi recaptari lu vaxellu：捕獲された船舶の買戻義務〕

Item si fussi prisu <u>et</u>[1] potissi recuperari, lu patruni <u>esti</u>[2] tenutu <u>affannari</u>[3] juxta posse |[4] fari lu <u>arricattitu</u>[5], lu quali <u>arricattitu</u>[6] si divi fari per lu comuni, allo quali li marinari non sunnu tenuti, <u>ben tamen</u>[7]havendu li spisi di la <u>comunitati</u>[8], sunnu tenuti aspettari <u>ad haviri</u>[9], et aiutari lu salvamentu et lu <u>arricaptitu</u>[5]di lo navilio.[C]

[C]　Genuardi, p.75.
①　Am では、o（e とする者もいる。試論・201頁 Am 第28条解読文注②参照）。
②　Am では、ne è。
③　Am では、affrancare。
④　Am には、a が入っている。
⑤　Am では、recatto（ricatto）。
⑥　Am には、ない。
⑦　Am では、verum non。

第1章　メッシーナ海法序説

⑧　Am では、comone。
⑨　Am では、et vedere。

　Am 第28条は、前条と強く関連する規定であるため、最初の条件節の主語
（船舶）の省略が了解されている⁽¹⁾。本条にも同様の了解がなされるであろう。
前半部における両規定間の差異は、おそらく、内容に及ぶ差異をもたらさない、
と思われる。

　Am 第28条の後半部の解釈は、かなり分かれている。とりわけ、ジェルン
ディオで導かれる節について、種々の解釈がなされている⁽²⁾。本条は、その解
釈の対立に有益な示唆を与えるものであろうが、決定的な解決の方向性を示し
うるものではないであろう。

　【同様に、（船舶が）捕獲され、そして、取り戻すことが可能な場合、船長は、
買戻しをなしうる可能性にしたがい、船舶を買い戻す義務を負い、その買戻し
は、共同の資金によってなされなければならないが、海員は、責を負わない。
しかし、共同体の費用でするときでも、海員は、受け取りを待ち、そして、船
舶の救助および買戻しに助力する義務を負う。】

　上掲文全体についてもあてはまることであるが、とりわけ、後半部分は、筆
者の推測の域を出ない「意訳」でしかない。しかし、この意訳が成立可能であ
れば、本条の後半部も、解読文の注⑦および⑨でみた差異にもかかわらず、
Am 第28条の後半部でなされている議論の範囲内に収まりうるのかもしれない。

⑴　試論・201頁 Am 第28条解読文注＊参照。
⑵　「共通の費用が不足するとき」「費用負担義務のない海員を除き」などの解釈が
　なされている（試論・202頁 Am 第28条試訳注③参照）。

　2－84　第84条（Am 第29条：試論・166頁以下）

〔Lu patruni non po portari mercancia per si de unza una in susu：船長の
携行商品に対する制限〕

Item nullu patruni di navilio pò, ne divi portari cosi in mercancia supra

第2節　メッシーナ海事裁判所条項

naviliu, chi custi da <u>unza una ultra in susu</u>①et si la portassi tuttu lu guadagnu
lu quali <u>sindi fachissi</u>②, si divi <u>contribuiri</u>③et invistiri in la comunitati et
similiter lu cumpagnuni.©

ⓒ　Genuardi, p.75.
①　Am では、un'onza ultra。
②　Am では、se ne facesse。
③　Am では、contraire。ただし、contrarre など種々の解読・解釈がなされてい
　　る（試論・166頁 Am 第29条解読文注③参照）。

　本条と Am 第29条のあいだにみられる差異は、方言上の用語・つづりの差
異にすぎない。本条は、船長の利己的行為を禁じる趣旨の規定であろうが、そ
の詳細については不明な部分を残すものである。
　【同様に、船長は、1オンス⑴以上する商品を船舶で運送することができず、
そして、してはならない。そして、もし、それを運送した場合、それから生じ
るすべての収益は、共同体（comunitati）に帰属し組み入れられなければなら
ない。他の航海者（cumpagnuni）も同様とする。】
　船長が船舶をもってする事業の共同参加者（たとえば、コロンナ契約の当事
者）である場合、船舶の運航をつかさどる船長は、他の共同参加者（たとえば、
陸上に残った投資家）に比べて、容易に自己の利益を獲得しうる立場にある。
他の共同参加者は、船長の利己的行為に一定の制約を課す必要がある。本条は
そのような趣旨の規定、と考えられる。

⑴　Am 第29条において、オンス（onza）が重量または価格のいずれの単位を表す
　ものなのか不明のため、規定内容の解釈が多様に分かれことが指摘されている
　（Guarino, p.72-29-3）。同様のことが本条にもそのままあてはまりうる。

　2－85　第85条（Am 第30条：試論・202頁以下）
〔Li patroni sonno tenuti scriviri loru colonna ali acti di la corti：船長のコロ
ンナ記載義務〕

183

第1章　メッシーナ海法序説

Item tutti li patruni di li vaxelli, li quali① navigano a l'usu dittu② siano tenuti fari scriviri tutta {③} loru colonna particularmenti (*quilla*), la④ quali extrahinu di la⑤ chitati, in li acti di la curti.©

© Genuardi, p.76.
① Am では、che。
② Am では、predetto。
③ Am には、la が入っている。
④ Am では、quelli (,) li。イタリック体の文言は、Genuardi による補充、と思われる。
⑤ Am では、dalle。

本条と Am 第30条とのあいだには、特記すべき差異は存在していない。したがって、規定内容にも変わりはない。

【同様に、前述の慣習にしたがって航海する船舶のすべての船長は、とりわけ、市（メッシーナ）から離れる者は、すべてのコロンナを海事裁判所の書類に記載する義務を負う。】

　2－86　第86条（Am 第31条：試論・203頁以下）

〔Lu accomandatariu si divi prindiri la sua mercancia in defectu di vendicioni：委託者の返品受取義務〕

Item si alcunu patruni di naviliu oy compagnuni prindissiro in accomanda di① qualsivoglia persuna mircadancia②, la quali per difectu di vendictioni in posterum la tornassi, che eo casu lu accomandatario diggia prindiri la③ sua mercancia tali quali li esti retornata, non obstanti chi④ lu contrattu fussi celebratu in nomu di vendicioni oy in qualsivoglia⑤ altru essiri⑥.©

© Genuardi, p.76.
① Am では、da。
② Am では、mercantia。
③ Am には、ない。

184

④ Am には、ない。
⑤ Am では、qualunque。
⑥ Am では、modo。

　本条は、Am 第31条と同様、コメンダ契約に関する規定と考えられている。本条と Am 第31条は、用法が疑問視されている文言についても、正確な対応を示している。

　【同様に、いずれかの船長または航海者が、いずれかの人から商品を受託し、その商品が売買不成立のため、その後、戻ってくれば、その場合、契約が売買の名目またはその他いかなる態様で締結されていたかにかかわらず、委託者（accomandatario）は、返されてきた彼の商品そのものを受け取らなければならない。】

　上掲文においてカッコ書きで示したように、本節は、本条のaccomandatarioに「委託者」との訳語を与えている（見出しにおいても、同様の所作をしている）。

　Am 第31条においても、本条との対応場所で、accomandatario が用いられている。有力な見解によると、そこには、accomandante を入れるべき、と解されている[1]。少なくとも、現代的法律用語によると、accomandante またはaccomandatore が正しい用語であろう。では、なぜ、用法が疑問視されるような現象が生じたのか。考えられるのは、コメンダ契約の委託者を当時「accomandatario」と称したか、または、編纂者・転記者の法的素養の欠如ないし転記者の転記ミスかであろう。

　まず、最初の仮説であるが、コメンダ契約の委託者について、動詞（accomandare）から人を表わす名詞を作る場合の一般的な文法に反するような逆転が生じたのか、他に同類の例が多くみられないかぎり、成立は困難であろう。第二の仮説であるが、Am または COCM のいずれか単独であれば、説得力を有しうるであろう。しかし、二つの異なる法に関して、同じ形で、編纂者・転記者の法的素養の欠如ないし転記者の転記ミスが生じうるか、ははなはだ疑問である。いずれにせよ、不可解な現象の一致は、二つの法に関する大きな

第1章　メッシーナ海法序説

謎の一つである[2]。

(1)　試論・203頁 Am 第31条解読文注③参照。
(2)　ちなみに、Mansi 本は、当該箇所で、accomandatore を用いている。Mansi 本
　　の用語方法は、本文でみた最初の仮説の成立の可能性をより困難にする。

　2－87　第87条（Am 第32条：試論・169頁以下）

〔Lu accomandatario chi frauda la mercancia è tenutu di ognunu nolu：商品
を詐取した受託者の傭船料支払義務〕

　Item si alcunu patruni di navili oy qualsivoglia① altru mercadanti② in lo fari
di la③ sua raxuni④ per qualsivoglia① modu et via fraudassi a⑤ lu sou⑥
accomandatariu et in posterum lu predittu accumandatariu putissi pruvari
l'iugannu, chi⑦ eo casu lu fraudanti patruni oy mercadanti② sia tenutu
infallibiliter⑧ pagari di ognunu noiu⑨ et chi contra lu mercanti oy patruni si
pozza fari execucioni⑩, non obstanti chi⑪ lu contrattu fussi cassatu⑫, ni etiam
prescriptu di tempu juxta formam novi rithus ｛⑬｝ non obstanti chi lu
contrattu non⑭fussi di⑮ li causi⑯, in li quali cadi⑰ execucioni⑱.©

ⓒ　Genuardi, pp.76-77.
①　Am では、qualunque。
②　Am では、mercante（mercanti）。
③　Am には、ない。
④　Am では、略記されているが、ragione（または ratione）と解されている（試
　　論・169頁 Am 第32条解読文注①参照）。
⑤　Am には、ない。
⑥　Am では、alcuno。
⑦　Am には、ない。
⑧　Am では、略記されているが、infallabilmente（または infallanter）と解され
　　ている（試論・170頁 Am 第32条解読文注⑥参照）。
⑨　Am では、nove。ただし、nuove の誤記とする者もいる（試論・170頁 Am 第
　　32条解読文注⑧参照）。
⑩　Am では、略記されており、exequire または exequtione と解読する者に分か

186

れている（試論・170頁 Am 第32条解読文注⑨参照）。

⑪　Am には、ない。

⑫　Am では、cosi facto。

⑬　Am では、et が入っている。

⑭　Am には、ない。

⑮　Am では、in。

⑯　Am では、cae となっており、読み方が分かれている（試論・170頁 Am 第32
条解読文注⑫参照）。

⑰　Am では、non accade。

⑱　Am では、略記されているが、executione 以外にありえない、と解されている
（試論・170頁 Am 第32条解読文注⑬参照）。

本条と Am 第32条とのあいだには、解読文の注でみたように、形式的には
多くの差異が存在しているが、Am 第32条で略記されている文言に対応するも
の、方言上の差異ないし表現上の新旧の差異など、両規定の内容に差異を生じ
させない（であろう）ものがかなり含まれている。

略記は、しばしば、解釈・解読をめぐる対立の原因となるが、本条では（も）、
略記はなされていない（Am と異なり、Genuardi 本には、略記はごく少ない）。し
かし、本条においても、やはり、いくつかの謎は残る。以下に、それらをみて
みよう。

まず、見出しが規定の内容と異なっているように思われる。見出しから検討
してみよう。見出しを直訳すれば、「商品を詐取した受託者（accomandatario）
は、すべての備船料につき義務を負う」となりそうである。委託者から預かっ
た商品を詐取した受託者が一定の制裁金を支払わなければならない、というの
であれば、納得のえやすい構文である。

しかし、規定の内容をみると、船長またはその他の商人が詐欺行為の主体で
あり、被害者は受託者（accomandatariu）となっている（Am 第32条の対応部も
同じ）。もし、ここにいう「accomandatariu」も、前条におけるそれと同様、
「委託者（accomandante）」をいうのであれば、規定の内容としては、つじつま
が合いそうである。しかし、そうなると、見出しと矛盾することになる。

第1章　メッシーナ海法序説

　また、Am 第32条において、nove が一つの（大きな）謎となっている[1]。本条においてそれに対応する語は、noiu である。筆者の手元にあるシチリア語辞典（ただし、ごく簡単な古いもの）のなかに noiu を発見できない。考えられるのは、見出しにある nolu（傭船料）の誤植である。そうであれば、本条は、Am 第32条の規定（nove；nuove）とかなり離れてしまうが、規定の形式としては、スマートなものになるであろう。その内容は、おおよそ以下のとおりである。

　【同様に、いずれかの船長またはその他の商人が、利益を確定するにあたり、いずれかの方法および手段により、委託者（accomandatariu）を欺き、そして、その後、その委託者が詐欺を立証しえれば、詐欺を行なった船長または商人は、間違いなく、すべての傭船料（ognunu nolu）を支払わなければならない。契約が新しい規則の形式にしたがい時効により消滅したにもかかわらず、そして、契約が執行を認める原因（causi）に基づくものでなくとも、その商人または船長に対して、執行することができる。】

(1)　Am 第32条の pagare d'ogn'uno nove にまつわる議論については、試論・170頁 Am 第32条解読文注⑧、同条試訳注①および試論・171頁参照。

　　2－88　第88条（Am 第33条：試論・205頁以下）

〔Quandu lu naviliu pati naufragiu comu si divi extimari：難破船の評価〕

　Item quandu lu navili perdi, oy pati naufragiu, et divisi vindiri per contribuirisi <u>soudu per liura</u>① a li carati et a la colonna, si <u>divi</u>② extimari per homini experti quantu putia valiri lu naviliu in |②-²| tempu chi incomenzao lo viagio oy <u>ala</u>③ compagnia et pertantu divi tirari et mettirisi in cuntu secundu <u>la stima</u>④ <u>preditta</u>⑤ et non per quantu fussi forsi <u>vendutu</u>⑥.©

Ⓒ　Genuardi, p.77.
①　Am には、ない。
②　Am では、vede となっているが、文脈上、deve と解されている（試論・205

188

頁 Am 第33条解読文注③参照）。

②-2　Am では、lo が入っている。

③　Am では、la。

④　Am では、l'extima（または l'estima）。

⑤　Am では、略記されているが、predetta と解する立場が有力（試論・206頁
　　Am 第33条解読文注⑧参照）。

⑥　Am では、valuto。

　本条は、船舶が難破し売却がなされるべきときに、船舶共有者などの利害関係人に対する分配額決定のためにする船舶の価格評価について定めている。本条と Am 第33条のあいだに実質的な差異を求めるとすれば、解読文の注⑥でみた最後の用語の相違に基づくものであろう。

　【同様に、船舶が滅失または難破し、持分に応じて（soudu per liura）船舶共有者およびコロンナ参加者に分配するため、売却されなければならない場合、鑑定人によって、航海または組合を開始した時点において有しえた価格が評価されなければならない。そして、それ故、請求および割当ては、前述の評価に基づいてなされなければならず、船舶が多分<u>売却された</u>であろう価格によってはなされてはならない。】

　本条の前半部において、売却されるべき船舶の価格評価は、鑑定人によってなされるべきこと、そして、航海開始時の価格によるべき旨が定められている。これは、Am 第33条の前半部の規定内容とほとんど異ならない（本条には、「持分に応じて（soudu per liura）」が入っているくらい）。

　本条の後半部は、分配・分担が推定売却価格によってはならない旨を確認し、Am 第33条の後半部は、（海難時に）有していたはずの価格によってはならない旨を確認しているもの、と思われる。

　両規定とも、前半部において評価方法・基準時について定めており、後半部では、確認のための注意喚起がなされているにすぎない。両規定の前半部の評価原則が確定していれば、後半部は不要ともいいうる。したがって、その部分における差異を過大評価すべきではない、と思われる。

第1章　メッシーナ海法序説

2－89　第89条（Am 第34条：試論・206頁以下）

〔Non si pò vindiri nixuno vaxello senza commissioni et incantu di la curti：
海事裁判所の許可のない船舶売却の禁止〕

Item nullu naviliu cuvertu, nè discovertu, si pò, nè divi vindiri senza
commissioni di la corti preditta et① incantu①⁻² et si li parti non fussiro {②} in
concordia di lu tempu di la liberacioni, divino li consuli mettiri lu tempu et si
esti lignu covertu in lu tempu③ di la liberacioni, divinu ipsi③⁻² oy alcuno di
loru esseri presenti, si è lignu discovertu si pò per lu notario liberari et si
altramenti alcunu patruni presummissi contra lu preditto④ capitulu, la
vendicioni non vali et lu patruni si esti lignu covertu⑤ esti ad⑥ unzia una di
pena, si esti discovertu {⑦} ad tari⑧ septi et grana⑨ dechi da⑩ essiri pagata
all'opera⑪ di la curti preditta.©

© Genuardi, pp.78–79.

①　Am では、ピリオド。

①-2　Am では、Jntanto。

②　Am では、contente (,) o vero が入っている。

③　Am には、ない。

③-2　Am では、essi。

④　Am では、略記されており、prescritto と解する者が多数であるが、predetto
とする者もいる（試論・207頁 Am 第34条解読文注⑰参照）。

⑤　Am では、scoverto となっているが、明らかな誤記であり、coverto の意味に
解されている（試論・207頁 Am 第34条解読文注㉑参照）。

⑥　Am では、in。

⑦　Am では、è が入っている。

⑧　Am では、tt.（略記）。

⑨　Am では、gr.（略記）。

⑩　Am では、ad。

⑪　Am では、all'es°. または all'ez°. と略記されており、解読が分かれている（試
論・208頁 Am 第34条解読文注㉕および注＊参照）。

Am 第34条は、いくつかの不明な文言を含んでいるほか、おそらく欠落して

190

いる部分があるため、解釈が困難な規定である。本条は、Am 第34条に関する議論に有益な示唆を与えてくれる（解釈で補っていた部分について、その補足の正しさを支えてくれる）。

【同様に、有蓋船であれ無蓋船であれ、前述の海事裁判所の許可なく売却されることはなく、されてはならない。当事者が売却時期について合意していない場合、評議員は、売却時期を決定しなければならない。そして、船舶が有蓋である場合（si esti lignu covertu）、売却時に、当事者またはそのうちのいずれかの者が立ち会わなければならない。船舶が無蓋である場合、公証人によって、売却されうる。そして、それと異なり、いずれかの船長が本条（preditto capitulu）に違反した場合、売却は無効である。そして、船長は、船舶が有蓋である場合、罰金1オンスを、そして、船舶が無蓋である場合、7タリ10グラーナを前述の海事裁判所に支払わなければならない。】

上掲文でみたように、本条は、船舶が有蓋の場合と無蓋の場合に分けて、それぞれに条件節を設けている。しかし、Am 第34条には、船舶が無蓋である場合の条件節が存在しているが、船舶が有蓋である場合を明示した文言がみあたらない（解読文の注③でみた節の不存在）。つとに、後者の場合については、解釈で補う努力がなされている[1]。本条においては、そのような解釈努力を要しない。

(1)　試論・208頁 Am 第34条試訳注②参照

2 −90　第90条（Am 第35条：試論・158頁以下）

〔Ad peticioni di alcunu caratariu si pò vindiri lu vaxellu：船舶持分売却の自由と禁止〕

Item qualsivoglia[1] persuna havissi parti oy carati in alcuno naviliu et non volissi plui veniri[2] in comuni cum li altri soi partionali[3] oy teniri parti in quistu[4] naviliu, ad sua peticioni si divi vindiri, ita quod[5] non si pò costringiri[6] viviri in comuni contra sua[7] voluntati, exceptu chi[8] cum sua espressa

第1章　メッシーナ海法序説

consciencia lu patruni di lu naviliu lu havissi obligatu oy[9] ad nolu[10] oy ad alcunu viaggiu.[C]

© Genuardi, p.79.
① Am では、qualunque。
② Am では、vivere più。
③ Am では、porzonali。
④ Am では、detto。
⑤ Am では、jtaque。
⑥ Am では、astringere a。
⑦ Am では、la。
⑧ Am には、ない。
⑨ Am には、ない。
⑩ Am では、altro。

　本条は、Am 第35条と同様、船舶共有者の持分売却の自由とその制限について定めている。本文が持分売却の自由について定め、但書き（exceptu 以下）がその制限について規定している。

　【同様に、船舶に持分または割合を有する者が、他の共有者と組合に加入しつづけまたはその船舶の持分を保持することを欲しない場合、その者の請求により、持分は売却されなければならず、その者は、その意思に反して組合にとどまることを強制されない。ただし、船長が、その者の明示的合意により、船舶を傭船（nolu）または他の航海に提供しているときは、このかぎりではない。】

　上掲文の「組合に加入しつづけ」は、plui veniri in comuni に対する試訳である。本条解読文注②でみたように、Am 第35条の対応部は、vivere più in comone（組合にとどまり）となっており、意味が異なるのかもしれない。しかし、本条でも viviri in comuni が用いられており、Am 第35条の対応部と同義と思われる。

　解読文の注⑩でみたように、Am 第35条の対応部は、altro となっており、

192

解釈（試訳）に困難を覚える箇所になっている(1)。本条のようにnoluになっていたほうが、おそらく意味は通じやすい。

　本条の但書きの趣旨も、Am 第35条の但書きのそれとなんら変わりないもの、と思われる。船舶共有者は、自分が明示的合意を与えた航海が終了するまで、持分の売却を禁じられる。航海中の持分売却の禁止は、中世の海法に広く承認されていたようである(2)。

(1)　試論・159頁は、Am 第35条のそのあたりを「船舶を他人（altro）にまたは他の航海に・・・」と試訳しておいたが、「船舶を他のまたはいずれかの航海に・・・」との訳も成り立ちえよう。ただし、それでは、altro と alcuno の前後関係が気になる。
(2)　試論・160頁参照。

2－90－2　対応関係の中断

　Am と COCM の対応関係は、COCM 第57条から第90条までで、一時中断する。COCM には、Am 第36条から Am 第38条Ⓛに対応する規定が存在しない。Am の３カ条に関する議論・疑問を省察しながら、対応する規定の不存在がどのような意味を有するのか、若干検討しておきたい。

　(ⅰ)　Am 第36条（試論・209頁以下）　まず、Am 第36条は、Am のいくつかの大きな謎のうちの一つを抱えている。

　同条は、【同様に、アマルフィ海岸の慣習にしたがって航海するすべての船舶は、各持分を16オンスとする。】との規定である。

　この規定と Am 第24条の【各持分は５オンスとする。】とする規定の関係が、Am の大きな謎の一つとされている。この点について、おおよそ、三つの説が唱えられている。両者が矛盾する、とする説（Laband）、両者が同年代に編纂されたものではない、とする説（Alianelli など）および Am 第24条と第36条は、それぞれ、前条（第23条と第35条）を補充する規定であり、両者のあいだには、矛盾も、時代的な隔たりもない、とする説（Monti）である(1)。

　いずれの説が真実を言い当てているのかは不明、というほかない。そして、

第1章　メッシーナ海法序説

二つの規定に関する謎は、Am 第36条に対応すべき規定が COCM に存在しないため、COCM においては生じえない。Am 第36条に対応すべき規定の不存在は、Laband であれば、COCM にはそうした矛盾する規定が存在しない、というだけのことかもしれない。しかし、Monti のように考えると、COCM 第78条には補充規定（同第79条）が存在するにもかかわらず、同第90条には補充規定が置かれていないのか、という疑問が生じてくる。

(1)　試論・82頁以下参照。

(ⅱ)　Am 第37条（試論・210頁）　つぎに、Am 第37条は、Am のなかにあっても、かなり簡略な規定である。

【同様に、航海中、いずれかの物が破損または滅失した場合、共同体全体によって購入されなければならない。】

同条は、Am 第21条および同第19条との関連性・類似性を指摘されている規定である(1)。もし、同条が Am 第21条または同第19条の内容を再言しただけの重要性・固有性に欠ける規定であり、同様の規定を設ける意味がないのであれば、COCM は、そのような（ほとんど）無用の規定を設ける無駄を省いただけなのかもしれない。

(1)　試論・144頁 Am 第19条解読文注④、同194頁 Am 第21条の注＊参照。

(ⅲ)　Am 第38条Ⓛ（試論・210頁以下）　さらに、Am 第38条も、謎・疑問の多い規定である。同条は、第24条から始まるイタリア語文の規定群のなかに一つだけ置かれた最後の（21番目）ラテン語文の規定である。その配置場所がいかにも謎めいている。

その内容は、コンセルヴァ（conserva）契約といわれる、異なる船舶所有者の所有に属する複数の船舶間における航海の安全と協力に関する合意について定めるものである(1)。

コンセルヴァ契約自体は、往時の海法にとって稀なものではなく、むしろ広く普及していたもの、と思われる(2)。COCM がこの契約について規定を設けて

194

第2節　メッシーナ海事裁判所条項

いないのは、ある意味で不思議である。

(1)　この契約は、船舶所有者間でなされるほか、同じ共助目的で、同じ船舶の乗組員間でも締結されたようである。なお、Am 第38条が規定する契約は、任意的なもののようであるが、都市によっては、締結を強制することもあったようである。

(2)　もちろん、国・地方により、呼称は異なったが、偽ロード海法、コンソラート・デル・マーレ、マルセーユ海法（1253～1255年）などがコンセルヴァ契約について規定している（Guido Bonolis, Il diritto marittimo medievale dell'Adriatico, Pisa, 1921, pp.574-576; Twiss, op. cit., p.26, n. 2 ecc.）。

(iv)　最後に指摘しておきたいのは、Am とは別のアマルフィ海法に関する写本である Mansi 本が、Am 第35条（に対応する）ところまでで終わっていることである。Am と COCM の対応関係が一時中断する箇所と Mansi 本の終了する箇所が一致している。

この事実がなにを意味するのか、三つの写本の関係（とりわけ、成立・編纂時期の前後関係）をいかに理解すべきかにかかわってくるのか、それとも、たんなる偶然の一致にすぎないか、いまの筆者には理解が及ばない。たんなる推測の域を超えた説得力のある仮説の定立までには、研究の蓄積が求められる。

2－91　第91条（Am 第39条：試論・211頁以下）

〔Ogni naviliu è tenutu fari raxuni in la curti：海事裁判所における決算報告義務〕

Item tutti li① navili li quali② vayno ad usu di revera③, tantu si veninu da④ infra {④-²} regnu quantu extra {⑤}, tantu cum navili coverti quantu {⑥} discoverti, siano tenuti fari⑦ raxuni in la curti in⑧ presentia dilli consuli lu quali capitulu fu ordinatu alli iiij di marzu della viij inditioni 1384⑨.©

Ⓒ　Genuardi, pp.79-80.

①　Am には、ない。

②　Am では、che。

③　Am では、判読が困難であり rivera、de Rivera または per mera というように、

第 1 章　メッシーナ海法序説

　　　解読が分かれている（試論・211頁 Am 第39条解読文注③参照）。
　④　Am には、ない。
　④-2　Am では、lo が入っている。
　⑤　Am では、lo Regno が入っている。
　⑥　Am では、con Navilij が入っている。
　⑦　Am では、dare。
　⑧　Am では、et。
　⑨　Am では、ò determinatione si deve stare。

　本条の規定内容は、おそらく、Am 第39条のそれと変わらない。しかし、解
読文の注⑨でみた本条の最終節が、COCM の施行されていた時期を明示して
いる点において、COCM（および Am）を検証するうえで、看過しえない規定
である。COCM において、本条以外に、年月日を明示した条項は存在してい
ない。Am との対応関係が再開する最初の条項において、注目すべき事態が生
じている。
　【同様に、メッシーナ海岸の慣習にしたがって航海するすべての乗組員（tutti
li navili）は、王国の内部からまたは外部から、有蓋船でもってまたは無蓋船で
もって来る者であれ、海事裁判所において評議員のまえで、決算報告をしなけ
ればならない。その規定は、1384年３月４日に定められた。】
　海商による収支決算は、利害関係人にとって最大の関心事であったはずであ
る。本条は、その決算報告が厳正になされるべき旨を定めている。その点は、
先述のとおり、Am 第39条と変わらない。
　Am 第39条において、決算報告の義務主体（tutti Navilij）を文字通りに「船
舶」と解するか、文脈から「乗組員」と解するかで、説が分かれている。本条
においても、同様の議論がありうるであろう[1]。
　本条と Am 第39条の規定の趣旨・内容が同一であれ、両者には、看過しえ
ない差異が存在している。すなわち、両者の末尾が決定的に異なっている。
Am 第39条の末尾は、本条解読文注⑨でみたように、"ò determinatione si
deve stare." となっている。このままでは、意味が不明である。そこで、"ò" に

196

ついて、"e ala loro（et a la loro など）" とする解釈努力がなされている。すべての乗組員は、・・・評議員のまえで、決算報告をしなければならず、【そして、評議員の決定に服しなければならない】と解するのである⁽²⁾。それはそれで、筋が通っているように思われる。決算報告が海事裁判所において評議員の立会いのもとになされるべきであれば、その適否について最終的な判断は評議員がなすことになり、決算報告者（乗組員）がその決定（判断）にしたがうべきは、当然の理にかなっている。

　本条においては、Am 第39条の末尾に相当する節が存在しない。決算報告者が評議員の決定にしたがうべきが当然の理であれば、あえて明文化する必要はないのかもしれない。その意味では、Am 第39条の末尾に相当する節の不存在は、本条の欠陥にならないであろう。

　これに対して、本条の末尾は、決算報告に関する準拠規定の制定日を明示している。その規定の内容がいかなるものか（Am 第39条の末尾の規定内容と同じか否か）、筆者に知る術はない。しかし、準拠規定の制定日が明示されていることは、いうまでもなく、本条（または、COCM）の編纂時期がそれ以前であることを示している。このことは、Am と COCM の前後関係の議論に大きな手がかりを与えることになる。

(1)　試論・211頁 Am 第39条解読文注①参照。もちろん、船舶を海商の権利義務主体のように擬人化するのは、広く行なわれていた（る）表現方法であることを考慮すれば、いずれに解（訳）しても大差はないであろう。
(2)　試論・212頁 Am 第39条解読文注⑨参照。

　2－92　第92条（Am 第40条：試論・212頁以下）

〔Chi divinu haviri li consuli di ogni vaxellu：評議員に対する報酬支払義務〕

　Item chi① li consuli digianu haviri per loru {②} affannu di ogni naviliu granu③ menzu④ per ogni salma da la patruni⑤ di lo navilio insembla cum li notari⑥.ⓒ

第1章　メッシーナ海法序説

© Genuardi, p.80.
① Am では、si。
② Am では、salario (,) et が入っている。
③ Am では、gr.（略記）。
④ Am では、空白になっている。
⑤ Am では、delle portate。
⑥ Am には、ない。

　本条に対応する Am 第40条には、空白部分があるため、その解釈にあたり、推測を働かせざるをえないが、本条は、形式的には完結している。本条は、評議員（および公証人）の職務に対する報酬について定めている。

　【同様に、評議員は、すべての船舶に関する業務に対して（per loru affannu di ogni naviliu）、<u>船長から</u>（da la patruni di lo navilio）（積載量）1 サルマあたり、<u>半グラーナを、公証人とともに受け取るものとする。</u>】

　本条と Am 第40条のあいだには、規定内容について、相互に矛盾・排斥しあうほどの差異をもたらすほどのものかは、しばらくおくとして、形式上・文言上、明白な差異がいくつか存在している。

　まず、解読文の注④でみた Am 第40条の空白箇所に[1]、具体的な数量（menzu）が表示されている。つぎに、解読文の注⑥でみた文末の文言（insembla cum li notari）である。これに対応する文言は、Am 第40条にはない。

　この二つの外形上の差異ほど明白ではないが、いくつか細かな差異に気付く（おそらく、内容上の差異につながらない）。

　それらを確認しておくと、まず、本条は、Am 第40条にみられる「報酬（salario）」という文言を用いてはいない。しかし、「業務に対して（per loru affannu）」という表現の存在は、先の文言の不存在を補充しうるであろう。

　つぎに、本条は、評議員の報酬支払義務者（船長：patruni）を明示しているが（解読文の注⑤参照）、Am 第40条にはそのような明示はなされていない。しかし、やはり、Am 第40条においても、解釈上、船長が評議員の報酬支払義務者とされるであろう。

198

そして、報酬額の算定基準が、本条では「1サルマあたり」に対し、Am第40条「積載量1サルマあたり」になっている。これも、おそらく解釈上、補充しうるものであろう。

(1)　その空白は、半行ほどのものである。空白が自然に生じた、とは考えがたい。一つの考えとして、興味深いのは、Am第40条は私法的性質の規定、とするものである（Guarino, p.88-40-3）。おそらく、その説によると、Am第40条では、評議員の報酬は固定化されておらず、その都度、合意・決定される、と解することになるのであろう（あらかじめ、具体的な金額・数量を書き込んでおけない）。

2－93　第93条（Am第41条：試論・152頁以下）

〔Lu cumpagnuni augmentandosi di condicioni pò abandonari lu naviliu：航海者の一方的契約解除権〕

Item si alcunu marinaru oy compagnuni tantu di naviliu[①] di rivera, quantu di soudu[②] |③| trovassi ad accanzari[④] sua condicioni, aumentandosi in officio in lu quali officiu may altra volta fussi statu, havutu l'improntito oy lu soudu[⑤], pò abandunari lu naviliu da lu[⑥] quali havissi havutu |⑦| l'imprentitu di lu sondu[⑧], dummodo quillu[⑨] faccia adsapiri alu patruni di lu naviliu tri jorni innanti[⑩] chi lo navilio diggia fari vila et restituisca[⑪] manualiter l'imprentitu oy lu soudu[©]

© 　Genuardi, pp.80-81.
① 　Am には、ない。
② 　Am では、sodu。
③ 　Am では、下線部⑤が入っている。
④ 　Am では、vanzare。
⑤ 　Am では、|③| に入っている（これらの文言の解読・解釈については、試論・153頁 Am 第41条解読文注②、③および④参照）。
⑥ 　Am では、del。
⑦ 　Am では、o ritenuto が入っている。
⑧ 　Am では、suedo。suodo の誤記と解されている（試論・153頁 Am 第41条解読

第1章　メッシーナ海法序説

文注⑪参照）。

⑨　Am では、che lo。

⑩　Am では、avante。

⑪　Am では、deve restituire。

　本条と Am 第41条のあいだにみられるいくつかの差異は、大半が方言による表現上のものであり、両規定の内容に差異をもたらすものではない、と思われる。

【同様に、メッシーナ海岸のまたは陸上の船舶のいかなる海員または航海者も、前払いまたは支払いを受けたのち、以前になかった地位につき、その境遇を獲得することができる場合、船舶が出帆する3日前に船長に通知し、そして、前払いまたは支払いを手ずから返却しなければならないが、前払いを受けた航海を取り下げることができる。】

　メッシーナ海岸の船舶の海員または航海者は、従前に就いたことがない地位・条件をえることができた場合、すでに支払い・前払いを受領していても、出帆の3日前までに、との時間的な制約を受けるが、船長に通知をし、さらに、支払い・前払いを返却しさえすれば、船長（おそらく、または、船舶共有者）の同意なしに、就航を約束した航海に参加しない自由を有する。この権利の行使には、受領した支払い・前払い額のみの返還で足り、違約金の支払いを要しない（違約金の支払いは、明文上、要求されていない）。本条が労働条件向上の機会をえた海員の保護規定であるは明白である。

　　2－94　第94条（Am 第42条：試論・171頁以下）

〔A navili, chi è allu spachamentu, non si pò mectiri pena：積み残しをした船舶に対する制裁の禁止〕

Item {①} naviliu, lu quali esti② a lu spachamentu③ per lassari marinaru oy compagnuni, non si pò mettiri pena et si misa li④ fussi, non li⑤ vali, nè teni exceptu chi {⑥} lu propriu patruni havissi gabatu alu⑦ credituri, minandulu per palori per fina⑧ ad quillu puntu chi⑨ sarrà allu spachamenti③.©

200

© Genuardi, p.81.

① Am では、al が入っている。

② Am では、esce。

③ Am では、spacciamento。

④ Am では、messali。その解釈をめぐり議論が分かれている（試論・172頁 Am 第42条解読文注⑤参照）。

⑤ Am には、ない。

⑥ Am では、se が入っている。

⑦ Am では、il。

⑧ Am では、menando si（,）。

⑨ Am には、ない。

　本条と Am 第42条のあいだにおいても、特筆に値する差異はみられない。したがって、Am 第42条において議論の分かれた点に示唆を与えうるような情報を、本条から読み取ることは困難である。しいてあげれば、解読文の注⑧の文言くらいである。

　本条と Am 第42条の前半部（本文）は、海員などを置き去りにして出帆する船舶に対して制裁を課しえない旨を定めている。後半部（但書き）は、本文に対する例外を定めている。

　【同様に、海員または航海者を置き去りにして航海に出る船舶は、制裁を課せられることがなく、課せられても、それは効力を生ぜず妥当しない。ただし、船長が、航海に出る時まで、誓約により、債権者を留めおいて、債権者を欺いた場合は、このかぎりではない。】

　試論は、Am 第42条但書きに【船長が、航海に急遽に着手して、債権者を欺いた場合は、・・・】との試訳を付けてある。筆者の推測の域を出ないが、本条但書きの趣旨も、Am 第42条但書きのそれと大きくは異なっていないもの、と思われる[1]。

(1)　Am の翻訳を試みた者は、第42条但書きについて（も）かなり大胆な解釈・推測をなしている。筆者は、とりわけ、本条但書きに対して、まったく手がかりのないまま（本条について「翻訳」「解釈」をしている者を知らない）、「試訳」と

201

第1章　メッシーナ海法序説

いえども、「翻訳」を付すことに逡巡せざるをえない。

2－95　第95条（Am 第43条：試論・214頁）

〔Lu improntitu di li marinari è salvu in terra：海員に対する前払金の執行禁止〕

Item lu improntitu①, lu② quali si fa ali marinari③ di rivera, esti④ sempri salvu in terra⑤.©

© 　Genuardi, p.81.
① 　Am では、all'impronto。
② 　Am には、ない。
③ 　Am では、marini となっているが、marinari と解されている（試論・214頁 Am 第43条解読文注③参照）。
④ 　Am では、esce。
⑤ 　Am では、tra と略記されているが、terra と解することで一致している（試論・214頁 Am 第43条解読文注④参照）。

　本条は、Am 第43条と近似しており、COCM のなかでもっとも簡略な規定の一つである。しかし、末尾の文言が Am 第43条の解釈に対立をもたらしたのと同様、本条の末尾の文言 “salvu in terra” が同様の対立をもたらすであろう。

【同様に、メッシーナ海岸の海員に対して与えられる前払いは、つねに、海上の危険に服しない。】

　上掲文が適切であっとしても、この格言めいた規定がなにを意味するのかは、かなり困難な問題というほかない。

　Am 第43条の “salvo in terra” について、種々の解釈がなされている[1]。海員に対する前払金は、つねに、「陸上で回収しうる[2]」という意味なのか、前払金が当該航海の海員の取分より大きくとも、いったん下船すれば、「差額の返還を要しない[3]」という趣旨なのか、そのほかにも、いくつかの解釈が成り立ちそうである。

202

第2節　メッシーナ海事裁判所条項

(1)　Am 第43条の "salvo in terra" に関する解釈については、試論・214頁 Am 第43
　　条解読文注④、同条試訳注①参照。

(2)　Twiss, op. cit., p.29.

(3)　Guarino, p.92-43-1 は、本文で示したような意味に解しているが、ほかに三つ
　　の解釈の可能性を示している。

2－96　第96条（Am 第44条：試論・173頁以下）

〔A chi è tenutu lu patruni, quandu si perdi qualchi cosa di lo navilio：船舶
の一部喪失に関する船長の責任〕

Item lu patruni di lo navilio esti tenutu, quandu perdi alcuna cosa di lo
navilio, tantu zoè di① colonna, ② capitali oy③ di formentu di naviliu oy④
corredi⑤, tractari per tuttu seu⑥ pudiri per recuperari tuttu quillu {⑦}
perdutu havirà, et quistu si intendi per qualsivoglia⑧ modu la⑨ perdissi oy li
fussi livata et si per sua negligencia zoè chi in tempu et locu la⑨ potissi
recuperari et non tractassi la⑩ ditta recuperacioni, sia tenutu lu patruni
remendirila⑪, la quali arecuperata oy arremandata si divi partiri soudu per
liura⑫ per tutti quilli parcionali et⑬ cumpagnuni, li quali havirannu⑭ statu in
quillu viaggiu.©

Ⓒ　Genuardi, p.82.
①　Am では、della。
②　Am では、del。
③　Am では、come。
④　Am には、ない。
⑤　Am では、correre o。
⑥　Am では、suo。
⑦　Am では、il quale が入っている。
⑧　Am では、qualunque altro。
⑨　Am では、lo。
⑩　Am には、ない。

第1章　メッシーナ海法序説

⑪　Am では、corredarla。
⑫　Am では、soldo per lira。
⑬　Am では、o。
⑭　Am では、saranno。

　本条と Am 第44条のあいだには、かなり多くの不一致がみられるが、それらは、両規定に本質的な差異をもたらしうるほどのものではないであろう。本条は、船舶の調度品・備品やコロンナ契約に投下された財産などを失った場合の船長の回収義務について定めている。

　【同様に、船長は、船舶のいずれかの物、すなわち（zoè）、コロンナの財産、船舶の調度品または備品を失った場合、失った物を取り戻すため、その能力のすべてをもって、努力しなければならない。船長がどのようにして物を失いまたは取り去られた場合も、同様である。そして、船長の過失による場合、すなわち（zoè）、しかるべき時間と場所において、取り戻すことができたのに、回収をしなかった場合、船長は、それを賠償する責に任じなければならない。取り戻されまたは修繕された物は、その航海に参画しているすべての船舶共有者および航海者のあいだで、持分の割合に応じて、分配されなければならない。】

　本条は、Am 第44条がなしているのと同様、zoè（Am 第44条では cioè）以下の説明句・文を2度挿入して、規定の趣旨を明らかにしようとしている。こうした所作がなされていることから、Am 第44条の編纂に私人がかかわった、との推測がなされている[1]。立法形式上は必ずしも必要とされないような文言の挿入がなされている点まで、本条と Am 第44条は近似している。

⑴　試論・174頁 Am 第44条試訳注①参照。

　2－97　第97条（Am 第45条：試論・214頁以下）
〔Comu si divi remendari robba di marinari persa：海員の喪失物の補償〕
　Item di① robba di marinari si perdissi et② fussi casu chi la colonna si dovissi ammindari③ et lu dittu marinaru non potissi provari la valuta④ di

quilla robba, |⑤ divi esseri <u>remendata</u>⑥ <u>tari</u>⑦ sey et <u>quista</u>⑧ si intendi di robba di <u>cupriri et di vestiri</u>⑨ sulamenti.©

Ⓒ　Genuardi, pp.82–83.

①　Am では、se。

②　Am では、o。

③　Am では、l'havesse a dimandare。

④　Am では、lo valore。

⑤　Am では、li が入っている。

⑥　Am では、rifatto。

⑦　Am では、tt.（略記）。

⑧　Am では、questo。

⑨　Am では、vestire（,）et coperire。

本条も、Am 第45条に類似した海員の保護規定の一つである。海員の衣類と毛布が失われた場合の補償限度額について定めた規定である。

【同様に、海員の物品が滅失し、そして、コロンナがそれを補償すべき事態であり、その海員がその物品の価格を立証しえない場合、6タリが補償されなければならない。そして、この補償は、毛布と衣類についてのみとする。】

本条と Am 第45条は、補償対象物を毛布と衣類に限定している点（末尾の sulamenti）および補償額（6タリ）が一致している点において共通している。なお、両規定の形式からすれば、海員が喪失した毛布と衣類の価格を立証しえた場合には、その額まで（6タリを超えて）補償を受けられるのであろう[1]。

(1)　本条（および Am 第45条）には、いくつかの疑問が残る。往時の海員・航海者にも、毛布と衣類以外にも航海の必需品があったはずであるが、本条は、それらについての補償の有無・限度について、なにも語っていない（試論・215頁 Am 第45条試訳注①、同注②参照）。

2－98　第98条（Am 第46条：試論・215頁以下）

〔Lu cumpagnuni restandu in terra ad utilitati di la colonna chi divi haviri：

第1章　メッシーナ海法序説

コロンナの利益ために陸に残った航海者の持分〕

Item, di① alcunu cumpagnuni restassi in terra mandatu ad utilitati di la culonna, lu quali non fussi in② sou difettu lu non③ sequiri di④ lu viaggio, ｛⑤｝ et si per fari li facti soy restassi senza commissioni di lu contingenti⑥, divi perdiri la parti ad si contingenti, la quali si divi contribuyri⑦ ad tutta la comunitati.©

Ⓒ　Genuardi, p.83.

① Am では、se。
② Am では、per。
③ Am では、che non potesse。
④ Am には、ない。
⑤ Am では、deve havere la sua parte del guadagno di tutto lo viaggio が入っている。
⑥ Am では、padrone（または patrone）。
⑦ Am では、distribuire。

　本条は、Am 第46条[1]に対応する、陸上に残った航海者の利益保護の規定であるが、欠落部（解読文注⑤参照）および修正を要する文言（解読文注⑥参照）があるため、そのままでは、意味が通じない。

　【同様に、いずれかの航海者がコロンナの利益のために陸上に残り、航海を継続しえないのが彼の過誤によるのではない場合、（全航海の収益の彼の持分を受けるべきである[2]）。そして、自分の仕事のために船長[3]の依頼なしに残った場合、彼に帰属する持分を失わなければならず、それは、共同体全体に帰属されなければならない。】

　明らかな欠落部分と不適切な用語を補充・修正すれば、本条は Am 第46条にほぼそのまま対応することになる。最後に用いられている本動詞の差異（contribuyri と distribuire）は、両規定に本質的な差異を生じるものではないであろう[4]。

206

第2節　メッシーナ海事裁判所条項

(1)　Am 第46条は、Am 第13条から Am 第16条または Am 第2条、Am 第13条および Am 第16条の内容を再現した規定、といわれている。また、同様の規定は、中世の海法の多くにみられるようである（試論・216頁 Am 第46条試解読文注＊参照）。

(2)　本条の解読文注⑤の部分に、Am 第46条の対応部の文言を補充すべき、と思われる。

(3)　本条の解読文注⑥を付したことばは、Am 第46条の対応部の padrone（または patrone）に修正すべき、と思われる。

(4)　航海者が受領しえない持分をコロンナ契約の当事者「全員に帰属させる」というのと、コロンナ契約の当事者「全員で分配する」というのは、結局同じことである。

2－99　第99条（Am 第47条の一部：試論・132頁以下）

〔Di fattu di jectitu ad compra：転売目的の積荷の投荷〕

Item |①| naviliu di rivera, lu quali sarrà carricatu di mercancia ad compra, si ad quillu naviliu virrà casu fortuytu oy②per tempestati di tempo oy per megliu defensarisi di③ inimichi oy per qualsivoglia④ autra supravenienti fortuna, li serrà necessariu fari gettitu⑤, lu patruni di lu naviliu, guardandu beni si per ogni raxuni⑥ ad loru esti necessariu gettari, et comu per loru serrà deliberatu fari gettitu, divi primu |⑦| incomenzari ad |⑧| gettari oy dari licencia alli compagnuni di gettari, et divino gettari per fina chi alloru parirà⑨ esseri |⑩| salvamentu, lu dannu di lo quali gettitu si divi pagari di lu guadagnu, lu quali⑪ lu naviliu factu havirà |⑫| et quillu⑬ restu di⑬⁻² guadagnu, lu quali da⑭ poi restirà, si divi partiri, comu esti di supra dittu⑮ di li navili di rivera, et si per aventura lu dittu guadagnu non bastassi pagari lu dannu⑯ predittu, tuttu quillu guadagnu divi essiri lassatu per raxiuni⑥ di rimendita⑰ di lu jectitu predittu, allu quali dannu li marinari non su tenuti refari, ma si divi refari intra⑱ la colonna et lu nuviliu (sic) secundu li parti chi lu naviliu terrà⑲, et cossi etiam si lu naviliu predittu non havissi nullu⑳ guadagnu, verum li marinari intandu㉑ sunnu tenuti refari li spisi di loru㉒ mangiari et |㉓|

207

第1章　メッシーナ海法序説

tutti li spisi per loru vita facti et lu improntitu.©

© Genuardi, pp.83-85.
① Am では、lo が入っている。
② Am には、ない。
③ Am では、da。
④ Am では、qualunque。
⑤ Am では、jetto。
⑥ Am では、略記されているが、ragione と解する説が有力（試論・133頁 Am 第47条試解読文注⑩参照）。
⑦ Am では、il patrone が入っている。
⑧ Am では、far が入っている。
⑨ Am では、si à loro parere potere。
⑩ Am では、a が入っている。
⑪ Am には、ない。
⑫ Am には、si deve rifare del guadagno が入っている。
⑬ Am では、il。
⑬-2　Am では、del。
⑭ Am には、ない。
⑮ Am では、come ho detto di sopra。
⑯ Am では、guadagno となっているが、danno と修正されるべきと、一様に解されている（試論・134頁 Am 第47条試解読文注⑱参照）。
⑰ Am では、la rimonda。
⑱ Am では、tra。
⑲ Am では、tirarà。
⑳ Am では、alcuno。
㉑ Am では、in tantum。
㉒ Am では、del。
㉓ Am では、bevere (,) et が入っている。

　本条は、議論の多い Am 第47条の前半部に対応する規定である。Am 第47条は、Am の66カ条のなかでも、議論の多い規定の一つである。とりわけ、第一人称を用いた表現（解読文注⑮でみた "come ho detto di sopra"）が Am 第47条

の編纂に私人が関与したことを推測させる（論拠の一つ）、といわれている[1]。また、本条および Am 第47条は、投荷（成立要件、損害の分担、海員の自己負担費目など）について規定するものであるが、解釈の分かれる文言（mercancia ad compra）を含んでいる。

【同様に、転売するための積荷を船積みしているメッシーナ海岸の船舶に、時化、敵に対するよりよい自己防衛またはその他のあらゆる不測の事態に基づく偶然の事故が生じ、投荷をなすことが必要になった場合、船長は、すべての事情から投荷が必要かをよく考慮し、そして、投荷をなすことを決すれば、最初に投荷を開始するか、または、航海者に対して投荷の許可を与えなければならず、投荷が安全のためになりうる、と考えれば、投荷をしなければならない。投荷損害は、船舶がえた収益により補償されなければならず（si divi pagari di lu guadagnu, lu quali lu naviliu factu havirà）、そして、そのあとに残る収益の残額は（quillu restu di guadagnu, lu quali da poi restirà）、メッシーナ海岸の船舶について先にのべられているように（comu esti di supra dittu）、分割されなければならない。そして、場合により、その収益が前述の損害（lu dannu predittu）を塡補するに足りなければ、すべての収益は、前述の投荷の清算のために、充当されなければならない。その損害につき、海員は、塡補する責を負わず、コロンナと、船舶の有する持分にしたがい、船舶（共有者[2]）とのあいだで、塡補されなければならない。前述の船舶がまったく収益を有しない場合も、同様である。しかし、この場合、海員は、その食費、生活費および前払金を塡補する責を負う。】

本条が Am 第47条の前半部とほぼ同一の内容を有していることは、一目瞭然である。しかし、いくつかの注目すべき差異が存在している。

まず、本条は、上掲文に付した第1、第2および第4のカッコで引用したように、Am 第47条の対応部よりも解釈が適切・容易になしうる表現を含んでいる。

つぎに、Am 第47条編纂への私人の関与を推測させる論拠の一つとされている第一人称の使用（解読文注⑮でみた "come ho detto di sopra"）は、第3のカッ

209

第1章　メッシーナ海法序説

コで示したように、本条においては、回避されている。ただし、先のどの条文と係わるのかは、本条においても、明らかではない。

　最後に、本条は、Am第47条の最終部に対応せず、その対応をつぎのCOCM第100条に委ねている。本条とAm第47条の対応部の規定は、いわば通常の投荷（原則）に関連するものである。COCM第100条とAm第47条の最終部の規定は、2－100で検討することになるが、例外的事象について定めている。

　原則を定め例外を次条項に委ねた本条と、原則と例外を一つの規定にまとめたAm第47条のいずれが、立法技術上、優れているのかは、人により判断が異なるところであろう。いずれにせよ、このような分離現象は、これまでに検討してきた条項に関してはみられなかった（Amの2カ条を1条にまとめた例はある。2－60および2－101参照）。

(1)　試論・84頁以下、同・135頁Am第47条試訳注②参照。
(2)　naviliuにそのまま「船舶」をあてても、また、「船舶共有者」をあてても、海商法の研究者であれば、それほど違和感はないであろう（試論・136頁Am第47条試訳注③参照）。

　2－100　第100条（Am第47条のつづき：試論・133頁以下）
〔Li bivati su tenuti allu jettitu：不心得海員の投荷損害分担義務〕
Item① et si in lu naviliu predittu② fussiro buttati③ cum loru mercancia oy denari oy altra robba sunnu tenuti a lu predittu refachimentu④ di lo jettitu soudu per libra⑤.ⓒ

ⓒ　Genuardi, p.85.
①　Amには、ない。
②　Amには、ない。
③　Amでは、viciati。
④　Amでは、rifaramento（またはrifabamento）となっているが、rifacimentoと解されている（試論・134頁Am第47条解読文注㉕参照）。

210

第2節　メッシーナ海事裁判所条項

⑤　Am では、soldo per lira。

　本条は、Am 第47条の最終部にほぼ正確に対応している。そして、前条のつづきであることは、その文言上も明白である（Item のあとの et および二つの形容詞・predittu）。

【同様に、そして、前述の船舶のなかに、商品、金銭またはその他の物品を持った不心得な海員（buttati[(1)]）がいる場合、その海員は、（その物品の価格の）割合に応じて、前述の投荷の塡補につき、責を負わなければならない。】

(1)　このことばに Am 第47条の viciati が対応している（解読文注③参照）。viciati の意味については、解釈がかなり分かれているが（試論・134頁 Am 第47条解読文注㉔参照）、buttati の意味についても、同様に、かなり議論を呼びそうである。

2－101　第101条（Am 第48－49条：試論・217頁以下）

〔Di factu di jectitu ad nolu：傭船契約の積荷の投荷〕

Item si lu predittu naviliu fussi carricatu di mercadancia di mercanti ad nolu, et[①] comu di supra dictu esti, {②} fussi necessariu gettari, lu patruni di lo navilio divi di zò[③] consultarisi[④] cum li mercanti oy[⑤] cum lu[⑤-2] so facturi, si lu mercanti personalmenti non chi fussi[⑥] oy cum qualsivoglia[⑦] persona, la quali fussi per parti di lo preditto mercanti, narranduli comu per ogni raxuni[⑧] ad loru esti necessariu jectari per salvamentu de la mercancia etiam[⑨] di li pirsuni ed intandu consultari supra quista raxuni[⑧] lu mercanti primu oy cui sarrà per illu, divi[⑩] incomenziari[⑪] ad gettari comu di supra dittu esti, in lu[⑫] quali dannu non sunnu tenuti li marinari, verum lu dannu la quali[⑬] la barca di zò consentirà[⑭], si divi refari di lo guadagnu, lu[⑮] quali factu havirà, et si soverchirà[⑯] guadagnu, lu quali factu havirà[⑰], si divi partiri, comu di supra dittu esti, et si non bastirà, divi esseri di lu[⑱] lu patruni, a lu quali li marinari non sonno tenuti et si bivati[⑲] in chi havirà[⑳], si[㉑] divinu contribuiri comu di supra fu declaratu.

211

第1章　メッシーナ海法序説

Et si persona non fussi per lu dittu mercanti, ne ipsu[21-2] {[22]} chi fussi, di lo gettito preditto divi[23] consultari lu patruni lu nuchero[24] cum tutti oy {[24-2]} mayor parti di li compagnuni, et quandu per loru serrà deliberatu[25] per salvamentu fari lu dittu jectito, lu ponnu fari, comu (si[26]) lu propriu mercanti fussi presenti et consentissi et cussi etiam[27] audirrà lu dannu predittu soudu per libra[28] infra[29] lu naviliu, {[30]} li mercanti, {[31]} si per aventura la robba serrà di multi mercanti.

Et si[32] alcunu marinaru oy bivatu[33] senza licencia di lo patruni, oy di lo[34] mercanti, presummirà incomenzari[35] a {[36]} fari jectitu, serrà tenutu di[37] amendari tuttu quillu lu quali per quillu jettitu perdutu si trovirà.

*Item si lu mercanti fussi persona avara, comu per lu mundu si trova, (per) la quali cosa[38] voli plui tostu[39] muriri ca[40] perdiri alcuna cosa, la quali per extrema avaricia non vulissi consentiri lu jectitu, ma repugnassi, intandu[41] lu patruni insmbla cum li nacheri[42] et li altri boni homini di lu naviliu, di[43] comunicatu consigliu, lu divinu requidiri, mustrandu li raxuni[8] et declaracioni, comu per ogni raxuni[8] esti necessariu fari lu[44] jectitu per {[45]} liberacioni di lo naviliu, {[46]} di li pirsuni et di la mercancia et si ipsu[21-2] puru perseverassi cum la[47] sua avaricia, repugnandu intandu[41] lu patruni di lu naviliu, si divi protestari davanti tutti li cumpagnuni et intandu[41] pò incomenciari ad gectari et non li esti[48] nullu detrimentu[49].

Et ad ogni[50] factu di gectitu si divi intendiri chi[51] lu patruni carichi lu sou naviliu tantu quantu li raxuni[8] di lu so naviliu requedi, ca si ipsu[52] lu supracarrichirà, non sia[53], dubin nullu, ca ipsu[54] esti tenutu ad ogni dannu, missioni[55] et interessi.[C]

[C] Genuardi, pp.85-88.
① Am には、ない。
② Am では、et が入っている。
③ Am には、ない。

212

④　Am では、consigliarsi。

⑤　Am では、et。

⑤-2　Am には、ない。

⑥　Am では、non ci fossero personalmente。

⑦　Am では、qualunque altra。

⑧　Am では、raggione。

⑨　Am では、et。

⑩　Am には、ない。

⑪　Am では、comenzarà。

⑫　Am では、et lo danno del quale jettito si deve partire soldo per lira tra la mercantia (,) et la Barca, come di sopra è detto, al。

⑬　Am では、che。

⑭　Am では、consequerà。

⑮　Am には、ない。

⑯　Am では、si ci rimanerà。

⑰　Am には、ない。

⑱　Am には、ない。

⑲　Am では、vitiati。

⑳　Am で部は、ce fossero。

㉑　Am では、ci。

㉑-2　Am では、ipsu。

㉒　Am では、ne が入っている。

㉓　Am では、si deveno。

㉔　Am では、Nochiero。

㉔-2　Am では、la が入っている。

㉕　Am では、declarato sarà。

㉖　Am には、ない（Genuardi の補足と思われる）。

㉗　Am では、et.（略記）。

㉘　Am では、soldo per lira。

㉙　Am では、fra。

㉚　Am では、et が入っている。

㉛　Am では、et が入っている。

㉜　Am には、ない。

㉝　Am では、viciato。

第1章　メッシーナ海法序説

㉞　Am には、ない。

㉟　Am には、ない。

㊱　Am では、jettare (,) et が入っている。

㊲　Am には、ない。

＊これ以降が Am 第49条に対応している。ここに出てくる商人は、単数形で表されているので、関連する動詞、形容詞も単数形になっている（Am 第49条では複数形になっているが、その差異については逐一指摘しない）。

㊳　Am では、li quali。

㊴　Am では、più presto。

㊵　Am では、che。

㊶　Am では、all'hora。

㊷　Am では、Nocchiero。

㊸　Am には、ない。

㊹　Am には、ない。

㊺　Am では、la が入っている。

㊻　Am では、et が入っている。

㊼　Am では、alla。

㊽　Am では、sarà（または farà。試論・223頁 Am 第49条解読文注⑰参照）。

㊾　Am では、detrimento alcuno。

㊿　Am では、d'ogni。

51　Am には、ない。

52　Am では、et quando。

53　Am では、ci è。

54　Am では、che lo patrone。

55　Am には、ない。

　前2条が合わさって Am 第47条に対応しているのに対して、本条は、1条で Am 第48条および Am 第49条の2カ条に対応しており（類似の例は、COCM 第60条にみられる）、COCM のなかではもっとも長文の規定である。

　Am 第47条から Am 第49条の3カ条は、その編纂に私人が関与したことをうかがわせ、また、Am の他のイタリア語の規定とのあいだに、様式、表現方法などにおいて、大きな差異がみられる、ともいわれている[1]。そのような主張の論拠に類似のものが、本条と前条にも発見される。以下に、本条の規定内

214

容を確認しておこう。

【同様に、前述の船舶が運送賃払いの商人の商品を船積みし（fussi carricatu）、そして、先にのべられているように（comu di supra dictu esti）、投荷が必要になった場合、船長は、それについて（di zò）商人またはその代理人、もし、商人自身がそこに存在しなければ、前述の商人のためにいるいずれかの人に相談しなければならない。すべての事情から、彼らにとって、商品および人命の安全のために投荷が必要であることを彼らに説明し、そして、この事情につき相談したのち、商人は、先にのべられているように、最初にまたは彼のために、投荷を開始しなければならず、その損害について、海員は、責を負わない。船舶がこうむる損害は、えられた収益から控除されなければならない。収益が上回った場合、先にのべられているように、分配されなければならない。そして、不足すれば、船長がそれを負担しなければならず、海員は、それについて責を負わないが、不心得な船員が存在した場合、先に宣告されているように、損害を分担しなければならない。

そして、前述の商人のかわりになる人も商人自身もそこに存在しない場合、前述の投荷について、船長は、上級船員およびすべてのまたは過半数の航海者と協議しなければならない。そして、彼らによって、安全のために投荷をなすことが決定された場合、あたかも、当該商人が立ち会いそして合意したかのように、投荷をなすことができ、前述の損害は、船舶および商人のあいだで、割合に応じて分担される。偶然、商品が複数の商人の物である場合も同様とする。

そして、いずれかの海員または不心得な海員が、船長または商人の許可なく、投荷を開始してしまった場合、その投荷によって失われるすべてを賠償する責を負う。

同様に（＊Item[(2)]）、商人が世界中にいるような、なにか品物を失うよりもむしろ死ぬことを欲するような欲張りな人間（persona avara）であり、そして、過度の貪欲のため投荷に同意することを望まず、むしろ反対した場合、その時、船長は、上級船員および船舶のその他の良識人と相談をなし、すべての事情から、船舶、人命および商品の安全のために、投荷をなすことが必要であること

第1章　メッシーナ海法序説

の説明および宣言をし、投荷を主張しなければならない。そして、商人がなお
も投荷に反対し、その貪欲さを持続した場合、その時、船長は、すべての航海
者のまえで言明し、そして、その時から、投荷を開始することができ、そして、
彼になんらの損害も生じない。

　そして、すべての投荷の場合において、船長は、彼の船舶の積載量が許すだ
けしか、船積みしていないことが前提とされるべきである。過度に船積みして
いた場合、船長がすべての損害、使命（missioni）および利益につき責を負う
ことは、まったく疑いはない。】

　うえにみたように、本条においても、Am 第48条および Am 第49条と同様に、
私人の編纂への関与ないし編纂者の主観（偏見）が色濃く表れている。そのい
くつかを列挙してみよう。

　まず、前半部（Am 第48条の対応部）からみることにする。「先にのべられて
いるように」は、Am 第47条の「私が先にのべたように」ほどではないにして
も、やはり、私人の編纂への関与を推測させるに充分であろう。公的編纂者に
相応しい表現・用語方法であれば、具体的な規定場所を示すか（参考例として、
参照規定の制定年月日を明示している COCM 第91条）、あるいは、COCM 第87条
にみられる "prescriptu" を用いて、「先に規定されているように」という表現
になるであろう。

　叙法の不統一も先の推測の論拠となりうるであろう。たとえば、COCM 第
99条は、最初の節において、直説法・単純未来形（sarà carricatu）を用いてい
るが、本条は、最初の節において、接続法・半過去形（fussi carricatu）を用い
ている。このような不統一は、立法担当者や公的編纂者よりは、私人がよくな
すところであろう。

　つぎに、後半部（Am 第49条の対応部）について確認しておく。まず目につ
くのは、Am 第49条にみられたのと同様の、貪欲な商人に対する「嫌悪感」と
もいうべき執拗な評価である。すなわち、【なにか品物を失うよりもむしろ死
ぬことを欲するような欲張りな人間】との表現は、公的な立法者の用いる表現
には程遠く、本条の編纂者は私人であるかのような推量をもたらす。

216

また、最後の段落全体が本条の解釈に関する説明・確認になっており、少なくとも、現代的な立法技術に適合していない[3]。さらに、そこで用いられている用語についても、公人というより、私人がよく使用するものがみられる。それと同趣旨の表現はCOCM第96条および同第97条などにもみられるが、本条では、かりに、【前提とされるべきである】と訳しておいた "si divi intendiri chi" も、やはり、立法者の表現というより、評釈者のそれであることをうかがわせる[4]。そして、Am第49条にも類似の表現が存在しているが、【non sia, dubin nullu（まったく疑いはない）】という表現は、立法者の表現としては奇異というほかない。

　以上のように、もし、そこで用いられている文言・表現方法から（とりわけ、個別・具体的なそれから）Am第47条から同第49条の編纂に私人の関与を証明しうるのであれば、COCM第99条から同第101条についても、ほぼ同様の証明が可能であろう。

(1)　試論・84頁以下、218頁Am第48条解読文注＊、221頁Am第48条試訳注①および③ならびに222頁Am第49条解読文注＊参照。

(2)　解読文の第4段目（Itemのところ）からAm第49条との対応関係が始まる。前半のAm第48条との対応部と分けるため、＊を付しておいた。

(3)　ただし、近年の条約やわが国の立法のなかには、当事国間の解釈の矛盾を避けるため、あるいは、国民の理解がえやすいように、説明的・確認的な表現を含むものが増えているようである。もちろん、その現象と本節で論じている問題は、次元・時代が異なる。

(4)　評釈者の表現という意味では、COCM第96条および同第97条などの類似表現（si intendi）より、本条の表現のほうがより強くそれを感じさせる。

2－102　第102条（Am第50条：試論・224頁以下）

〔Li marinari, havutu lu soldu, a chi é tenuti：金銭を受け取った海員の義務〕

Item incontinenti chi lu patruni oy[①] lu scrivanu day[②] lu soldu ad alcunu marinaru, esti tenuti ad requesta di lo patruni, {[③]} di lo scrivanu et[④] nacheri veniri et serviri la navi[⑤] in li servitii, li quali[⑥] serrannu commissi, et si per

第 1 章　メッシーナ海法序説

adventura requestu non venissi ad aiutari, divi essiri in pena ad arbitriu⑦ di li consuli, exceptu chi⑧ per legittima causa non⑨ fussi impachiatu⑩.©

ⓒ　Genuardi, p.88.
①　Am では、et。
②　Am では、danno。
③　Am では、o が入っている。
④　Am では、o del。
⑤　Am には、ない。
⑥　Am には、ない。
⑦　Am では、al parere。
⑧　Am では、si。
⑨　Am には、ない。
⑩　Am では、impedito。

　本条と Am 第50条のあいだには、使用文言の差異・有無がいくつかみられるが[1]、それらは、やはり、両規定の内容上の差異をもたらすものではない、と思われる。

　Am 第50条は、同第1条との関係（矛盾）が議論されている。両規定は、金銭を受け取った海員が労務を提供しなかった場合の制裁に関する規定であるが、制裁を課す判断者が異なる点をいかに理解するべきか、議論が分かれているのである[2]。同様の議論が、本条と COCM 第57条に関しても生じうるであろう。

　【同様に、船長または船舶書記がいずれかの海員に金銭を与えるや、海員は、船長、船舶書記および上級船員の要求に応じて出頭し、委ねられる役務を提供する義務を負い、そして、偶然、要求に応じ助力しに来なかった場合、評議員の裁量により、処罰を受けなければならない。ただし、正当な理由により妨げられた場合は、このかぎりではない。】

　本条においても、処罰（ないし制裁：pena）の種類・内容（たとえば、身体的拘束か金銭賠償か）については、ふれられていない。

218

第2節　メッシーナ海事裁判所条項

⑴　たとえば、解読文の注①でみたように、本条が「oy（または）」を用いている
　場所で、Am第50条は「et（および）」を用いている。その差が、解読文の注②
　でみたように、3人称単数形のday と3人称複数形のdanno につながっている。
　しかし、法文上、「または」が「および」の意味に用いられることがあるのは周
　知のことである。解読文の⑨でみた non の有無についても、non は、salvo che,
　eccetto che などのあとで、冗語として（否定の意味をもたずに）用いられる。
⑵　Am第50条と同第1条との関係については、試論・225頁 Am第50条試訳注①
　参照。

2－103　第103条（Am第51条：試論・225頁以下）

〔Lu marinaru non divi contari, tornandu la navi infra huri 24：船舶が24時
間以内に帰港した場合の海員の報酬〕

Item si per aventura alcuna navi oy vaxello partissi <u>dallu</u>① portu <u>et</u>② per
tempu oy altro avenimentu tornassi <u>infra huri xxiiij</u>③, lo marinaro non divi
<u>contarsi</u>④.©

Ⓒ　Genuardi, pp.88-89.
①　Am では、da。
②　Am には、ない。
③　Am では、fra ventiquattro giorni。
④　Am では、godere questo tempo。

本条は、短い規定であり、解読に異論が出そうな難解な用語はない。この点
に関しては、Am第51条についても同様である。しかし、両規定間には看過で
きない差異が存在している（解読文注③参照）。

【同様に、偶然、いずれかの船舶または船（vaxello）が出港し、そして、天
候またはその他の出来事のため、24時間以内に（infra huri xxiiij）に帰港した
場合、海員は、計算に入れてはならない（non divi contarsi）。】

Am第51条に関しては、かなり議論が分かれている。航海中止により海員に
報酬請求権が発生しない場合の規定と解するところまでは、おそらく異論がな

219

第1章　メッシーナ海法序説

い。船舶が出港後「24日以内」に帰港した場合に無報酬と定めていることが、議論発生の主因といいうる。その「24日」をめぐり、いくつかの推測がなされている。そのなかで、「24日」は、「24時間」の転記ミス、とするものも存在している[1]。これに対して、本条は、出港後「24時間以内」と定めているため、上記のような議論の対立は生じえない。

　最後に、解読文の注④でみた差異について、若干検討しておこう。本条の末尾の語（contarsi）には、si 以外に補語となるものがなく、少し訳しづらいが、それに対応する Am 第51条の文言（godere questo tempo）と意味するところは同じ、すなわち、「報酬を受けられない」という意味であろう。

(1)　Am 第51条の「24日」をめぐる議論については、試論・226頁 Am 第51条試訳注①参照。このほかに、Am 第51条が賃金海員を適用対象とするのか、という問題も重要であるが（試論・226頁 Am 第51条試訳注②参照）、やはり、本条の適用対象についても、同様の議論が生じそうである。

　2－104　第104条（Am 第52条：試論・128頁以下）

〔Quillu divi tornari lu marinaro, rompendu lu naviliu：海難時の海員の報酬返還義務〕

Item partutu lu naviliu fussi prisu oy rumpissi, lu marinaru divi esseri pagatu per quillu tempu chi ha[1] servutu fina allu jornu[2] di lo naufragiu, et si havissiru ad[3] refari di lu soudu[4] non possano esseri strittu a tempu de unu misi, cuntandu[5] da lu jornu di lu naufragi inanti[6], non obstanti che sia pagatu ad raxuni di misi.[C]

ⓒ　Genuardi, p.89.
①　Am では、l'ha。
②　Am では、tempo。
③　Am では、da。
④　Am では、soldo。
⑤　Am では、computando。

⑥　Am では、avante。

　本条と Am 第52条とのあいだには、注目に値する唯一の例外を除き、規定内容に差異をもたらしうるような差異はない。両規定とも、出帆後航海が海難などにより中止となった場合の賃金海員の報酬について定めている。

【同様に、船舶が、出帆後、捕獲されまたは難破した場合、海員は、海難の日（jornu di lo naufragiu）まで労務を給付した期間について、報酬の支払いがなされなければならない。金銭を返還すべき場合、海員は、月払いで報酬を受けていても、海難の日から数えて前の一カ月の期間については、その義務を負わない。】

　注目に値する唯一の例外というのは、解読文の注②でみた海員の報酬計算期間の終了時点について、本条が海難の日（jornu di lo naufragiu）としているのに対して、Am 第52条は海難の時（tempo del naufragio）としているところである。

　その報酬計算期間の終了時点の表現上、明確な差異がみられるが、COCM（および Am）は、海員の報酬を時間給とする旨の規定を有していない（前条の24時間には注意を要するかもしれないが）。これに対して、日給制度を推測させる規定は、本条自体もそうであろうが（後半部に「海難の日から数えて」という表現がみられる）、第68条および第108条がこれに該当するであろう。

　注目に値する唯一の例外も、本条と Am 第52条の規定内容に本質的な差異につながらないのであろう。

　2−105　第105条（Am 第53条：試論・226頁以下）

〔Li marinari quandu non so tenuti restituiri lu soudu：海員が金銭返還義務を負わない場合〕

Item si li marinari fussiru prisi et tenuti prisuni oy firuti, [①] morti in serviciu dillu naviliu, chi② eo casu non siano tenuti restituyri lu soudu③, lu④ quali havissiro ad scuntari⑤.ⓒ

221

第1章　メッシーナ海法序説

ⓒ　Genuardi, p.89.

①　Am では、o が入っている。

②　Am には、ない。

③　Am では、soldo。

④　Am には、ない。

⑤　Am では、da escomputare（または escompturare）。

　　本条と Am 第53条にみるべきほどの差異は、存在しない。本条の主語・海
員は複数形で表わされているが（それに対応して、動詞も複数形）、Am 第53条
では単数形が用いられている点に若干の注意が向くだけであろう。

　　【同様に、海員は、航海中に捕虜になりそして獄につながれるかまたは怪我
をしもしくは死亡した場合、その時、清算すべき金銭を返還する責を負わな
い。】

　　2−106　第106条（Am 第54条：試論・227頁以下）

〔Comu si divi contribuiri lu jectitu：投荷の分担義務〕

Item si alcunu vaxellu partutu① da lu portu per supravenienti fortuna li
fussi necessariu jectari ad mari, quillu jectitu si divi contribuiri universalmenti
per tutti quilli persuni, li quali hannu mercancia in quillu② vaxellu predictu
per tutti li mercanti, etiam③ per lu naviliu, lu quali naviliu si divi per homini
experti extimari secundu la qualitati chi era, quandu partiu di lu④ portu, et⑤
insembla cum li mercantii fari una massa et poi partiri soudu per libra⑥, et
quistu si intendi, quandu lu navili non fussi perdutu⑦in tuttu.ⓒ

ⓒ　Genuardi, pp.89-90.

①　Am では、portato。ナポリ方言によると、partuto とするべき、といわれてい
　　る（試論・228頁 Am 第54条解読文注①参照）。

②　Am では、lo。

③　Am では、et。

④　Am では、dal。

222

第2節　メッシーナ海事裁判所条項

⑤　Am には、ない。

⑥　Am では、soldo per lira。

⑦　Am では、si perde。

　本条は、Am 第54条とほぼ正確に対応しているだけではなく、Am 第54条に
おいて若干の疑問を残す唯一のことば（本条解読文注①でみた portato）の解釈
に有力な手がかり（確信）を与えている。

【同様に、出港したいずれかの船舶が、不測の事態から海中に投荷をするこ
とが必要となった場合、その投荷は、前述の船舶中に商品を有しているすべて
の人、すべての商人および船舶によって、全員で分担されなければならない。
その船舶は、商品と一つの資産を形成して出港した時の品質にしたがって、鑑
定人によって評価され、そして、割合に応じて分担しなければならない。そし
て、これは、船舶が全損しなかった場合のこととする。】

　最後の節は、本条が船舶が全損に至らなかった場合の規定であることを明言
している。この表現自体が立法者の用法として不似合いである[1]と同時に、次
条が全損した場合について規定しており不必要にも感じられる。これと同様の
表現が Am 第54条においてもなされている。この表現が Am 第54条の編纂に
対する私人の関与ないし私人の注釈を推測させる根拠になっている[2]。

[1]　本節・2－101で関連する議論を行っている。

[2]　試論・228頁 Am 第54条試訳注①参照。

2－107　第107条（Am 第55条：試論・228頁以下）

〔Quandu naviliu si perdi in tuttu：船舶全損の場合〕

Item si lu navilio si perdissi in tuttu, li mircancie① non su plui② tenuti
(*escomputare**) nec e converso③, verm si lu navilio havissi factu jectitu,
existenti in li proceli di lo mari④ et datu⑤ in terra si recuperassiro tucti oy
parti, di⑥ quilli mercancie recuperati si divino contribuire cum li⑦ cosi gettati
in lu tempu di lo naufragiu, non tamen ha locu si⑧ si perdinu poi rutti lu

223

第1章　メッシーナ海法序説

naviliu.©

- ©　Genuardi, p.90.
- ①　Am では、mercanti。
- ②　Am では、più sono。
- ＊カッコによる（イタリック体の）このことばの挿入は、Genuardi による補足と思われる。
- ③　Am には、ない。
- ④　Am には、ない。
- ⑤　Am では、解読が多様に分かれている（試論・229頁 Am 第55条解読文注⑥参照）。
- ⑥　Am には、ない。
- ⑦　Am には、ない。
- ⑧　Am では、le cose (,) che。

　本条は、船舶分損の場合の投荷損害の分担について定めた前条を受けて、全損の場合について規定している。本条は、Am 第55条と同一内容の規定と思われる。

　【同様に、船舶が全損した場合、商品（mircancie）は、もはや、まったくそして逆に（nec e converso）、（清算する）義務を負わない。しかし、船舶が海上での暴風雨（li procelli di lo mari）のあいだに投荷をなし、そして、商品の全部または一部が陸上に回収された場合、その回収された商品（quilli mercancie recuperati）は、難破の時点で投荷された商品（の損害）を分担しなければならない。しかし、（商品が、）船舶が難破したのちに失われた場合、損害の分担はなされない。】

　上掲文の第一節は、投荷損害の分担義務主体を表すのに「商品（mircancie）」を用いている。これに対して、Am 第55条の対応部は、解読文の注①でみたように、mercanti（商人）となっており、当該義務主体を表すのに適切な用語となっている。しかし、当該義務主体を「商品」と（擬人的に）表現することは、海商法上、不適切ではなく、むしろ一般的な理解をえられるところであろう。両者の規定には、形式的な差異（異なる用語の使用）が認められるが、実質的

224

第2節　メッシーナ海事裁判所条項

な差異はない、といいうる。

　上掲文の第二節は、再度、商品（quilli mercancie recuperati）を当該義務主体としており、Am 第55条の対応部においても、同様に、商品（quelle mercantie recuperate）が義務主体とされている。両者の規定は、形式的にも一致している。

　2－108　**第108条**（Am 第56条：試論・229頁以下）

〔Lu marinaro a chi è tenutu, essendu lu naviliu di fora：*海員の航海中の義務*〕

Item existenti lu naviliu di fora, esti tinutu lu marinaru dormiri supra lu navili di notti et tutti quilli notti, li quali senza expressa consciencia[1] di[2] patroni dormissi in terra, divi per ciaschuna notti serviri jornu unu, oy[3] haviri tantu mancu di la[4] paga ad arbitrio di lo patruni.[C]

[C]　Genuardi, p.91.
[1]　Am では、licentia。
[2]　Am では、del。
[3]　Am では、et。
[4]　Am には、ない。

　本条は、Am 第56条とほぼ正確に対応している。船舶が市外に（di fora[(1)]）あるときの海員（おそらく、賃金海員）の在船義務を定めている。

　【同様に、船舶が市外にいる場合、海員は、夜間船上で寝る義務を負い、そして、船長の明示的了承（expressa consciencia di patroni）なく陸上で寝たすべての夜について、一晩あたり1日の役務につき、または（oy）、船長の裁量により、報酬の減額を受けなければならない。】

　本条と Am 第56条のあいだの差異を求めるならば、本条解読文注[3]でみた「oy（または）」と「et（および）」のちがいである。すなわち、義務違反をした海員に対する制裁が、本条では選択的になるが（1日の役務または報酬の減額[(2)]）、Am 第56条では並列的になる（1日の役務および報酬の減額）。

225

第1章　メッシーナ海法序説

　なお、本条の適用対象は、Am 第56条と同様、賃金海員であろう。それは、
制裁の内容である「報酬（paga）の減額」の文言から推測しうるところであ
る(3)。

(1)　ナポリ方言で、fore（および fora）は、標準イタリア語の fuori であるが（試
　　論・230頁 Am 第56条解読文注②参照）、シチリア方言の fora も同義である。
(2)　日本法の用語方法では、「又は」は、並列的な意味（及び）を有する場合があ
　　るが（たとえば、商法第21条第1項の「裁判上又は裁判外の行為・・・」）、本条
　　の oy（または）は、本来的な用法にしたがった選択的な意味を有するように思
　　われる。
(3)　Am 第56条から同第58条の3カ条は、有力説によると、賃金海員に関する規定
　　と解されている（試論・230頁 Am 第56条解読文注＊参照）。

　　2－109　第109条（Am 第57条：試論・230頁以下）

〔Lu marinaru, quandu lu naviliu stà all'ormiggi, a chi è tinutu：海員の船舶
係留中の義務〕

　Item quandu lu naviliu stay ad l'armigi① lu marinaru non divi partiri di lo②
naviliu di notti, ne di jornu senza licencia, exceptu chi③ lu navilio non fussi in
portu securissimu④ tantu di fortuna quanto di malagenti.©

©　Genuardi, p.91.
①　Am では、a dormiggio となっているが、ad ormeggio の意味に解されている
　　（試論・231頁 Am 第57条解読文注③参照）。
②　Am では、dal。
③　Am では、se。
④　Am では、dove sentesse。

　本条は、Am 第57条と同じく、船舶が係留されているときの海員（おそらく、
賃金海員）の在船義務を定めている。
【同様に、船舶が係留されている場合、海員は、昼も夜も許可（licencia）な
く船舶から離れてはならない。ただし、船舶が天災および悪人から安全な港
にいるときはこのかぎりではない。】

226

とくにそれを推測させる文言を有しないが、本条の適用対象は、賃金海員であろう[1]。なお、海員は許可なく船舶から離れてはならない、とされているが、だれの許可を要するのか、また、明示的な許可を要するのか（黙示的許可で足りるのか）について規定はなされていない。この点も、Am 第57条と異ならない（ただし、前条では、licencia ではなく、consciencia という用語が用いられていた[2]）。

　本条の但書きは、Am 第57条のそれより、趣旨が判りやすい表現になっている。その趣旨は、Am 第57条で異ならない、と思われる。

(1)　前条（2−108）注(3)参照。
(2)　Am 第56条と Am 第57条は、ともに licentia を用いている。

　2−110　第110条（Am 第58条：試論・231頁以下）

〔Lu marinaro chi può fari standu lu navili ad surgituri：投錨時における海員の離船の自由〕

Item standu lu naviliu a spurgituri[1], si pò di jornu[2]lu marinaru partiri di[3] navi senza licencia di lu patruni, exceptu chi[4] non[5]fussi requestu da lu patruni oy d'altru officiali di la navi per alcuna causa oy chi quillu locu non fussi multu securu di cursari oy fortuna oy di altra mala genti[6].©

©　Genuardi, pp.91-92.
①　Am では、sorgituro。
②　Am には、ない。
③　Am では、da。
④　Am では、se。
⑤　Am では、lui ne。
⑥　Am には、ない。

　本条は、Am 第58条と繊細な一致点を有する一方で、形式上の明白な二つの不一致箇所（解読文の注②と⑥参照）を有している。

第1章　メッシーナ海法序説

【同様に、船舶が投錨している場合、海員は、昼間（di jornu）、船長の許可なく船舶から離れることができる。ただし、船長もしくはその他の上級船員によって、いずれかの事由のために命令されているとき、または、その地が、海賊（cursari）、天災もしくは他の悪人のために非常に危険であるときは、このかぎりではない。】

　まず、本条とAm第58条との形式上の明白な二つの不一致箇所から検討してみよう。本条は、本文において、Am第58条にみられない文言をもって、海員の離船の自由に制約を課している。すなわち、離船の自由は、「昼間」にかぎられている。Am第58条本文には、そのような明示的な制約文言はない。しかし、「夜間」の離船が一般的に禁じられているのであれば、この文言上の差異は、実質的な差異をもたらさない。

　そして、但書きは、さらに、離船の自由を制約しているが、文言上は、Am第58条より詳しくなっているため、制約の範囲が広まっている（ように読むことができる）。すなわち、本条には二つの「とき」に離船ができない旨の明示的文言があるが、Am第58条は、上掲文の下線部に対応する「とき」について、規定していない。しかし、その離船に対する制約の実質的な内容は、前条の但書きの規定からも類推が可能な、自明のことに属するであろう。

　したがって、本条とAm第58条のあいだには、形式上は看過しえない差異を認めうるが、実質的にはさほど大きな差異を認めることはできない。

　つぎに、両規定間の繊細な一致点を一つだけ確認しておく。二つの規定とも、「船舶」を表わす用語を3度用いている。両者とも、最初に、naviliu（navilio）を用い、あとの2度は、navi（nave）と使い分けをしている。Am第58条に関しては、このことなどから、少なくとも形式的な修正が施されたのではないか、との推測がなされている[1]。その推測の根拠になった文言・形式は、本条においてもみられるのである。

　(1)　試論・232頁Am第58条試訳注①、Guarino, p.124-58-2参照。

3 総括と展望（むすびにかえて）

われわれは、「**2 メッシーナ海事裁判所条項**」において、同条項（第57条から第110条）の全54カ条と Am 第1条から第58条までを逐条的に（さらにいえば、逐語的に）対照・検討してきた。その作業によって知ることのできた事実を再確認し、さらに、本節で対照しなかった（第1節で対照した）Am の規定について言及しておくことにしよう。

3-1 類似点の確認

COCM を Am 第1条から第58条までと対照・検討して、改めて、二つの法の類（酷）似性に驚かされる。**2** の冒頭において言及した「タイトル」「前置きのことば」および「見出し」に関する異同については、かなり重要な論点を含むものであるが、繰り返さない。2-57以下の作業において発見・確認することができた種々の類似点のうち、重要と思われるものを再確認しておきたい。

（i）**規定の配列順の一致**　まず、二つの法の全体的な形式的構造・規定の配列順についてみると、両者は、ほぼ正確に一致している。

COCM 第57条と Am 第1条の対応関係に始まり、一時の中断（Am 第36条から第38条までの3カ条に対応する条項が、COCM に存在しない）を経て、COCM 第91条から第110条までが、Am 第39条から第58条までに対応している。

2-60、2-99、2-100および2-101でみたように、一方の二つの規定が他方の一つの規定に収まっている例、逆に、一つの規定が二つに分離されている例（形式上の差異）は存在しているが、その他の条項においては、各条項が正確に対応している（形式上の不整合がみられる条項にあっても、対応関係は明確に認識しうる）。

（ii）**規定内容の一致**　さらに驚くべきは、対応関係にあるすべての条項の規定内容がほぼ完全に一致していることである。

Am 第38条を除くと、Am の20カ条のラテン語文の規定が、COCM の規定と対応している。使用言語のちがいは、当然、内容に大きな差異をもたらしうる。しかし、二つの法においては、使用言語を超えて、その20カ条に関して類

第1章　メッシーナ海法序説

似性を認めうる。

　Am のイタリア語文の規定と COCM の対応する条項についても、同様のことがあてはまる。COCM のシチリア方言は、Am のアマルフィないし南部イタリア方言より、解読が困難なものを多く含んでいる。しかし、二つの方言は、イタリア語とラテン語の差異ほどのものを帯びていない。Am のイタリア語文の規定と COCM の対応規定のあいだにも、明確な類似性を認めることが容易に可能である。

　(iii)　**用語方法の一致**　　つぎに、二つの法が用いている表現方法および用語に関する類似性を確認しておこう。しかし、個別・具体的な表現方法・用語の一致をすべて再確認していては、**2** の作業を繰り返すだけに終わる。二つの法の類似性を際立たせているものだけを再確認すれば足りる。

　まず、私人の編纂への関与が推論されている Am のいくつかの規定に対応して、COCM がどのような用語方法を用いているのかを確認してみよう。

　その推論の根拠となるのが、立法者の用語方法というより、解釈者ないし私人の表現とうかがわせるいくつかの文言である。その傾向がもっとも顕著な文言は、Am 第49条および COCM 第101条にみられた商人に対する嫌悪の文言 "persona avara（欲張りな人間）" である。

　類似の表現・文言を探せば、枚挙にいとまがない。"si deve intendere che（了解されるべき）"、"come è detto di sopra（上述のとおり）"、"cioè（すなわち）"、"infallabiliter（間違いなく）"、"non ci è dubio nullo（まったく疑いはない）" などである。このような用語・表現のことごとくが、正確に対応する場所で用いられている。

　そして、船舶に関する用語の一致について確認しておく。二つの法は、船舶を表わす用語として、navilio (u)、vaxello (u)、legno (lignu)、nave (navi) および barca の五つのことばを用いている。もっとも多用されているのは、navilio (u) である。それ以外の四つのことばの使用頻度は、navilio (u) に比べて、きわめて小さい。それにもかかわらず、四つのことばの使用場所が、ほとんど例外なく（Am 第25条で navilio といっている場所で、COCM 第80条が lignu

230

といっているくらい）、対応している。

　最後に、興味深い共通点を思い出しておく。Am 第31条および第32条と
COCM 第86条および第87条にみられた accomandatario（u）の誤用である。委
託者を表わすのであれば、accomandante または accomandatore を置くべきと
ころに、受託者を意味する accomandatario（u）が両法の対応箇所で用いられ
ているのである。誤用（と思われる）箇所までが一致している。

　その他、細かな類似点も多くみられるが（接続詞・e（et）、稀な表現・soldo
per libra、慣習への言及・secondo uso di rivera の使用場所の一致など）、それらの
確認作業は読者諸賢に委ねたい。

3－2　相違点の確認

　二つの法の類似点に比べると、相違点は少ない。しかし、両法の差異・相違
点の確認も、本節の重要な作業である。

　Am に21カ条のラテン語文の規定が含まれているが、COCM は、すべてイ
タリア語（シチリア方言）の規定からなっていることは、何度かふれている。
その一方で、COCM は、Am のイタリア語文の規定よりも多くのラテン語（な
まり）の文言を用いている。これらの差異は、一見して即座に発見しうる。そ
れら以外に、重要と思われる相違点を確認しておきたい。

　（ⅰ）**同（類）義語の反復**　　同（類）義語の反復は、COCM においてもなさ
れているが、Am のラテン語文の規定に多くみられる。この問題については、
2－67で注＊を設けて、若干議論している。

　本節は、この問題について深く議論しなかったが、そこで使用されている用
語の意味自体の解釈にとどまらず、両法の編纂時期、編纂者などを探究する場
合、かなり慎重・綿密な検証を要するかもしれない。

　（ⅱ）**略記の有無**　　Am においては、かなり多くの略記された部分、不明な
部分が存在している。それらが、Am の解釈を困難にし、説の対立を生む原因
となっている。これらに対応する場所で、COCM は、明確な文言を提示して
いる。

第1章　メッシーナ海法序説

　この相違は、編纂者・転記者の職業・法的素養のちがい、編纂・転記目的の
ちがいによるものかもしれない。この議論は、本節の目的外に属するし、
COCM を含むメッシーナ海法に関する研究の蓄積を待たなければならない問
題であろう。

　　3－3　対照外の規定
　本節は、繰り返しのべているとおり、Am と COCM の対応関係の確認・検
証を目的としている。
　読者諸賢が即座に気付かれるように、本節は、Am 第59条から第65条の規定
とそれらに対応する CCMM の規定（以下、対照外の規定という）との検証作業
を行っていない。本節がなぜその作業をしなかったのかについて、若干論じて
おきたい。
　まず、CCMM と COCM の規定は、通し番号によってまとめられてはいるが、
異なったタイトルによって、明確に分類されている。二つの条項はその性質を
異にするもの、と思われる。
　そして、対照外の規定は、本節で対照・検討をした規定と性質が異なるよう
に思われる。対照外の規定は、訴訟手続、船舶売却代金の債権者に対する分配
などについて定めている。これに対して、対照・検討した規定は、海商事業
（例えば、コロンナ契約）の当事者間の法律関係を主として規律している。
　もし、そうであれば（大雑把なとらえ方であるが）、Am は、性質の異なる規
定群を一つにまとめて包摂しているのに対し、CCMM と COCM は、それぞれ、
置くべきところに、置くべき規定を設けている、といいうる。
　したがって、COCM と Am 第1条から第58条までの検証は、規定の順序ど
おりになせば足りたが、対照外の規定の検証は、そのような単純な方法による
ことができない。
　まず、対照外の規定の対応関係を確認してみる。
　Am 第59条 ⇔ CCMM 第31条、Am 第60条 ⇔ CCMM 第32条、Am 第61条
⇔ CCMM 第38条〜第40条、Am 第62条 ⇔ CCMM 第41条、Am 第63条 ⇔

232

CCMM 第49条、Am 第64条 ⇔ CCMM 第53条、Am 第65条 ⇔ CCMM 第54条

　CCMM における対照外の規定の配列場所は連続しておらず、規定間にかなりの間隔がみられる。

　また、対照外の規定（のいくつか）は、本節の「**はしがき**」でもみたとおり、ヴァレンシア評議員規則のいくつかの規定に類似している、といわれている。対照外の規定の検証には、ヴァレンシア評議員規則の規定との対照・検討も要求されるであろうから、その作業は、本章第1節にゆずった。

3－4　むすびにかえて

　筆者は、本節がそのごく限られた目的を一応果したもの、と自認している。本節により、COCM と Am 第1条から第58条までの類似のほどが―全体的構成・規定内容から個別・具体的な文言・表現に至るまで―明白になり、COCMと Am に対する理解・認識が著しく深化したであろう。しかし、作業を終えたところで、素朴な疑問が生じてきた（より強いものとして、再生した）のも事実である。

　一都市の海法が他の都市の海法に影響を及ぼしあるいは相互に影響を及ぼしあった例は、他にも求めることが可能（容易）である。しかし、Am 第1条から第58条と COCM の規定ほど類似（酷似）している例は、他に存在するのであろうか。筆者は、そのような例を寡聞にして知らない。

　今日の通説的見解によると、アマルフィ海法の適用範囲は地中海全域に及ぶものではなく、せいぜいアマルフィ海岸域に限られていた、と考えられている。それを受け入れるにしても、なぜ、他に類例を求めることができないほどの類似性を伴った海法がアマルフィからかなり離れた（直線距離で約300km）メッシーナに存在したのか、その謎は依然として残るかあるいはさらに深まるであろう。さらには、アマルフィ海法（およびメッシーナ海法）が往時もっとも広範な適用範囲を有したコンソラート・デル・マーレの形成に影響を及ぼした可能性を否定できないかもしれない。

第2章　トラパニ海法管見

1　はしがき

　トラパニ（Trapani）は、シチリア（Sicilia）島の西（北）端の部分に位置しており、古来、「アフリカにもっとも近い街」と呼びならわされている。このことからも分かるように、トラパニは、紛れもなく、地中海交易の要衝の一つ、シチリアの西の玄関口であった。

　古くには、航海術（および商業）に優れたフェニキア人がトラパニおよびその近辺を頻繁に訪れていただけではなく、居住地を形成していたことは、多くの発掘品から明らかになっている。また、トラパニ周辺で行われている製塩の技術は、フェニキア人が残したもの、と広く信じられている。

　統治者がいくたびか変わることがあっても、トラパニの経済的・政治戦略的重要性は、長いあいだ、変わることがなかった。その経済的繁栄の頂点は14世紀であった、といわれている。海運が発達し商業が栄えた街には、必然的に海（商）法が発生したが、トラパニも例外ではなかった。

1－1　トラパニ海法

Vito La Mantia, Consolato del mare e dei mercanti e capitoli vari di Messina e di Trapani, Palermo, 1897 は、分量的には小さな書物であるが、往時のトラパニの海事・商事法を復刻・紹介しており、中世イタリア（ないし地中海）海法史研究上の学術的な価値は大きい[1]。

　同書は、シチリア王 Federico 2 世の1314年2月21日付けの特権付与（メッシーナ〔Messina〕人およびシラクーサ〔Siracusa〕人に与えられていたのと同じ特権をトラパニ人にも付与する）の文書を復刻・紹介した後、六つの規則・条項を復刻・掲載している。

235

第 2 章　トラパニ海法管見

その最初に掲載されているものが、多くの研究者によって「トラパニ海法」
として扱われているものであり、たしかに、「トラパニ海法」の最重要部・中
核的部分といいうる（本章の主たる検討対象でもある）。タイトルとその試訳を
掲げておく。

De officio Consulum maris et capitulis de ordinacionibus officii eiusdem,
que servari debent de cetero per presentes officiales et successores in terra
Trapani, prout servantur in civitate Messane et aliis terris et locis maris
regni Sicilie.

「海事評議員職務および同職務規則条項について。すなわち、それらは、
メッシーナ市およびシチリア王国の他の海の土地・場所において維持されてい
るように、トラパニの土地においては、その他の点では、現在の官吏および継
承者を通じて、維持されることが義務づけられている。」

詳細については、後に検討するが、本規則は18カ条からなり、そのうちの半
数以上が第 1 章で検討したメッシーナ海法のいわゆる Genuardi 本（以下、ME
海法[2]と略称する）に類似している、と評されている[3]（本規則には『トラパニ海
事評議員職務規則』とでも和訳を当てておくのが適切かもしれないが、便宜上、以後、
本規則を TRCM と略称する）。

TRCM が有する格別の重要性については、以下のような指摘が適切であろ
う。すなわち、同法は、トラパニが、すでに（1282年 9 月に始まる）アラゴン
王朝期の間、重要な海の中心地であったことを示しているだけではなく、とり
わけ、タイトル自体のなかで、メッシーナおよび他のシチリアの海洋都市にお
ける類似の規定の存在に言及している[4]。

(1)　Vito La Mantia については、緒言の **1** において、その略歴を紹介している。
(2)　本章において、ME 海法という場合、いわゆる Genuardi 本、すなわち、Luigi
　　Genuardi, Il libro dei capitoli della corte del consolato di mare di Messina,
　　Palermo, 1924, pp.28-159 が報じている、第 1 条から第167条まで通し番号によっ
　　てまとめられた（その後、第168条と第169条の一部が発見された）メッシーナの
　　海事評議員裁判所に関連する規則をいう。なお、第 1 章第 1 節では同法第 1 条か

236

ら第56条を「CCMM」と略称し、第2節では同法第57条から第110条を「COCM」と略称しているが、本章では、そのような分類・別称付与をせずに、通しで、ME 海法と称する。

(3) たとえば、Riniero Zeno, Storia del diritto marittimo italiano nel mediterraneo, Milano, 1946, p.139; Mario Murino, Andar per mare nel Medioevo, Le antiche consuetudini marittime italiane, Chieti, 1988, p.322, n. 1 は、ME 海法と TRCM の類似対応関係を下記のような対照表にまとめている。ただし、両者の対照表は、完全に一致しているわけではなく、Zeno のそれは、TRCM 第17条と ME 海法第8条・第11条の類似性を認めていない。なお、両法の類似・対象関係について、Zeno と Murino の見解に言及する場合、煩を避けるため、以後、書名と頁数を明示しない。

TRCM	4	5	6	7	8	9	10		11	12		14	16	17*	18
ME 海法	2,3	7	81	82	58	89	117,119		116	104, 105		126	128	8,11	9

しかし、Zeno や Murino が認めない類似対応関係を他所で発見可能かもしれない。たとえば、筆者には、TRCM 第8条と ME 海法第59条などにも類似関係が認められるように思われる。

(4) Zeno, op. cit., loco cit.

1－2　陸上の規則・条項

海（商）法は、陸商法に大きく影響されず独自に発展する傾向にあったにしても、陸の世界から離れ自己完結的に生成・発展したわけではないであろう。本章で検討する TRCM などの規定も、往時の陸上の慣習法などと完全に無縁ではなかったはずである。

La Mantia の著作は、TRCM の後に、五つの規則・条項を掲載しており、それらは、TRCM とは少し性質を異にし、陸上の商事事項ないし一般社会生活関連事項の規律をその主たる目的としているようである。しかし、それらの規則・条項のなかにも、やはり、海事関連規定がいくつか散見される[1]。

La Mantia が TRCM の後に紹介している陸上の規則・条項のなかに散見される海事法規定については、「**2　トラパニ海事評議員職務規則（TRCM）**」の作業の後、「**3　陸上の規則・条項**」において若干の検討を試みたい。

第 2 章　トラパニ海法管見

(1)　Murino, op. cit., pp.322-324 は、五つの陸上の規則・条項のうちの四つに海事
　　関連事項を規律する条項を見い出しており、それらの条項についても紹介を行っ
　　ている。

　　1－3　本章の目的

　本章は、TRCM の18カ条と他の陸上の規則・条項に散見される海事法規定
を直接的な検討対象とするにとどまるが、それらの分析・検討により、往時地
中海交易の要衝として栄えたトラパニの海法の有姿を、たとえ、一部であって
も明らかにしたい。

　その作業は、トラパニ海法自体を描出するだけではなく、1－1でふれたよ
うに、ME 海法との類似・対応関係をつまびらかにすることでもある。それは、
間接的には、アマルフィ海法などとの類似・対応関係の解明にもつながってい
る。すなわち、本章の目的は、中世イタリア（ないし地中海）海法史に関する
議論に一つの新たな資料を提供し、ひいては、その議論の深化・展開に益する
ことにある(1)。

(1)　本文でのべたように、本章の直接的な検討対象は、それほど多くはない。
　　Nicola Giordano, Il diritto marittimo siciliano dalle origini al secolo XIV,
　　Archivio storico siciliano, nuova serie, anno 41（1916）, pp.373-374 によると、シ
　　チリアでは、13世紀初頭まで、成文化された海法関連規則はなかったようである。
　　公証人の記録などから往時の海事契約・慣習法の有姿を推測することが可能かも
　　しれないが、本章は、そのような第一次資料を参照しえていない。また、本章は、
　　先述の陸上の規則・条項のなかに散見されるいくつかの海事関連規定について、
　　若干の検討を試みるが、それらの規定以外の陸上の慣習法に関して、検証を行う
　　余裕がない。そのため、本章は、「トラパニ海法管見」と称しているが、そのタ
　　イトルが本章の学術的意義を減殺するものではない。

＊本章の基本方針

　　［ME 海法の類似・対応条文］2において、TRCM の各条について、順次、検
　　討するが、「小見出し」の番号は、TRCM の条文番号に合わせる。小見出しの後
　　に、Zeno および／または Murino などによって類似性が認められている ME 海
　　法の条文を示しておく。

238

［見出し］ TRCM 第 4 条以下の規定には「見出し」が付されている。それらの
なかには、かなり長いものもみられるが、本章では、可能なかぎり、簡潔に「試
訳」をしておく。

［規定内容］ TRCM のすべての条文は、ラテン語で記載されているだけではな
く、専門用語やイタリア南部方言・用語などを含んでおり、すべての条文に正確
な翻訳を施すのは、きわめて困難な作業である（少なくとも、筆者にとっては）。
翻訳を試みても、場合によっては、かなり大胆な「推測」が入ってくるであろう。
各条の分析・検討の便宜のため、筆者が解析できた範囲で、各条の「規定内容」
を【 】で示すことにする。したがって、それらは、「試訳」あるいは「仮訳」
の域に達しえていないこともありうる。

［セミコロン］セミコロンを有する条文については、そこで文章を切って規定
内容を示すが、セミコロンのない場所でも、適宜、文章を切ることがある（その
旨をとくにことわらないこともある）。

［引用文献の略称］　かなり頻繁に引用するいくつかの文献・先行作業を以下の
ように略称したい。

「Am」：アマルフィ海法のいわゆる Foscarini 本。

『試論』：拙著『アマルフィ海法研究試論』関西大学出版部・2003年。

2　トラパニ海事評議員職務規則（TRCM）

TRCM の18カ条について個別・具体的な分析・検討を行う前に、TRCM の
形式的特色・留意点（TRCM に関する議論の根源にもなっている）をいくつか
（順不同に）列挙しておきたい。

（i）　**タイトル**　　TRCM のタイトルは、その妥当・適用範囲に論及してい
るため、かなりの長文である。

本規則を特定・表示するためだけであれば、前半部のみで足りるであろうが、
TRCM のタイトルが注目される所以は、que 以下の長い後半部分にある。
Zeno は、後半部分を転写人による付加としているが[1]、それによって、本規
則がメッシーナなどのシチリアの海洋都市で遵守されているものであることが
明らかにされている。

転写人による付加（前書き）と解するか否かはおくとして、直ちに思い起こ
しうるのは、Am および ME 海法第57条から第110条まで（第1章第2節で

第2章　トラパニ海法管見

「COCM」と略称した規定群である）が同様の形式のタイトルを有していることである。

便宜のため、二つの規則・条項のタイトルを改めて掲げておこう。

Capitula et ordinationes Curiae Maritimae Nobilis Civitatis Amalfae quae in vulgari sermone dicuntur la Tabula de Amalfa（通俗的表現ではアマルフィ海法と称されている、高貴なアマルフィ市の海事裁判所の諸条項と諸規則）

Li capituli et ordinacioni di la curti di mari di la nobili citati di Messina facti et ordinati per la universitati di la predicta citati（称揚された市共同体のために起草され制定された高貴なメッシーナ市海事裁判所の諸条項と諸規則）

三つのタイトルを対照して、いくつか気づいた点を列挙してみよう。まず、使用言語であるが、TRCM と Am はラテン語であり、ME 海法はイタリア語（南部イタリア方言）である。一般的に、ラテン語を使用言語とする法律がより古いものであろう、と考えられうるが、TRCM と ME 海法の上記規定群では、いずれが古い時代のものであるのか、いずれの地において先に慣習法として成立したのかは、おそらく判定不能、というしかないであろう[2]。

Am と ME 海法の上記規定群は、それぞれアマルフィとメッシーナのために制定・編纂されたものであることを明言しているが、かならずしも、その規則・条項の妥当性・適用範囲に関して、明言はしていない。これに対して、TRCM は、それがトラパニだけではなく、メッシーナおよびその他のシチリアの海洋都市において遵守されていたことを明らかにしている。ここでは、メッシーナが特記されていることが、とりわけ注目に値する。

周知のとおり、中世イタリア海法史において、しばしば注目される用語として、capitula（capituli）と nobilis（nobili）がある[3]。前者は、三つのタイトルに共通して存在しているが、後者の用語（都市が自らを尊厳づけるために用いる形容詞）は、TRCM のそれには存在していない（他の二つのタイトルにはみられる）。ただし、このことばの欠落ないし不使用は、決して、トラパニの「格」の低さを暗示するものではない、というべきであろう。

240

⑴　Zeno, op. cit., loco cit.

⑵　Ad es., Zeno, op. cit., p.140; Dante Gaeta, Le fonti del diritto della navigazione, Milano, 1965, pp.67-68.

⑶　この二つのことばは、とりわけ、法律の編纂時期を推測する手がかりに一つとして、議論される。試論・69頁以下、74頁以下および99頁以下など参照。

(ⅱ)　**裁可（付与）者・年**　　タイトルの直後、第１条の直前に、本規則の裁可者「Rex Fridericus rex Sicilie」の名が掲げられている。このシチリア王がFederico 2 世（Federico Ⅱ d'Aragona〔在位1296-1337年〕）か Federico 3 世（Federico Ⅲ il Semplice〔在位1355-1377年〕）かについて議論がなされている。

　この裁可者に関する議論には、本規則の最後尾（第18条のあと）にある文言"Datum Messane MCCCXXXXV" の1345年の正誤をめぐる議論がかかわってくる。すなわち、1325年のあやまり、とする La Mantia は Federico 2 世と推定し[1]、Genuardi は、本規則がよく整序されていることから、Federico 3 世以外の Federico 王ではありえない、としている[2]。

　この議論のいずれに与するかの明言を避ける研究者も、TRCM について（も）、その内容の成立（制定）の時期から長い時を経て編纂（裁可・明文化）された、と解する点では一致している[3]。

⑴　La Mantia, op. cit., p.7, n. alla riga 21. なお、La Mantia は、本規則とともに著作に収めている五つの陸上の規則・条項の裁可者および裁可（編纂・明文化）年について、とくに疑問を提示していないようである。

⑵　Genuardi, op. cit., p.Ⅵ.

⑶　Zeno, op. cit., loco cit.; Gaeta, op. cit., p.67.

(ⅲ)　**使用言語**　　TRCM は、タイトルだけでなく、第１条から第18条のすべての条文がラテン語で記載されている。TRCM が裁可された時期は、すでにイタリア語が法律や公文書に広く用いられるようになっていた時期でもあろう。

　TRCM とそれほど大きく時代が異ならない海法のなかに、タイトルはラテ

第2章　トラパニ海法管見

ン語で表示されていても、本文はイタリア語からなっているものが存在しているが[1]、TRCM は、ごく稀にイタリア語の単語・語句の混入がみられても（ギリシャ語源のものも含まれているかもしれないが）、それ以外は、ラテン語からなっている[2]。

Zeno は、TRCM が公的機関によって編纂されたもの、と推測しているが、使用言語がラテン語であることも、根拠の一つになっているもの、と思われる[3]。

(1)　たとえば、トラーニ（Trani）海法がその例である。同法については、拙稿「トラーニ海法素描」関西大学法学論集55巻4・5号1286頁以下参照。また、Am は、全66カ条のうち、21カ条がラテン語であり、45カ条がイタリア語である。
(2)　ちなみに、La Mantia の著作が所収している陸上の五つの規則・条項も、TRCM と同様、すべてがラテン語で記載されている。
(3)　Zeno, op. cit., p.138.

(iv)　見出し　　TRCM 第1条から第3条の規定には「見出し」がないが、第4条から第18条の規定には「見出し」がある。「見出し」の有無も、しばしば、編纂者が公的機関か私人かの議論の根拠とされる。当然、見出しのあるものが公的機関により編纂され、ないものが私人により編纂された、と推測される傾向にある。

TRCM 第1条から第3条の規定における「見出し」の欠如がなにを意味するのか不明であるが、復刻の際における転写人の見過ごしとは考えがたい。La Mantia によって同時に公表されている他の規則についても同じ現象がみられる。たとえば、3－1でふれる Capitula mercatorum は、全15条からなっているが、第2条から第7条に見出しがあり、それ以外の条文には見出しがない[1]。

むしろ、TRCM の転写人が原本を忠実に転写したであろうことは、往時の法律の多くが第2条以下の文頭に置く Item からも推測される。TRCM は、この文言を、規則性をもって使用している。すなわち、第2条から第16条までの

15カ条の文頭のすべてに、Item が置かれている（数項からなる長文の第17条と第18条の第1項の文頭には、In primis が置かれている）。

　さらに、第2条（3項）、第4条（2項）、第9条（2項）、第17条（4項）および第18条（5項）が複数の項を有しているが、TRCM は、第9条第2項の文頭以外、他のすべての項の文頭に Item を置いている[2]。

　TRCM の編纂者は、かなり注意を払いながら、Item を使用したもの、と推測することができる[3]。そして、転写人も、同様に、かなり注意を払いながら、原本を転写したもの、と思われる。

(1)　Raffaele Starrabba, Consuetudini e privilegi della città di Messina sulla fede di un codice del XV secolo (posseduto dalla Biblioteca comunale di Palermo), Palermo, 1901, pp.273-289 は、Genuardi が紹介している ME 海法第1条から第34条に対応する部分を報じているが、第1条から第15条に対応する条文には見出しがない（第16条以下に対応するものには見出しがある）。

(2)　本文で言及しているように、第17条および第18条の第1項の文頭には、In primis が置かれ、第2項以下の文頭に Item が置かれている。本文ではのべなかったが、第17条第3項は、10号からなっており、その第1号の文頭に In primis が置かれ、第2号から第10号の文頭に Item が置かれている。

(3)　Item と In primis の規則的な使用・配置は、(iii)でみた Zeno の推測（TRCM の編纂は公的機関による）の根拠の一つであったもの、と思われる。

(v)　**成立時期・場所**　　TRCM のいくつかの条文が ME 海法の規定と類似しているが、すると、いずれが他方を模したのか（いずれがより古いのか）、という疑問が湧いてくる。これに関しては、(i)で若干言及したように、判定が困難ないし不能、というほかないのであろう。

　(ii)で省察した裁可者・年の特定が可能であったとしても、慣習（法）として成立したものが統治者により裁可されるまでにかなりの時差があったはずである。したがって、TRCM の成立時期（・場所）については（も）、後の統治者による裁可の時期（・場所）から推測することは、おそらく不可能であろう。

　TRCM にしても、ME 海法にしても、いまに伝わっているものは、後の世

第2章　トラパニ海法管見

の転写人の作業によるものであり、もともとの原本（testo originario）がシチリア島の海事評議員裁判所に法律として保存され、それに依拠して、裁判が行われていたが、やがて、交易の要請および海法の発展により、修正・付加がなされたのであろう[1]。

　そのような推測が正しければ、少なくとも、もともとの原本がトラパニまたはメッシーナのいずれの地で生じたのか、という疑問自体、あまり意味がないのかもしれない。むしろ、トラパニとメッシーナだけではなく、具体的な名称は掲げられていないにしても、シチリア島内の他の海洋都市において同じ（類似の）内容の法律・規則が遵守されていたことに、より注目すべきなのであろう[2]。

　⑴　Zeno, op. cit., loco cit.
　⑵　同じことが陸上の規則・条項についてもあてはまるかもしれない。すなわち、La Mantia が報じている五つの陸上の規則・条項にも、最後尾やいくつかの規定に裁可年と場所を表わす文言が付加されているが、裁可場所には、トラパニ以外に、メッシーナ、カターニア（Catania）、アウグスタ（Augusta）などの名がみられる。

2－1　TRCM 第1条

Volumus et precipiendo mandamus quod Consules maris regni nostri Sicilie teneantur et debeant associare et defendere omnem Trapanensem in quacumque terra marine Sicilie existentem, qui in casu necessario indigeret Consule supradicto; et quod pro eorum salario nihil recipiant, nisi de qualibet barca prout inferius describitur, sub pena privationis officii.©

　©　La Mantia, p.3.

【われわれは、われわれのシチリア王国の海事評議員が、シチリアの陸海のいずこにおいても、窮状にあって上述の評議員を必要としているすべてのトラパニ人に連帯しそして擁護すべき義務を負うことを欲しそして委任する。そし

て、（海事評議員は、[1]）彼らの報酬として、あらゆる船舶について後に規定されているところにしたがうほか、なにも受け取ってはならない。これに違反したときは、職務を剥奪される。】

　本条*は、「見出し」が付せられていないが、「海事評議員の義務および報酬の超過請求の禁止（制裁）」について規定している。

　TRCM には、見出しのない条文とある規定が混在しているが、一般的には、見出しを有しない条文からなる法律・規則は古い時代に制定・編纂されたもの、と考えられているようである。また、同じ法律・規則のなかに異なった時代に制定・編纂された条文が混在している、と考えられることもある。すると、本条から第3条の規定は、第4条以下の規定より古い時代のもの、との考えが成立しうるかもしれない。

　また、本条は、セミコロン（；）により、大きく二分されており―本章では、便宜上、3文（3段）に分けて規定内容を示しておいた[2]―、第1文は、海事評議員の職務・義務について、一般的・抽象的な表現によって規定している。その職務・義務の内容は、他の地の海事評議員に要求せられているものと異なるところはない。

　第2文については、たとえば、第2条にみられるように、短文の規定であっても、独立した項とする方法もあったかもしれないが、もちろん、その所作のちがいが第2文の理解を困難にするものではない。

　第3文は[3]、定額（法定）の報酬[4]以外の報酬を受け取った海事評議員に対する制裁として、職務の剥奪を明示しているが、金銭的制裁については、明示的言及をしていない。第4条は、職務違反に対する罰金について定めているが、本条（第2文）の違反（超過報酬請求）の場合にも適用されるのか、かならずしも、明らかではない。

　なお、ME 海法（およびヴァレンシア評議員規則）第1条は、海事評議員の選任に関して、時期、選任者、被選任者の員数・資格（選任母体）および任期・執務期間などについて、かなり詳細に定めているが[5]、海事評議員の選任に関

第2章　トラパニ海法管見

する規定は、TRCMのなかに存在していない。本条と類似する規定は、ME
海法のなかには発見できないもの、とされている[6]。

(1)　本条の第2文に主語は置かれていないが、適宜、補充しておく。
＊「本条」2－1から2－18の各節において、かなり頻繁に、TRCMとME海法な
　どの条文を対照するため、混乱が生じうるかもしれない。それを回避するため、
　あらかじめ確認しておくと、「本条」という場合、各節の「小見出し」にある
　TRCMの条文をいう（適宜その場で再確認する）。
(2)　TRCMとME海法の形式的な差異として、セミコロンの使用頻度をあげるこ
　とが可能であろう。前者（全18カ条）の使用回数は10数回であるが、後者は、第
　1条から第110条までで、数回しか使用していない。
(3)　法定報酬以外の報酬の受領を禁じた規定は、第3条にもみられる。
(4)　海事評議員の報酬は、第2条に規定されている。
(5)　ME海法第1条については、第1章第1節2－1参照。ヴァレンシア評議員規
　則については、第1章第1節1－2および同注(1)に掲げた文献を参照のこと。
(6)　TRCMが海事評議員の選任についてME海法第1条に類似の規定を設けな
　かった理由を推測すると、「自明のこと」あるいは「メッシーナなどの都市で行
　われていること」として、周知のことであり、明文化する必要がなかった（ある
　いは、明文化の煩に堪えなかった）のかもしれない。

2－2　TRCM第2条（ME海法第92条）

Item quod predicti Consules habeant et habere debeant pro qualibet barca
［portate salmarum］victualium quinquaginta infra granos quinque.

Item de qualibet barca portate victualium salmarum quinquaginta usque ad
centum gr. decem.

Item pro qualibet barca portate victualium salmarum centum supra
tarenum unum.©

©　La Mantia, p.3.

【同様に、前述の評議員は、［積載量[1]］50サルマ以下のあらゆる船舶につい
て、5グラーナを受け取りそして[2]受け取るものとする。

246

同様に、積載量50から100サルマのあらゆる船舶から[3]、10グラーナ。

同様に、積載量100サルマを超えるあらゆる船舶について、1タリ。】

　本条も、前条と同様、「見出し」を有していないが、「海事評議員の報酬」を定めた規定である。本条は、それぞれ短文の三つの項によって構成されており、各項が、船舶の規模を三つの段階に分けて、評議員の報酬を定めている。

　Zeno および Murino の対照表には、本条に類似・対応する ME 海法の規定が掲げられていないが、Genuardi（op. cit., p.XVIII）は、ME 海法第92条との類似性を認めている。

　学術的判断に評価者の恣意が入ってはならないが、主観をまったく排除することは不可能であろう。どの程度似ていれば、類似している、といいうるのかについても、このことがあてはまるであろう。筆者は、Genuardi のいうように、ME 海法第92条（および Am 第40条）と本条の類似性を認めうるのではないか、と考えている。

　たしかに、本条と ME 海法第92条を詳細に対照すれば、いくつかの差異を発見することが可能であろうが、それらの差異は、両者の類似性の肯定の妨げになるほど大きいものではないように思われる。

　まず、ME 海法第92条は、【評議員は、すべての船舶に関する業務に対して、船長から（積載量）1サルマあたり、半グラーナを、公証人とともに受け取るものとする】というように、海事評議員の報酬のみを定めたものではなく、公証人の報酬を含むものかもしれないが、主たる対象者は海事評議員、というべきであろう[4]。

　また、ME 海法第92条は、本条と異なり、船舶の規模を三つの段階に分けて、海事評議員の報酬を定めるかたちを採らず、【（積載量）1サルマあたり、半グラーナ】というように、段階を設けずに、船舶の規模（積載量）に正比例して報酬が決まるかたちを採っている[5]。

　報酬の算定方法として、ME 海法第92条のそれは、単純であり、本条のそれは、報酬の高額化を防止する配慮がなされている。明らかに、後者のほうが技

第2章　トラパニ海法管見

巧的であり、進化した印象を与える。しかし、両者は、報酬の算定基準に船舶の規模（積載量）を用いるという基本的態度では一致している、ともいいうる。

　なお、本条と ME 海法第92条の類似性を承認しうるのであれば、Am 第40条との類似性を承認しても大過ないもの、と思われる[6]。

(1)　"barca portate victualium salmarum" について、「積載量・・・の船舶」としたことの適否は、しばらく論じない。

(2)　原文では "habeant et habere debeant" と繰り返されているが、現代の立法用語法によれば、不要なものであろう。

(3)　本項の qualibet barca の前に置かれている前置詞（de：から）は、第1項および第3項のそれ（pro：について）とは異なっており、異なった訳語を与えてあるが、「～から報酬として」という意味では同じであろう。

(4)　第1章第2節2－92。ME 海法第92条との類似性が認められている Am 第40条は、【・・・評議員は、その業務に対する報酬として、すべての船舶から、船舶の積載量1サルマあたり、・・・グラーナを受け取るものとする】というように、まさしく、海事評議員の報酬に関する規定であり、そこに公証人は出てこない。Am 第40条については、試論・212頁以下参照。

(5)　Am 第40条は、【積載量1サルマあたり、・・・グラーナ】というに、ME 海法第92条と同じく、船舶の規模に正比例して報酬が決まるかたちを採っている。異なるのは、ME 海法第92条が報酬算定の基準値を「半グラーナ」と明示しているのに対して、Am 第40条は、その基準値を示すべき個所を「・・・グラーナ」というに、空白にしている点である。この空白がなにを意味するものなのか、同条に関する大きな謎となっている。

(6)　第1章第2節2－92における ME 海法第92条と Am 第40条の二つの規定の分析・検討から、いくつかの差異が明らかとなったが、この両者の類似性が Genuardi, op. cit., p.XVII によって承認されているのは、周知の事実であり、筆者も、両者間の類似性を否定するものではない。筆者は、寡聞にして、両者の類似性を否定する研究者を知らない。

2－3　TRCM 第3条

Item quod predicti Consules nullum pedagium nullamque executionem nullumque salarium atque alios proventus habere debeant, preter proventus supradictos.©

© La Mantia, p.3.

【同様に、前述の評議員は、上述の収入以外に、いかなる手数料も、求償金も、報酬もその他の収入も受け取ってはならない。】

本条も、見出しを有しないが、海事評議員の法定（定額）報酬以外の報酬の受領禁止を定めた TRCM 第 1 条第 2 文を再確認ないし敷衍した規定、といいうる[1]。

本条は、単独の規定として設ける必要性に欠けるのかもしれず[2]、また、類似する規定を ME 海法のなかに発見することができない、とされている。TRCM 第 1 条に類似する規定を ME 海法のなかに発見することができない、とされている以上、本条に類似する規定を ME 海法のなかに発見することができないであろう。

法定外の報酬を受領した評議員に対する制裁として TRCM 第 1 条は、その「職務の剥奪」を規定しているが、「罰金」については、第 1 条にも本条にも明示的言及がなされていない。

なお、TRCM 第17条でみることになるが、法定外の報酬を受領した公証人に対する制裁として、同条は、やはり、「職務の剥奪」明示的に定める一方で、「罰金」については明示的な言及をしていない。報酬の超過請求者に対する制裁規定の形式に一貫性をみることができる。

⑴ 本条においては、TRCM 第 1 条で使用されている「報酬」以外に、「対価」性を表わす類似の用語が繰り返し用いられている。ただし、"executio" に適当な訳語を思いつくことができなかったので（他所で「補償金」などを用いている）、かりに「求償金」をあてておいた。
⑵ 規定の形式からみても、TRCM 第 1 条が海事評議員の報酬額の算定方法をTRCM 第 2 条に（黙示的に）委ね、本条が TRCM 第 2 条の算定方法によって算出された額以上の報酬の受領を海事評議員に禁じている。これらの 3 カ条は、（TRCM 第17条のように）一つの規定にまとめることも可能であったはずである。

第2章　トラパニ海法管見

2－4　TRCM 第4条（ME 海法第2条・第3条）

〔Quod officium Consulatus non possit renuntiari：評議員の職務放棄の禁止〕

Item quod predicti Consules non possint eorum consulatus officium vendere nec alteri committere, sed ipsi personaliter debeant officium exercere sub pena privationis officii, in cuius locum eligatur alius per eosdem Consules illo anno sedentes.

Item quod si Consul aut Consules electi et creati recusarent vel non acceptarent offitium sibi datum, quod nomine pene solvant uncias duas convertendas in reparatione Curie, nisi iusta et legitima causa interveniente.[©]

©　La Mantia, p.3.

【同様に、前述の評議員は、その評議員の職務を他人に売り渡すことも、他人に委ねることもできず、彼ら自身が自ら職務を遂行しなければならない。これに違反したときは、職務を剝奪され、彼に代わりに、その年に執務している評議員によって、他の人が選任される。

　同様に、選任され推挙された評議員または評議員たちが彼らに与えられた職務を拒絶しまたは引き受けなかったときは、罰金2オンスを裁判所の補償として支払わなければならない。ただし、正当にして適法な理由がある場合は、この限りではない。】

　TRCM においては、本条以下の規定に見出しが付せられている。本条は、海事評議員にその職務の放棄を禁じている。

　本条と ME 海法第2条および第3条との類似性は、Zeno と Murino によるほか、Genuardi（op. cit., p.XV; p.29, n.（9）; p.30, n.（3））によっても承認されている。しかし、本条1カ条の規定内容が ME 海法の2カ条に及んでいる、という形式的なちがいは明らかである。二つの法の規定の検討・分析には、若干の慎重さが求められるであろう。ME 海法第2条と第3条の規定内容（概略）を確認しておこう。

250

ME 海法第2条は、見出しに「被選任者の義務」とあるように、かならずしも、適用対象を海事評議員に限定した規定ではない（主要な対象であるが、「公証人」に対する言及もなされている）。同条は、【・・・評議員は、共同して、自ら、公証人とともに、慣習にしたがい、裁判所を運営しなければならない。したがって、評議員は、前述の職務を売り渡し、放棄し、何人にも委ねることができな（い）・・・】というように、前半部（第1文）において、海事評議員にその職務を公証人とともに自ら遂行すべき義務を課し、後半部（第2文）において、職務の売渡し、職務放棄および他人への職務委託の三つを禁止事項として列挙している[1]。

　つぎに、ME 海法第3条は、「職務違反をした評議員に対する制裁」について規定しており、その文言上、適用対象は海事評議員に限定されている。すなわち、【・・・評議員は、前述の職務を放棄し、売り渡しまたは（他人に）委ねた場合、前述の市（メッシーナ市）において、2度とその職務にも、要職にも就くことができない。そして、メッシーナの聖母（教会）の公庫に相当の罰金を支払わなければならな（い）・・・】というように、三つの禁止事項に反した海事評議員は、メッシーナ市において2度とその職務および要職に就くことができず、「相当の罰金」の支払いを科せられる。

　規定の形式上、ME 海法第2条は、海事評議員の職務遂行義務および禁止事項について定め、義務・禁止事項違反者に対する制裁については、同法第3条に委ねている。

(1)　第1章第1節2－2注(2)でふれたように、現代法的な感覚からすると、ME 海法第2条の三つの禁止事項が制限列挙か例示列挙か、という疑問が生じうる。なお、公証人の職務放棄・委託禁止について定めた ME 海法第8条について、第1章第1節2－8注(1)も参照のこと。

　本条は、見出しに「評議員の職務放棄の禁止」とあるように、適用対象は、本文中も（形式的には）、海事評議員に限定されている（公証人に対する準用ないし類推適用がありえたかもしれないが）。本条は、2項からなっており、項を

第2章　トラパニ海法管見

分けて検討することにしたい。

　(i)　**第1項**　　第1項の原文は、一つの文からなっているが、本章は、便宜上、規定内容を二つの文によって表示することにした。

　　(a)　**第1文**（明示的禁止事項）　　まず、第1項第1文が海事評議員に明示的に禁止しているのは、他人への「職務の売渡し」と「職務委託」の二つである。

　ME海法第2条が明示的に禁止事項としている「職務放棄」は、本条第1項第1文では、明示的な言及はなされていないが、見出しから判断すると、他人への「職務の売渡し」と「職務委託」が「職務放棄」の例示、と解することが可能であろう。列挙された禁止事項の数のちがいは、二つの規定間に差異を認めさせるものではない、と思われる（これは、あくまでも、筆者の推測である。異なる解釈の可能性も考えうる）。

　　(b)　**第2文**（制裁）　　つぎに、本条第1項第2文は、職務違反者に対する制裁として、「職務の剥奪」を用意している[1]。おそらく、この「職務の剥奪」は、海事評議員の「職務の剥奪」を指すのであろうが、ME海法第3条は、海事評議員の職務以外の「要職」についても、将来の就任の可能性を剥奪している。同様の制裁がトラパニにおいてもなされていたかもしれないが、規定の文言上、ME海法第3条の制裁のほうが厳しい、といいうる。

(1)　本条第1項は、「罰金」については、明言していない。それは、第2項に規定されている。

　(ii)　**第2項**　　本条第2項は、適用対象者と適用対象事項（禁止事項・制裁対象）のそれぞれについて解釈の対立を生じる可能性を有している。

　　(a)　**適用対象者**　　第2項は、その適用対象者に対して、「選任され推挙された評議員」との用語を用いている。この「選任され推挙された評議員」については、大きく二つの解釈の可能性がありうる。

　一つは、本条第1項の海事評議員と同一の人物、すなわち、他人への「職務の売渡し」・「職務委託」をなした者（本来の海事評議員）である。他方は、本

252

来の海事評議員の代わりとして選任された者（職務代行者）である。

後者の解釈によると、本条は、第1項で、本来の海事評議員の職務違反について定め、第2項で、職務代行者の職務違反について規定していることになる（筆者の直観の域を出ないかもしれないが、後者の解釈の可能性は低いように思われる）。

(b) **明示的禁止事項**　本条第2項は、明示的な禁止事項として「職務の拒絶」と「職務の不引受け」を掲げている。これらは、文言上は明らかに、第1項が禁止している「職務の売渡し」・「職務委託」と異なっている。

禁止事項（制裁対象）についても、やはり、二つの解釈の可能性がありうる。一つは、「職務の売渡し」と「職務委託」ならびに「職務の拒絶」と「職務の不引受け」は、すべて、例示列挙であり、見出しにいう「職務放棄」に包摂される、とする考えである。この考えと第2項と第1項の海事評議員を同一視する解釈が結びつけば、「職務放棄」した海事評議員は、禁止事項（制裁対象）の態様を問わず、「職務の剥奪」と「罰金2オンス[1]」の二つの制裁を受ける、との結論に至るであろう。この結論は、ME海法第2条および第3条の定めにもっとも近いものであろう。この結論をかりに「重複制裁説」と称しておこう。

本条第2項の禁止事項（制裁対象）に関する他方の解釈は、同じ「職務放棄」であっても、第1項が規定している「職務の売渡し」と「職務委託」は、第2項の「職務の拒絶」と「職務の不引受け」とは別の態様のもの、との考え方である。この考えに立てば、第2項と第1項の海事評議員を同一視したとしても、ME海法第2条および第3条の定めるところとは、かなり異なってくるように思われる。すなわち、「職務の売渡し」と「職務委託」をなした海事評議員に対しては、制裁として「職務の剥奪」がなされ（第1項による）、「職務の拒絶」と「職務の不引受け」なした海事評議員に対しては、別の制裁として「罰金2オンス」が科せられる（第2項による）、との解釈が成り立ちうる。

規定の文言上は、ME海法第3条は、「職務の剥奪」および「相当の罰金」の二つの制裁を重複的に科しているが、本条においては、職務違反の態様に応じて、「職務の剥奪」または「罰金」のいずれかの制裁が科される、との解釈

第2章　トラパニ海法管見

の成立可能性を否定できないのである。本条におけるこの解釈をかりに「別類型説」と称しておこう。

(1)　同じ罰金の支払いであっても、ME 海法第3条は、「相当の罰金」というように、支払命令者に具体的な事例ごとの裁量の余地を与えているような形式になっている。これに対して、本条第2項は、「2オンス」とあらかじめ金額が定められている。また、罰金の納付先について、ME 海法第3条は、メッシーナの聖母（教会）と明示しているが、TRCM には類似の規定は存在しない。

(iii)　**別類型説の論拠**　　本条の解釈として、有力なのは、ME 海法第2条および第3条の定めにもっとも近い重複制裁説かもしれないが、その成立可能性を否定する（別類型説の補充的な）論拠が存在しないわけではない。後に検討する「公証人の職務」に関連した TRCM 第17条である。

同条第1項は、本条第1項に類似の用語方法によって、公証人の職務遂行義務および義務違反に対する制裁について規定している。すなわち、TRCM 第17条第1項は、「職務の売渡し」と「他人への職務委託」を行った公証人に対する制裁として「職務の剥奪」がなされる旨を明示しているが、「罰金の支払い」に関する言及をしていない。さらに、同項は、そもそも、「職務の拒絶」と「職務の不引受け」について、明示的言及をしていない。

TRCM は、同じ「職務放棄」であっても、「職務の売渡し」と「他人への職務委託」は、「職務の拒絶」と「職務の不引受け」とは別の態様のものであり、それぞれ別の制裁をもって対処すべき、と考えていたのかもしれない。もし、そうであれば、TRCM における職務違反者に対する制裁に関する姿勢は、ME 海法のそれとは、若干異なるのかもしれない。

この推測の論拠として、TRCM 第17条第4項と ME 海法第9条のちがいをあげることができるかもしれない。すなわち、TRCM 第17条第4項において、法定額以上の報酬を請求した公証人に対する制裁としても「職務の剥奪」を用意している。これに対して、ME 海法第9条によると、法定額以上の報酬を請求した公証人に対する制裁は「罰金7タリ10グラーナ」とされている。

もし、本条に関して別類型説に立つのであれば、第2項の「但書き」も、第1項が定めている態様の「職務放棄」には（直接）適用されないのであろう（類推適用はあるかもしれないが）。

2－5　TRCM第5条（ME海法第7条）

〔Quomodo loco absentis Consulis possit alter creari：不在評議員の代行者の選任〕

Item quod si aliquis Consulum creatorum non esset presens, quod eius consocii debeant eum expectare per dies quindecim tantum, numerandos a die quo alii inceperunt sedere; et eo vel eis non venientibus, quod eo casu alii Consules consocii possint et valeant alium eligere pro dicto officio exercendo.[C]

Ⓒ　La Mantia, p.3.

【同様に、推挙された評議員のうちのいずれかのものが不在のときは、彼の同僚は、執務を開始した日から数えて15日間だけ、彼を待たなければならない。そして、現れないものまたはものたちについては、その場合、他の同僚の評議員は、前述の職務の遂行のため、他の人を選任することができそして可能である。】

　本条は、海事評議員の不在者が生じた場合の職務代行者の選任について定めた規定である。本条は、ZenoとMurinoのほか、Genuardi（op. cit., p.XV; p.31, n. (9)）によっても、ME海法第7条との類似性が承認されている。

　ME海法によると、毎年6名の海事評議員が選任され、2名ずつの3グループに分けられ、各グループが4カ月間執務することになっている（同法第2条；第3条）。

　TRCMには、先述のとおり（2－1）、海事評議員の員数を定めた明文規定はないが、本条においても、複数の海事評議員が共同して執務していたことが

第 2 章　トラパニ海法管見

明らかである。

　TRCM においても、(原則として、) 海事評議員の 1 名 (以上) が不在のまま訴訟の遂行ができなかったのであろう[1]。本条は、不在者が出た場合の対応策について規定しているが、細かな差異を認めうるにしても[2]、その規定内容は、ME 海法第 7 条と大筋で一致している。

　ME 海法第 7 条は、いずれかの評議員が執務すべき時にメッシーナ市に不在の場合、【・・・彼の相手方は、執務開始予定日から数えて15日間、彼を待たなければならない。・・・彼が・・・その15日以内に現れないとき、その年のすべての評議員は、共同して、不在者に代わる他の者を選任】すべきとしている。

　本来の執務者が現れるのを待つ期間は、本条と ME 海法第 7 条とで同じ15日間 (のみ) である。その期間を経過すれば、執務代行者が選任される。迅速な訴訟進行の確保と同時に、定数の[3]海事評議員による訴訟運営の確保が意図されている。

　本条と ME 海法第 7 条は、執務代行者の選出者がその年の (同僚の) 海事評議員としている点で一致しているほか、執務代行者をどのような者から選出するのかについて明示的言及を欠いている点で一致する[4]。

(1)　ME 海法第27条には、「1 名の評議員の面前でなしうる訴訟行為」に関する例外規定が設けられているが、18条のみからなる TRCM には類似の明示規定は存在しない。

(2)　たとえば、待機期間の起算日に関する表現が若干異なる (本条は、「執務を開始した日」とし、ME 海法第 7 条は、「執務開始予定日」とする)。

(3)　ME 海法では定数が 2 名と明示されているが、TRCM にはそのような明示的表現はなされていない。

(4)　ただし、ME 海法においては、「評議員の忌避」に関する規定 (第44条) が、忌避された評議員に代わりその年の評議員のなかから代行者が選出される旨を定めている。その定めから、不在の評議員の代行者の選出に関しても、同様のことがなされるものとの推測が可能、と考えられるが (第 1 章第 1 節 2 − 7)、TRCM には類似の規定が存在しないので、TRCM 中に推測の根拠を示すことができない。

256

2－6　TRCM 第6条（ME 海法第81条）

〔Quod barce disrobate residua omnia cum predictis pro ratha concurrant：
残存物の分配〕

Item quod si aliqua barca esset disrobata per aliquos piratas vel alios, et
remaneret barca cum parte corredorum et guarnimentorum suorum, et cum
parte mercantiarum, quod totum debeat vendi, et fieri una columna cum
pecunia accomandantium, et omnia dividant per unciam et sic extitit
iudicatum per Curiam Consulum et pluries determinatum.©

©　La Mantia, p.4.

【同様に、いずれかの船舶が、いずれかの海賊またはその他の者に壊されそ
してその船具および艤装の一部ならびに商品の一部とともに残ったときは、す
べて売却されそして委託者の金銭とともに一つのコロンナ*とされなければな
らず、そして、すべてを、割合に応じ、そして評議員裁判所によって判示され
そして繰り返されているとおりに、分配しなければならない。】

　TRCM 第1条から前条までは海事評議員に関連する（現代法的な分類からす
ると、公法的な性質の）規定であったが、本条は、海上企業（おそらく、コロン
ナ契約）の参加者間における「残存物の分配」について定めた私法的な性質の
規定である。
　Zeno と Murino は、本条と ME 海法第81条との類似性を明示的に認めてい
るが、Genuardi は、直接的な見解表明をしていない[1]。
　(a)　残存物の分配　　ME 海法第81条は、船舶が難破・捕獲された場合、
【・・・残存する物は、持分の割合に応じて分配されなければならず、損失に
対して海員は責任を負わない。しかし、前払いを返還しなければならない】と
定めている。
　すなわち、この規定は、船舶の難破・捕獲時の残存物について、当該船舶に
よる海上企業の参加者間の分配方法を定めるとともに、海員の処遇（損失分担

257

第2章　トラパニ海法管見

の免責と前借金の返還義務）について定めている。

　残存物の分配方法に関しては、用語・表現方法に差異があるにしても、その趣旨は、本条と ME 海法第81条に共通している、といいうる。

　(b)　**海員の処遇**　　ME 海法第81条に明示されていて本条に明示的言及がなされていないのは、海員の処遇である。ME 海法第81条の適用対象とされている「海員」は、Am 第26条のそれと同様、航海による収益の分配に与る「参加海員[(2)]」であろう。すると、本条においては、ME 海法第81条において規定されている船舶の難破・捕獲時の「参加海員の処遇」について定めが欠けていることになる。

　この形式的な差異は、明白であるが、本条における「海員の処遇」に関する規定の欠如は、ME 海法第81条の定める「海員の処遇」と同等の処遇がトラパニにおいて存在しなかったことまで意味するものではない、と思われる。ME 海法第81条は、Am 第26条に酷似した規定である。往時、二つの規定が明示的に規定している「海員の処遇」は、南イタリア、とりわけ、トラパニを含め、ティレニア海沿岸の諸都市で広くなされていたもの、と推測される。

　(c)　"et sic extitit iudicatum ..."　　　部分的な規定の欠如に囚われることなく、むしろ、本条に関しては、末尾の文言（"et sic extitit iudicatum ..."）について、注意を払うべきであろう。

　この文言は、本条（および TRCM）の編纂時期よりも以前から（この文言のみでは、どれくらい以前に遡るのかは不明であるにしても）、本条（およびTRCM）と同じ内容の慣習（法）が存在していたことを雄弁に物語っている。

　Zeno は、TRCM について、以前に編纂された規定が後に一部寄せ集めたもの、との認識を示しており、その証左として、本条をあげている[(3)]。

　＊「コロンナ」の語義は、多様であるが、ここでは、共同事業のために事業参加者により出資された財産をいうもの、と思われる。
　(1)　Genuardi, op. cit., p.XVII, n. (1) は、Ashburner の見解（本条および TRCM第 7 条が Am 第26条および第27条に対応する、という）を紹介している。また、Genuardi, op. cit., p.XVII（本文）によると、ME 海法第81条と Am 第26条が類

258

似するものとされている。間接的には、Genuardi も、本条と ME 海法第81条との類似性を肯定しているもの、と思われる。

(2) 往時の南イタリアにおいて盛んになされていたコロンナ契約には、海員も、労務の出資をなすことにより、契約当事者となる（コロンナ契約に基づく航海からえられる利益の分配に与れる）ことが可能であった。一方、コロンナ契約の当事者になることなく、当該契約に基づく航海において、固定給の支払いを受けて労務に服するだけの海員も存在した。筆者は、前者の海員を「参加海員」、後者のものを「賃金海員」、とかりに名付けている。試論・126頁以下参照。

(3) Zeno, op. cit., pp.139-140.

2－7　TRCM 第 7 条（ME 海法第82条）

〔De restauratione barce naufragium passe：船舶の修繕〕

Item quod si aliqua barca recedens patiatur naufragium, et sic tota adeo quod rote ipsius ad invicem se inspiciant, vel possit reactari decenter, quod totum id quod expendetur in reactatura eius barce, solvatur de communi tam ex parte marinariorum quam accomandantium pro ratha parte.©

©　La Mantia, p.4.

【同様に、いずれかの航海中の船舶が難破した場合、その破損をすべて互いに検査し、適切に修繕が可能であれば、その修繕に要する（費用）全額は、海員および委託者の共同の資金[1]から、割合に応じて、支払われなければならない。】

本条は、航海中に海難に遭遇した船舶の修繕費用について、当該船舶により営まれている海上企業（前条と同様、おそらく、コロンナ契約）の参加者間の分担を定めた規定であり、前条と同様、私法的な性質の規定といいうる。

Zeno と Murino のほか、Genuardi（op. cit., p.74, n. (5)）によっても[2]、本条と ME 海法第82条との類似性が承認されている。

本条は、明示的に規定していないが、本条が想定している海上企業がコロン

第2章　トラパニ海法管見

ナ契約であろうことは、ほぼまちがいないであろう。本条との類似性が承認されている ME 海法第82条についても（さらに、それとの類似性が承認されている Am 第27条についても）、同様のことが妥当する、と思われる。

　ME 海法第82条は、航海中に海難に遭遇した船舶の修繕費用について、【・・・航海者（compagni）は、修繕中に助力する義務を負い、その修繕につき、共同の資金から、そして海員（marinari）からは、（その航海において）生じた利益のうちの彼らの持分より、控除がなされ】る、と規定している。

　すると、本条において修繕費用負担者に加えられている「海員」は、やはり（ME 海法第82条においても、明言されていないが）、「参加海員」ということになる。

　一方、海員の修繕費用負担の原資に関して、本条と ME 海法第82条の文言・形式上、明らかな差異が認められる。すなわち、本条は、【・・・海員および委託者の共同の資金から・・・】と定め、ME 海法第82条は、【・・・共同の資金から、そして海員からは、（その航海において[3]）生じた利益のうちの彼らの持分より・・・】と規定している。

　しかし、この形式上の差異は、コロンナ契約における参加海員の船舶修繕費用のあり方について、二つの規定に実質的な差異をもたらさない、と思われる[4]。

　なお、ME 海法においては、船舶の修繕に関連する規定が、第82条以外にいくつか存在しているが[5]、それらに類似する規定は、TRCM にはみられない。同様の現象は、船舶の修繕以外についても生じているが[6]、これは、TRCM の条文数が ME 海法に比べて圧倒的に少ないことによるものであり、TRCM に明文化されていない事項・慣習が、トラパニに存在しなかったことまで意味するものではない、と思われる。

(1)　原文は、"de communi" となっており、「資金」に対応すべき用語はないが、これと同様の例が Am 第27条（de tutto lo comone）や同第28条（del comone）にもみられ、Am の研究者によって、comone に fund; fondo を補充して解説がなされている（Am 第27条および第28条については、試論・200頁以下を参照）。

260

(2)　なお、Genuardi は、別の数カ所で（op. cit., p.32, n.（4）ecc.）、本条と ME 海法第 9 条との類似・対応関係を指摘しているが、それらは、すべて、TRCM 第 17 条のあやまりである。

(3)　このカッコ内の句は、ME 海法第82条には存在しないが、Am 第27条にある文言を参考に筆者が補充したものである。第1章第2節 2－82参照のこと。

(4)　このほかにも、「海員」以外の規律対象人物を表わすことばが異なっているが（本条では、「全員」および「委託者」が用いられ、ME 海法第82条では、「航海者」が使用されている）、これらの差異も、二つの規定間に実質的な差異をもたらさない、と思われる。

(5)　第74条「航海中の修繕費の負担」、第75条「発航前の修繕義務」、第76条「航海中の滅失・毀損の負担」、第77条「部品交換の禁止」など。

(6)　たとえば、海損の分担に関する規定は、TRCM に存在しない。

2－8　TRCM 第 8 条（ME 海法第58条・第59条）

〔De marinariis obligatis patronis vel naucleriis et modo satisfactionis：海員の船長・高級船員に対する債務の弁済方法〕

Item quod si aliquis marinarius tenetur alicui nauclerio vel patrono in aliquo ex mutuo sibi facto, et non habeat unde solvat, quod a tarenis quinque supra possit carcerari, ibidem mansurus donec debitum solvat universale.©

©　La Mantia, p.4.

【同様に、いずれかの海員が、いずれかの高級船員または船長に対して、彼が受けた前払いによって、なにがしか債務を負い、そして、弁済手段を有しなかった場合において、（債務が）5 タリを超えるときは、（その海員は）債務を全額弁済するまで、その場所において、継続して拘禁されうる。】

本条は、船長・高級船員に対する債務の弁済手段を有しなかった海員[1]について、弁済まで拘禁処分がなされる旨を定めている。

Zeno と Murino は、本条と ME 海法第58条との類似性を明示的に認めているが、Genuardi（op. cit., p.XVII, n.（1））は、本条と Am 第 3 条（ME 海法第59

第2章　トラパニ海法管見

条に類似する[(2)] との対応関係を承認する Ashburner の見解を紹介しており、
ME 海法第59条との類似性を承認する意図、と思われる[(3)]。

　ME 海法第58条は、前払いを受けた海員が航海の継続を欲しない場合、
【・・・船長の裁量により、その海員に対し倍額の請求がなされ、海員は、当
然に、その支払義務を負う。・・・】と規定している。

　そして、ME 海法第59条は、制裁金（罰金）が5タリを超え、海員が支払手
段を有しない場合、【・・・その海員は拘禁され、・・・（海事裁判所の）職員の
裁量により、拘禁され】るもの、としている。

(1)　本条にいう「海員」が「参加海員」をいうのか「賃金海員」を示すのかは、か
　ならずしも簡易に解決しうる疑問ではなさそうである。第1章第2節2－57から
　2－59において検討したように、ME 海法第57条から第59条は、Am 第1条から
　第3条に類似している。Am 第1条が参加海員を規律対象とする規定であること
　に、ほぼ異論はみられないが、Am 第2条と第3条がいずれの海員を規律対象と
　する規定かについて、議論が分かれている（試論・184頁＊参照）。同様の議論が
　ME 海法第58条と第59条および本条においても生じうる、と思われる。本来であ
　れば、この議論に一定の立場を表明してから本条の検討を進めるべきであろうが、
　本章にそのいとまはなく、本条と ME 海法第58条および／または第59条との類
　似関係の表面的な検証のみにとどまらざるをえない。
(2)　第1章第2節2－58および2－59でみたように、ME 海法第58条は Am 第2
　条に、そして、ME 海法第59条は Am 第3条に類似・対応する、といいうる。
(3)　Genuardi は、2－6注(1)でもみたように、Ashburner の TRCM と Am の類
　似・対応関係に関する見解を紹介することにより、TRCM と ME 海法の類似性
　に関する自己の考えを間接的・黙示的に表明したもの、と推測される。

　(i)　倍返し　　本条と ME 海法第58条についてみると、本条の海員は、高
級船員または船長から前払いを受けたが弁済手段を有しなかったもの、とされ
ている（この弁済手段の欠如について、ME 海法第58条は、明示的言及をしておらず、
ME 海法第59条で規定されている）。そして、本条は、ME 海法第58条が明示的
に規定している「航海の継続を欲しない」との文言に対応するものを欠いてい
る。しかし、前払いを受けた海員に航海継続の意思があれば、弁済できる見込

みは、大いにあるわけであるから、本条は、その文言を黙示的な前提としていたのかもしれない[1]。

本条とME海法第58条とのより大きな差異は、支払不能の海員に対する「船長の裁量による倍額の請求」に関する言及の有無である。

本条におけるこの文言の欠如は、解釈による補充をより困難にするかもしれない。しかし、Zenoによると、「前借金の倍額の支払義務」は、16－7世紀ころ（TRCMが成立・編纂されたころからすると、かなり時代が下がっているが）、広く、地中海海域における海法の一般的な規定となっていたようであるが、その起源はアマルフィ海法にある、と考えられている[2]。「倍返し」が海運関係者のあいだで一般化していたのであれば、かならずしも、明文化しなければならない必然性はなっかたのかもしれない。

(1) 同様に、支払われた賠償金の分配（船長と海事評議員裁判所の折半）についても、本条は、明示的な言及をしていない。
(2) Zeno, op. cit., pp.213-214 は、「前借金の倍額の支払義務」を確認・宣言した文書として、1604年7月23日の両シチリア王の通達および1608年10月3日のヴェネツィア総督布告などを紹介している。

(ⅱ) **罰金** つぎに、ME海法第59条についてみると、拘禁処分がなされる罰金額を5タリ（超）としており、本条の定める額[1]と一致している。

筆者は、第1章第2節2－59において、ME海法第59条が定めている5タリを「制裁金（罰金）」と解していた。それは、同条が「航海を継続しない海員に対する制裁」との見出しを有する第58条と強い関連性を有する規定だからである。

これに対して、本条は、「倍返し」の制裁について明示的な言及をしていない。往時の海運の知識なしに、本条の文言のみを読めば、前払いを受けた金額が5タリ（以上）と解するほうが、素直な解釈、との評価を受けるかもしれない。

しかし、往時の海運界に広く普及していた「倍返し」の慣習がトラパニに存

第2章　トラパニ海法管見

在しなかった、とは考えがたい。たしかに、本条の規定は、簡易にすぎるかも
しれないが[(2)]、ME 海法第58条および／または第59条と目指すところは同じよ
うにも思われる[(3)]。

(1)　本条の "a tarenis quinque supra" について、【・・・（債務が）5 タリを超え
る・・・】としているが、前受金が5 タリのときか、罰金額が5 タリのときか、
本条だけではかならずしも明確ではない。なお、試論・185-186頁において、
Am 第3条の "... pro tarenis quinque, ..." について、【・・・（制裁金が）5 タリ
を超え、・・・】と試訳し、第1章第2節2-59において、ME 海法第59条の "...
per tari cinco..." について、【・・・制裁金（罰金）が5 タリを超え、・・・】と
試訳している。

(2)　「拘禁」処分の裁量・決定者に関して、ME 海法第59条は（海事評議員裁判所
の）職員と明言しているが、本条は、その点についても、明示していない。

(3)　筆者は、本条と ME 海法第59条との類似性の承認は、かならずしも、本条と
ME 海法第58条との類似性の否定を意味するものではない、と考える。すなわち、
本条は、ME 海法第58条と第59条と同趣旨のことを、ことば少なく（往時の慣習
を暗黙の了解事項として）定めたもの、と思われる。

2-9　TRCM 第9条（ME 海法第89条）

〔Ordo vendendi vaxella：船舶売却規定〕

Item quod vaxella habentia copertam non possint ad incantum per patronos
vendi nec liberari, nisi per Curiam Consulum Maris, dummodo quod per
dictam Curiam prefigatur terminus ad deliberandum de voluntate partium, et
quod deliberationi Consules sint presentes, et quod aliter non valeat nec
teneat.

Si vero vaxellum esset sine coperta, quod possit deliberari in presentia
Notariorum vel alterius ipsorum in dicta Curia, cum licentia tamen dictorum
Consulum, qui hoc committere vellent duobus notariis; sin autem partes non
possint esse concordes ad deliberandum, quod eo casu Consules possint
prefigere terminum et scribi facere in actis dicte Curie; et si partes postea

hoc non servarent vel eorum vaxella venderent ad incantum sine licentia dictorum Consulum, quod sint in pena uncie unius, si vaxellum haberet copertam, et si non haberet copertam solvantur pro pena tareni septem et grani decem, que pena convertatur in reparatione Curie Consulum predictorum.©

© La Mantia, p.4.

【同様に、当事者の意思に基づく売却時期が海事評議員裁判所によって決定されている場合、有蓋船は、海事評議員裁判所によらず、船長（patronos）によって、競売により、売却され免責されえない。そして、評議員は、売却に立ち会い、立ち会わなければ、（売却は）無効であり、効力を有しない＊。

しかし、船舶が無蓋船の場合、公証人またはその他の人の立会いのもと、前述の裁判所において、前述の評議員の許可によって、売却されうるが、（評議員は）このとき、2名の公証人に委託しておく。しかし、これに反して、当事者が売却に合意することができない場合、評議員は、期日を決定し、そして、前述の裁判所の書類に記載させることができる。そして、当事者が、その後、これを遵守せずまたは前述の評議員の許可なしに、競売によって彼らの船舶を売却した場合、船舶が有蓋であれば、罰金1オンスを、そして、船舶が無蓋であれば、罰金として7タリ10グラーナを支払わなければならず、その罰金は、前述の評議員裁判所の補償に用いられる。】

＊本条第1項においては、セミコロンのない場所でも文章を切ってある。

本条は、海事評議員裁判所の許可のない船舶売却（競売）を禁止している。第1項において、有蓋船の売却について、第2項において、無蓋船の売却に関して、それぞれ手続を規定している。

本条とME海法第89条との類似性は、ZenoとMurinoだけではなく、Genuardi（op. cit., p.78, n.（1））によっても肯定されている。

ME海法第89条は、有蓋船と無蓋船の売却について、項を分けて規定してお

第2章　トラパニ海法管見

らず、本条に比べると、少し短く簡略であるが、二つの規定の内容・類似性の掌握に、大きな困難は伴わないであろう。

　ME 海法第89条においても、有蓋船であれ無蓋船であれ、海事評議員裁判所の許可のない船舶の売却は禁じられており、【・・・船舶が有蓋の場合、売却時に、当事者またはそのうちのいずれかの者が立ち会わなければならない。船舶が無蓋の場合、公証人によって、売却されうる。・・・いずれかの船長が本条に違反した場合、売却は無効である。そして、船長は、船舶が有蓋である場合、罰金1オンスを、船舶が無蓋である場合、罰金7タリ10グラーナを前述の海事評議員裁判所に支払わなければならない】と規定されている。

　本条と ME 海法第89条において、海事評議員裁判所の許可のない船舶の売却（競売）を無効とし、罰金の制裁を科す、という基本的方針で共通している[1]。以下においては、主に二つの規定間の形式的な差異について、注目してみよう。

(1)　船舶は、その経済的価値の大きさから、現代社会においても、その処分行為（売買、賃貸借など）について、しばしば公的規制がなされている（わが国の海上運送法44条の2など）。ましてや、たんなる私有財産ではなく、公共財としての価値が現代以上に大きかった中世において、船舶売買が公的規制の対象となるのは、なかば当然のことであったもの、と思われる。

　(i)　**第1項**　　本条第1項は、有蓋船の売却の場合、「評議員」の立会いを求めている。これに対して、ME 海法第89条は、有蓋船の売却時に、当事者（双方）またはそのうちのいずれかの者の（ipsi oy alcuno di loro）立会いが必要としている。一見、立会人が評議員と売買の当事者では大きく異なるように思われる。

　しかし、ME 海法第89条の評議員の立会いについて明言していないのは、海事評議員裁判所の許可により、おそらく、海事評議員裁判所においてなされる船舶の売却に評議員が立ち会わない訳がないからであろう。同条が当事者双方または一方の立会いを求めているのは、当事者不在のまま評議員のみで売却手

続を遂行しえない旨を定めているもの、と推測される。

この推測の補充的論拠として、ME 海法第89条が、無蓋船の場合、「公証人によって、売却されうる」としていることをあげうる。すなわち、無蓋船は、有蓋船に比べて、（一般的に）安価であるから、有蓋船と異なり、評議員によらずとも、公証人による売却を容認している、と考えられる。

本条第1項と ME 海法第89条における有蓋船売却時の立会人に関する文言上の差異は、両者の規定の実質的な差異を示すもの、と理解すべきではないであろう。

(ii) **第2項**　本条第2項は、二つのセミコロンによって、3分されている。先述のように、無蓋船の場合、ME 海法第89条は、【公証人によって（per lu notario）、売却されうる】としているが、本条第2項第1文は、【・・・公証人またはその他の人の立会いのもと・・・売却されうるが、（評議員は）このとき、2名の公証人に委託しておく。・・・】と規定している。

ME 海法第89条は、1名の公証人による（per lu notario）売却を認めるが、本条第2項第1文は、2名の公証人を要するものとしている。ここに本条のより慎重な姿勢を見い出すべきかもしれない。

本条第2項第1文にいう「その他の人」がどのような資格・要件を備えた人なのか、興味を惹くが、本条第2項第1文は、無蓋船の場合、ME 海法第89条と同様、評議員による売却を求めていないことに注目しておくべきであろう。

本条第2項第2文に対応する文言は、ME 海法第89条にはみられない。当事者が【・・・公証人またはその他の人の立会いのもと・・・】になされる手続に不満を有し、評議員による正式の手続を求めた場合について定めた規定であろう。

本条第2項第3文は、手続違反があった場合の罰金について、有蓋船と無蓋船に分けて規定している。罰金の額は、有蓋船で1オンス、無蓋船で7タリ10グラーナと、ME 海法第89条と正確に一致している[1]。

---

(1)　有蓋船と無蓋船に分けて有蓋船の売却手続をより厳格にする基本的方針、規定

第2章　トラパニ海法管見

違反の船舶売買を無効とする強行法規性および罰金の額の一致は、Am 第34条に
もみられる（試論・206頁以下）。

2－10　TRCM 第10条（ME 海法第65条；同法第117条・第119条）
〔De pecunia barcis acomanda：船舶の受託金〕

Item quod quilibet volens accomandare barcis de ribera vel in alia parte
extra insulam, debeat accedere ad Notarios Consulum et in actis Curie
predictorum Consulum scribi facere quantitatem pecunie accomandate per
eum in viagio dicti barcaroli; et quod dictus barcarolus omnes accomandas,
quas ipse receperat in quolibet viagio similiter debeat scribi facere in actis
predictis; et si hoc dicti barcaroli facere neglexerint, et casus eveniret pro
quo dicta accomandicia perderetur, quod illa accomandicia que non reperitur
in actis scripta ut supra, non currat risicum sicut esset salva in terra; et quod
dictus barcarolus postquam recedit a terra Trapani debet denunciare suis
consociis existentibus [in] barca monetam, quam secum portat, et coram eis
ipsam numerare, et si forte de ea fecisset cambium in totum vel in partem,
vel ex ea emeret mercantiam debet similiter hoc denunciare dictis suis
consociis; et si dictus barcarolus hoc servare neglexerit, sit in pena tarenorum
quindecim in reparatione dicte Curie convertendorum, et accusator habeat
tertiam partem.©

© 　La Mantia, pp.4-5.

【同様に、（トラパニ）海岸または（シチリア）島外の他所の船舶に委託する
ことを欲する者は、何人も、評議員の公証人のところに赴き、そして、前述の
船頭の航海のために彼が委託した金銭の額を、前述の評議員裁判所の書類に記
載させなければならない。そして、前述の船頭は、あらゆる航海のために自身
が受け取ったすべての受託品を、同様に、前述の書類に記載させなければなら
ない。そして、前述の船頭がこれを怠り、そして、不慮の事故が生じ、それに

よって、前述の受託品が失われた場合、前述のとおり記載された書類のなかに発見されなかった受託品は、陸上に安全にあったかのように、危険を負担しない。そして、前述の船頭は、トラパニの地を離れた後、船［中に］存する参加商人[1]に対して、船上に有している金銭を告知し、そして、参加商人の面前でそれを数えなければならず、そして、偶然に、金銭について、全部または一部、換金していた場合、または、その金銭から商品を買おうとする場合、同様に、そのことを前述の参加商人に対して、告知しなければならない。そして、前述の船頭がこれを遵守しなかった場合、前述の裁判所の補償に用いられる罰金15タリを支払わなければならず、そして、告発者が、3分の1を受け取る。】

　本条は、企画された航海のために投下される資本について、受託者（船頭・barcarolus）だけではなく、委託者（出資者）にも、航海開始前に、海事評議員裁判所に届け出る義務を課している[2]。

　Zeno と Murino は、本条と ME 海法第117条および第119条との類似性を明示的に認めているが、Genuardi（op. cit., p.XVII, n. (1)）は、直接的な見解表明をしておらず、TRCM 第6条および第8条についてと同様、本条と Am 第10条との類似性を認める Ashburner の見解の紹介にとどまっている。しかし、Genuardi による Ashburner の見解の紹介は、たんなる事実の指摘というより、（黙示的な）同意、と考えるべきであるなら[3]、Genuardi は、Am 第10条に類似する ME 海法第65条と本条の類似性を認める立場にあることになりそうである。

(1)　この語は、"consocius" にあてた仮の訳語である。Am 第10条などにみられる "socius" および ME 海法第65条などにみられる "compagnuni" に類似する者であろう。Am 第10条などにおいてなしたように、「参加商人」としておいた（試論・125頁、141頁参照）。ME 海法の "compagnuni" については、第1章第2節2－64注＊を参照。

(2)　コロンナ契約やコメンダ契約は、本来的には、私法的行為であるが、私法と公法の概念が未発達であった（あるいは、私的経済的活動の公的な影響が大きかった）往時にあっては、私人間の経済活動であっても、現代以上に公的な介入が容易になされたのであろう。

第2章　トラパニ海法管見

(3)　2－6注(1)および2－8注(2)を参照のこと。

ME 海法第117条

〔Li patruni non ponnu partiri senza fari scriviri loru colonna：コロンナ記載前の出帆禁止〕

Item chi tutti patroni di navili, sagicti et barchi di la ditta chitati tantu coverti, quantu discoverti non diggiano partiri di la chitati per andari ad lor viagiu che prima non fazzanu scriviri tutta loru colonna seu accomanda prisa per quillu viaggiu in li acti di la curti di li cunsuli di mari et si alcunu di li ditti patruni presummissi partiri senza fari scriviri sua accomanda in li acti preditti che tunc et eo casu la ditta accomanda vaya ad risico di lo dittu patruni et si alcunu di li ditti patruni indi fachissi scriviri parti di soy accomandi, che quilli chi farrà scriviri, si intendano anteriuri di quilli chi non farrà scriviri, non obstanti chi per li contratti di li accomandi apparissiru posteriuri.©

©　Genuardi, op. cit., pp.96-97.

【同様に、有蓋であれ無蓋であれ、前述の市の船舶およびその他の船のすべての船長は、その航海のために取得したすべてのコロンナまたは受託品を海事評議員裁判所の書類に記載させる前に、航海に出るため市の港から出帆してはならない。そして、前述の船長のいずれかが、前述の書類に彼の受託品を記載させずに出帆したとみなされれば、その場合、前述の受託品は、前述の船長の危険に帰する。そして、前述の船長のいずれかが、記載させる予定の受託品の一部を後から記載させれば、コメンダ契約によって後に明らかになるものであっても、先に記載させた、と解される*。】

＊ME海法第117条にはセミコロンが用いられていないが、適宜、文章を切っておいた。

270

ME 海法第119条

〔secundo settembris viiij inditionis 1460：1460年9月2日布告　Non si pò partiri barca chi non fazza lu conto di viaggiu in viaggio：清算前の出帆禁止〕

Nui Martinu Camuglia et Ioanni Dominova consuli di la curti di mari nobilis civitatis Messane havimu provistu chi nixuno patruni di barca pozza nè diggia partiri di lo portu di Messina chi primo non fazzi so cuntu intra la curti di lo consulatu et farilo scriviri per mastro notaro di la ditta curti in presencia di li consuli sub pena di unzia una applicanda per lu contrafacienti ala maramma di la ditta curti et quistu di viaggio in viaggio.©

© 　Genuardi, op. cit., p.97.

【われわれ、高貴なメッシーナ市の海事裁判所の評議員であるマルティヌ・カムリアおよびイオアンニ・ドミノヴァは、いかなる船長も、評議員裁判所において計算をなし、そして、評議員の立会いのもと、それを前述の裁判所の主任公証人に記載させる前に、メッシーナ港を出帆することができずまた出帆してはならず、これに違反したときは、前述の裁判所の業務に対する偽計として罰金1オンスを科すものとし、そして、これは、航海ごとのことである、と判断した。】

（ⅰ）　**第1文**　　本条（TRCM 第10条）第1文は、航海（海上企業活動）の出資者に対して、その投下資本について、海事評議員裁判所の書類に記載する義務（委託品の報告・記載義務）を課している。同文は、海上企業活動の形態について明示的な言及をしていないが、コロンナ契約（および／またはコメンダ契約）の出資者（委託者）を規律対象としている、と解しうる[1]。

海上企業活動の出資者（委託者）側に出資額の届け出義務を課した明文の規定は、ME 海法第117条および第119条に発見できず、ME 海法第65条（および Am 第10条）においても同様である。

271

第2章　トラパニ海法管見

(1)　Forse nello stesso senso, Zeno, op. cit., p.137; Murino, op. cit., pp.318-319.

(ⅱ)　**第2文**　本条第2文は、海上企業活動の主体、すなわち、投下資本の受託者（船主・船長側）にも、受託品について海事評議員裁判所の書類に記載する義務（受託品の報告・記載義務）を課している。

Zeno と Murino により具体的な類似・対応箇所の指摘はなされていないが、第2文は、ME 海法第117条第1文に類似している、といいうる。ただし、本条第2文（自体）は、ME 海法第117条第1文と異なり、書類記載義務履行前の出帆を明示的に禁じた文言を有していない。その出帆の禁止は本条第5文によって推測されうるのであれば、第2文と ME 海法第117条第1文との類似性は、より明確に了承されうるであろう。

Zeno と Murino が承認している ME 海法第119条に類似する箇所は、本条のどの部分に求めるべきか、Zeno と Murino により具体的に示されていないので、若干、判断に困難が伴うが、おそらく、それも、本条第2文であろう。

ME 海法第119条は、同第118条を受けて設けられた規定（少なくとも無関係な規定ではない）、と思われる。同第118条は、航海を終えてメッシーナに帰還したすべての船長に対して、3日以内に海事評議員裁判所に決算報告すべき義務を課している[1]。

そして、同第119条は、航海の決算報告前にメッシーナ港を出港することを禁じており、航海が繰り返される場合、1航海ごとに、同条の適用がある。すなわち、航海を繰り返す船舶については、出帆前の受託品の報告・記載義務と帰港後の決算報告が繰り返し課せられることになる。

さらに、このことについて言及する者をみないが、本条第2文は ME 海法第85条（および Am 第30条）類似・対応する、との評価が可能であろう[2][3]。

(1)　ME 海法第118条は、Genuardi, op. cit., loco cit. に掲載されている。
(2)　ME 海法第85条は、【前述の慣習にしたがって航海する船舶のすべての船長は、とりわけ、市（メッシーナ）から離れる者は、すべてのコロンナを海事裁判所の書類に記載する義務を負う】と定めている。本文でみたとおり、本条第2文は、

272

ME 海法第117条第1文に類似するほか、同第85条にも類似している。同法第117条が裁可されたのは15世紀のことであるが、同法第85条は、それより以前、14世紀には裁可されていたはずである。Am 第30条については、試論・202頁以下参照。

(3) Zeno と Murino が本条第2文と ME 海法第85条との類似性を指摘しなかったのは、類似する部分が少なかった（類似する部分が多い条文について、両者間の類似性を認める意図であった）からかもしれない。しかし、Ashburner は、本条と Am 第10条が対応する、と解しているが、Am 第10条が文言上対応するのは、本条第4文のみである。

(iii) **第3文**　本条第3文は、第2文の書類記載義務が履行されなかった場合の効果（受託品滅失の危険は受託者負担[1]）について定めている。

やはり、Zeno と Murino により具体的な類似・対応箇所の指摘はなされていないが、第3文は、ME 海法第117条第2文に類似している、といいうる。

第1文から第3文までの規定により、航海（海上企業活動）の出資者と受託者の双方により、投下（受託）資本についての公的（第三者）機関への報告・記載がなされるが、それだけでは、かならずしも、海上企業活動の公正さ（損益計算の正確さ）は、充分に担保されえない。海上企業活動の参加者の納得をえるための方策は、第4文に委ねられている。

(1) 書類記載義務が履行されなかった受託品について、"non currat risicum sicut esset salva in terra（陸上に安全にあったかのように、危険を負担しない）" に類似の表現は、海員に対する前払いに関する Am 第43条（esce sempre salvo in terra）および ME 海法95条（esti sempri salvu in terra）にみられる（試論・214頁、第1章第2節2−95）。

(iv) **第4文**　本条第4文は、船長に対して、受託資本について、船上にいる海上企業活動の参加者に告知（開示）する義務を課している。第1文から第3文が定めている投下（受託）資本の公的機関への報告・記載と第4文が要求している参加者への開示により、海上企業活動の公正さが担保され、海上企業活動の参加者の納得がえられることになるであろう。

第 2 章　トラパニ海法管見

　第 4 文と使用文言が直接に類似するものは、ME 海法第117条および第119条に発見することができないが、Ashburner が指摘している Am 第10条との、そして、ME 海法第65条との類似性は承認が可能であろう[1]。

　ME 海法第65条は、出帆時における船長の告知事項として、【・・・市外に持ち出されるすべてのコロンナ、すべての商品および金銭ならびに目的地を・・・】あげている。

　第 4 文の告知事項は、ME 海法第65条の列挙事項に比べて、限られているようにも思われるが、換金がなされている場合または商品購入予定の場合、その旨も告知事項とされているため、実質的に両者の告知事項に差異はない、と思われる。

　また、第 4 文は、「目的地」を明示的な告知事項としていない。多くの場合、航海企業の参加者は、当該船舶の目的地を知ったうえで、参加するのであろうが[2]、すべての参加者がその地を事前に知らないこともあるかもしれない。そのような場合に、差が生じるもの、と思われる。

　(1)　第 4 文（前半部）と ME 海法第65条（および Am 第10条）との類似性は明白である。Am 第10条については、試論・141頁以下参照。
　(2)　第 1 文の文言からも、航海企業の参加者が「目的地」を承知していることが読み取れるように思われる。

　(ⅴ)　**第 5 文**　　第 5 文は、本条の違反者に対する処分について定めている。その規定の趣旨は、ME 海法第117条のそれに類似している、といいうる。

　ただし、第 5 文の罰金額（15タリ）と ME 海法第117条のそれ（ 1 オンス）に明らかな差異がみられるほか、第 5 文においては、罰金の使用目的および告発者への分配に言及がなされている。

　2 − 11　TRCM 第11条（ME 海法第116条）

〔De salario notarii pro scriptura predicti actus：公証人の書類記載報酬〕

Item quod notarius dicte Curie Consulum pro dicta scriptura debeat habere granos quinque per barcam, de quibus grana tria sint ipsorum notariorum et grani duo expendantur et convertantur in reparatione dicte Curie.©

© La Mantia, p.5.

【同様に、前述の評議員裁判所の公証人は、前述の（書類）記載について、船舶から5グラーナを受け取るものとし、そのうちの3グラーナは、公証人自身のものとなり、そして、2グラーナは、前述の評議員裁判所の補償のために支払われそして用いられる。】

本条は、海事評議員と同様、海事評議員裁判所の職務（公職）を行う公証人の報酬について、規定している。

Zeno と Murino は、本条と ME 海法第116条との類似性を明示的に認めているが、Genuardi は、なにも語っていない。ME 海法第116条は、以下のような規定である。

ME 海法第116条

〔La raxuni di li consuli et mastru notaro di ciaschunu mercanti et patroni di navi：海事評議員および主任公証人の報酬〕

Item che li consuli cum lu maestro notaro et sou compagnu per loru affannu da ciaschunu mercanti digianu haviri granu menzu per unza et dallu patruni di navi tari tri per ciascunu centinaru di butti.©

© Genuardi, op. cit., p.96.

【同様に、評議員は、主任公証人およびその同僚とともに、彼らの業務について、各商人から1オンスにつき半グラーナを、そして、船長から100樽につき3タリを受け取るものとする。】

TRCM 第6条から第10条までの5カ条は、濃淡に差異が認められる（第9条

第 2 章　トラパニ海法管見

および第10条は、かなり薄いかもしれない）にしても、私法的性質を（も）帯び
た規定、といいうるであろう。本条は、TRCM 第 5 条以前と同様、（もっぱ
ら）公法的な性質の規定である。

　本条は、海事評議員裁判所の公証人の書類記載に関する報酬を具体的な金額
を示して定めた規定であり、その報酬の一部は海事評議員裁判所に帰属する旨
を定めている。

　本条に規定されている報酬の対象となる作業は、書類記載に限定されている
が、公証人の報酬について、TRCM 第17条に別途、詳細な規定が設けられて
いる。

　これに対して、ME 海法第116条は、公証人の報酬についても言及している
が、規定の文言上の主体は、むしろ、評議員である。そして、同条は、報酬の
対象となる作業について、とくに限定するような文言を有しておらず、また、
報酬額の算定方法も本条と異なっている[1]。

　⑴　本文でのべたように、Genuardi は、本条と ME 海法第116条との類似性につい
　　て、なにも語っていない。彼は、両者間の類似性を明確に否定する意図を有して
　　いなかったにしても、少なくとも、Zeno と Murino のように、両者間の類似性
　　を明示的に肯定するつもりもなかったのであろう。

　2－12　TRCM 第12条（ME 海法第104条・第105条）

〔De solido marinariorum solvendo：海員の報酬〕

Item si forte aliquod vaxellum seu lignum perdatur vel caperetur per
aliquem antequam suum viagium compleret, quod marinarii cum illo ligno
euntes pro eorum solido habere debeant pro rata serviti temporis usque ad
diem captionis eorum seu perditionis, et restans solidi per eos recepti
teneantur patronis vaxellorum restituere ad terminum unius mensis, non
obstante quod eis solutum fuerit ad rationem mensis; et si forte dicti
marinarii in dicto viagio morirentur aut caperentur et retinerentur in
carceribus, vel essent percussi in servitium eiusdem vaxelli, quare servire

276

non possint, quod isto casu non teneantur ad refectionem temporis non serviti.©

© La Mantia, p.5.

【同様に、偶然に、いずれかの船舶または船が、その航海を終える前に、難破しまたは何人かによって捕獲された場合、その船舶に乗り組んでいた海員は、捕獲または難破の日まで労務を給付した期間の割合に応じて、報酬を受け取るものとする。彼らが受領した金銭の残額は、彼らが月払いで報酬を受けていても、1カ月の経過時に、船長に返還しなければならない。そして、偶然に、前述の海員が、前述の航海中に、死亡しもしくは捕獲されそして獄につながれ、またはその船舶の労務中にけがをし、そのため、労務に服しえなかった場合、その不慮の事件について、労務に服しえなかった時間を回復する義務を負わない*。】

> ＊本条は、セミコロンによって、大きく前半部と後半部に分かれているが、前半部を2文に分け、後半部を1文にまとめて【規定内容】を示すことにした。

本条は、航海終了前に帰責事由なくして（乗り組んだ船舶の難破または捕獲によって）就労不能に陥った海員の報酬について定めている。

Zeno と Murino は、本条と ME 海法第104条および第105条との類似性を明示的に認めている。Genuardi は、ME 海法第104条との類似性を認める意思を有しているもの、と推測されるが[1]、第105条との関係については、なにも語っていない。

(1) Genuardi は、ME 海法第104条と Am 第52条の類似・対応関係を承認しているが（op. cit., p.89, n. (4)-(6)）、本条との関係を論じたと思われる注記（op. cit., p.89, n. (3)）が不完全なのである。すなわち、In La Mantia, *Consol.* p.5. とのみ記載されており、他所でなされているような TRCM の条文の直接引用がなされていない。しかし、La Mantia の書物の5頁には、本条が報告されている。

第2章　トラパニ海法管見

（i）**前半部（第1文および第2文）**　本条第1文および第2文は、難破・捕獲により航海継続が不能になった船舶に乗り組んでいた海員の報酬請求権について定めているが、本条の規律対象の「海員」は、紛れもなく、「賃金海員」であろう。

　それは、第1文の【・・・捕獲または難破の日まで労務を給付した期間の割合に応じて、報酬を受け取る・・・】および第2文の【・・・月払いで報酬を受けていても・・・】から明白である。そして、本条と類似性が認められている ME 海法第104条および第105条（それらに類似する Am 第52条および第53条）の規律対象も「賃金海員」であることに、ほぼ異論がない[1]。

　ME 海法第104条は、難破・捕獲により航海継続が不能になった場合、【・・・海員は、海難の日まで労務を給付した期間について、報酬の支払いがなされ・・・金銭を返還すべき場合、海員は、月払いで報酬を受けていても、海難の日から数えて前の一カ月の期間については、その義務を負わない】と規定している。

　本条前半部（第1文および第2文）と ME 海法第104条とで、用語方法に若干の差異は認められるものの、難破・捕獲により航海継続が不能になった場合、その日までの労務の供給に対して「賃金海員」に報酬が支払われるべき旨の規定内容は、まったく同じといって、差し支えないであろう[2]。

（1）　第1章第2節2－104、試論・128頁以下、同・226頁以下など。
（2）　第1章第2節2－104で検討したように、ME 海法第104条は Am 第52条ときわめて類似した規定であり、相違点の発見に手間取るほどである。ME 海法第104条と Am 第52条とでは、報酬計算期間の終了時について、「海難の日」とするか「海難の時」とするかの差異が認められる。本条第1文は、「海難の日」としている（ME 海法第104条と同じ）。

（ii）**後半部（第3文）**　本条第3文は、航海中の海員の死亡・拿捕・けがにより労務供給しえなかった期間に関して、前払いを受けていた賃金の返還義務を負わない旨を定めている。

第3文とME海法第105条⑴とで、使用文言に若干の差異を認めうるにしても、共通した海員保護の思想を読み取ることは、容易である。

むしろ、使用文言の差異は、解釈上ほとんど無視することが可能、というべきかもしれない。そして、本条1カ条で規定している内容が、ME海法では2カ条を用いて規定されている形式上の差異を除けば、本条とME海法第104条および第105条との類似性は、否定のしようがないほど明確である。

⑴ ME海法第105条【・・・海員は、航海中に捕虜になりそして獄につながれるかまたは怪我をしもしくは死亡した場合、その時、清算すべき金銭を返還する責を負わない。】

2-13 TRCM 第13条

〔De incantatoribus seu juribus eorum per incantationem vaxellorum：船舶競売手数料〕

Item quod per omne vaxellum quod venditur ad incantum et venditio sit ab uncia una usque ad viginti, incantator hebeat tarenos duos, et ab unciis viginti usque ad quinquaginta habeat granos duos pro uncia, et ab unciis quinquaginta supra habeat granum unum et dimidium pro uncia qualibet.©

© La Mantia, p.5.

【同様に、競売によって売却されたすべての船舶を通じて、競売人は、売買が1オンスから20オンスであれば、2タリを、20オンスから50オンスであれば、1オンスにつき2グラーナを、50オンスを超えれば、1オンスにつき1グラーナ半を受け取る。】

本条は、船舶の競売人の手数料について、売却価額を3段階に分けて、その額および算出方式を定めている。

ZenoとMurinoならびにGenuardiのいずれも、本条に類似する規定をME海法のなかに発見していない。ME海法のすべての条文を詳細に検証すれば、

第 2 章　トラパニ海法管見

本条に類似する規定を発見しうるかもしれないが（筆者が一覧したところ、発見できなかった）、本章にそのいとまはない。ただ、筆者には、本条と TRCM 第18条との関連が若干気になるところである。

2 −14　TRCM 第14条
〔Quis debeat incantare：競売人〕

Item quod si forte servientes Curie Consulum predictorum non essent apti ad incantandum, quod tunc ponatur alius extraneus incantator, dummodo quod dictus incantator habeat jus suum; et si dictus incantator hoc facere seu observare nollet, quod ipso iure privetur ab officio, et non debeat amplius incantare.©

© 　La Mantia, pp.5-6.

【同様に、偶然に、前述の評議員裁判所の職員が競売の資格を欠いていれば、そのとき、外部の競売人が選任され、その競売人は、彼自身の権利を有する。そして、その競売人が権限を行使しまたは遵守することを欲しなければ、当然に、職務を剝奪され、それ以上競売をしてはならない。】

本条は、海事評議員裁判所の職員が競売の資格を欠く場合に選任される代行者の権限およびその権限不行使・不遵守について規定している。

Murino は、本条と ME 海法第126条が類似・対応する、としているが、16項からなる同条の何項と本条が対応するのかは明示していない。

Zeno の著作の記述には混乱がみられ、139頁の対照表においては、本条と ME 海法第126条の類似・対応関係を認めているが、138頁においては、TRCM 第15条と ME 海法第126条および第127条との類似・対応関係について論じている[1]。

そして、Genuardi は、本条と類似する規定を ME 海法のなかに認めていない（TRCM 第15条と ME 海法第126条第 2 項との類似関係を承認している〔op. cit., p.LV, p.115, n.（1)]）。

　筆者の検討によると、本条と ME 海法第126条および第127条との類似・対応関係については、「見出し」のみが類似するだけであり、規定の文言および内容に共通するところは発見できない。

⑴　Zeno, op. cit., p.138 は、ほかに、TRCM 第15条とすべきところを、ME 海法第15条としている（これは、前後の文脈より、明らかな誤記)。

　2－15　TRCM 第15条（ME 海法第126条・第127条)

〔De tempore expediendi res incantandas：競売期間〕

Item quod omnis incantator quamlibet rem, que ponitur ad incantum valoris unciarum quinque, debet expedire per totum illum diem per quem durat incantus; et si forte essent ab unciis quinque supra, quod debeat expediri infra [dies] duos numerandos a die quo res ad incantum ponitur; et si hoc incantator non observaret vel fraudem faceret, sit in pena tarenorum quindecim in reparatione Curie Consulum, et privetur ab officio; et pro quibuslibet tarenis decem [debeat] habere granum unum et dimidium solvendum sibi per eum cuius res venditur, sive ad peticionem cuius venditur res.©

©　La Mantia, p.6.

【同様に、すべての競売人は、5オンス（以下）の価格の競売に付されるあらゆる物品を、競売のある日、まる1日をかけて、処分しなければならない。そして、偶然に、（競売価格が）5オンスを超える場合、（すべての競売人は、）物品が競売に付される日から数えて2［日］をかけて、処分しなければならない。そして、競売人がこれを遵守しないかまたは偽計を行った場合、評議員裁判所の補償として罰金15タリを科せられ、そして、職務を剥奪される。そして、（競売人は、）10タリにつき、その物品が売却される人からまたはその要請によ

第2章　トラパニ海法管見

り物品が売却される人から支払われるべき1グラーナ半を受け取る［ものとする］。】

　本条は、競売物件の価格に応じて（2段階に分けて）、競売のために要すべき日数を定め、競売人に対して、その日数の遵守（慎重な競売）義務を課す（義務違反の制裁として、罰金と職務剥奪を科す）一方で、競売人の報酬についても規定している。

　2－14でふれたように、前条と本条について、ME海法との類似性に関する考えが、Genuardi、Zeno および Murino で統一されていない。

　Murino は、本条と類似する規定を ME 海法のなかに認めておらず、Zeno は、138頁においては、本条と ME 海法第126条および第127条との類似・対応関係について論じているが、ME 海法第126条の何項と類似するのかについては、具体的な指摘をしていない[1]。これに対して、Genuardi は、本条と ME 海法第126条第2項との類似関係を承認している[2]。

　対照すべき条文・項が複数になっており、分析・検討作業の混乱・複雑化を可能なかぎり回避するため、本条と対照すべき条項について、あえて、筆者の私見を先にのべると、ME 海法第126条第2項、同条第14項および同法第127条[3]であろう。それらの ME 海法の規定内容を参照してから、本条の分析・検討を行うことにしたい。

(1)　Zeno, op. cit., loco cit.

(2)　Genuardi op. cit., p.LV, p.115, n. (1).

(3)　ME 海法第126条（16項からなっている）と同第127条は、強い関連性を有する規定である。その分類・形式からしても、共通の見出し（Capitula incantatorum et venditricium）のもと、前後の条文から分離されており、第127条（独立した条文として条文番号が与えられているが）の条文番号と見出しの後、同条の本文が始まる前に、第17項の項番号が置かれている。Genuardi, op. cit., p.XV は、第127条の文頭に常用語の Item が置かれていないことから、同条が第126条の付加であろう、と推測している。

282

ME 海法第126条第 2 項（Genuardi が本条との類似性を肯定）

〔Li incantaturi divinu spediri di vindiri li robbi de una unza abaxio infra un giornu, et si è de più prezzo, infra dui jorni.：競売日数〕

Item ogni incantaturi per qualsivoglia cosa che si metti allu incantu, la quali sia di unzi cinque infra, lu divi spachiari per tutu quillu jornu et si esti di unzi cinque in suso, lu divi spachiari infra dui giorni et questo se intendi di cosi mobili.©

© Genuardi, op. cit., p.115.

【同様に、すべての競売人は、競売に付されるあらゆる物について、5 オンス以下のものは、まる 1 日をかけて売却し、そして、5 オンスを超えるものは、2 日をかけて売却しなければならない。これは、動産についてのこととする。】

ME 海法第126条第14項（筆者が本条との類似性を肯定）

〔Contravenendu lu incantaturi sia in pena di tarì 15 per ogni volta et privacioni di officio：職務違反の競売人に対する制裁〕

Item chi qualsivoglia vota alcunu di li preditti incantaturi contrafarrà alcunu di li capituli preditti in tuttu oy in parti, diggia infallibiliter, jure pene, pagari tarì XV et esseri applicata la preditta pena a la opera dilla curti preditta et di esseri privato di ufficio senza mercè alcuna.©

© Genuardi, op. cit., p.118.

【同様に、あらゆる場合、前述の競売人のいずれかが、前述の条項のいずれかの全部または一部に反すれば、間違いなく、当然の罰として15タリを支払わなければならず、そして、前述の罰金は、前述の裁判所の金庫に納められ、そして、一切の容赦なく、職務の剥奪がなされる。】

第2章　トラパニ海法管見

ME 海法第127条（Zeno が本条との類似性を肯定）

〔Tali vendituri et venditrichi di robbi quello che li tocca et che sunnu obligati prestari plegiaria：売主の担保提供義務〕

Tutti li vendituri et venditrichi sunnu tenuti et divinu dari plegiaria, anti chi incomenzanu a vindiri cosa alcuna, in li acti di la curti tantu di conservari li cosi, li quali vindinu, quantu di exerciri lu officio beni et legalmenti et per loru raxuni divinu haviri comu è dictu di sopra per lo incantaturi.©

© 　Genuardi, op. cit., p.119.

【すべての売主および女性売主は、いずれかの物の売却を開始する前に、売却する物を保存し、業務を適切にそして適法に遂行するために、裁判所の書類に担保を記載する義務を負い、そして、彼らの費用として、競売人について先にのべられているように、（金銭を）有していなければならない。】

（i）**第1文および第2文**　　本条（TRCM 第15条）第1文および第2文は、競売物件の価格が5オンス以下の場合には、まる1日をかけて競売を行い、価格が5オンスを超える場合には、2日をかけて競売をなすよう、競売人に義務づけている。

　ME 海法第126条第2項は、本条第1文および第2文より少し使用文言が簡略化されているが[1]、省略された文言については、解釈による補充が可能、と思われる。上記の条項の規定内容は、実質的には同一、といいうるであろう[2]。

(1)　ME 海法第126条第2項には、本条第1文の「競売のある日」に対応する文言および同第2文の「物品が競売に付される日から数えて」に対応する文言がない。

(2)　ME 海法第126条第2項は、使用文言を簡略化する一方で、本条第1文および第2文にみられない「確認」の文言を末尾に置いている。すなわち、「これは、動産についてのこととする。」である。しかし、この文言の不存在は、おそらく、本条の適用範囲を不動産競売にまで拡大する意味を有しなかったであろう。

(ii) **第3文**　本条第3文に類似する規定がME海法第126条の何項なのか、Zenoも Genuardiも具体的に指摘していない。しかし、ME海法第126条第14項がそれであることは、容易に認識しうる。

　規定された競売日数を遵守しなかった場合に競売人に科せられる制裁（罰金15タリと職務剝奪）が、両者の規定で一致している。両者の条文にみられる使用文言に関する若干のちがい・有無は、規定内容の実質的同一性の承認の妨げにはならないであろう[1]。

　(1)　本条第3文の条件節には、「または偽計を行った」場合が含まれている。一方、ME海法第126条第14項の条件節には、先行条項の「全部または一部」違反に対する言及がなされており、同項の帰結節には、本条第3文には存在しない副詞句「一切の容赦なく」が挿入されている。これらの文言のちがい・有無は、本文でのべた推測を覆しえないであろう。

(iii) **第4文**　本条第1文から第3文までとME海法第126条が類似・対応する部分は、以上の検討から、明らかとなった。しかし、本条第4文に類似・対応する条項をどこに求めるべきかは、かならずしも容易ではない。

　第4文は、競売人の報酬（手数料）について定めている。これに類似する条項をME海法第126条のなかに見出すことは、おそらく不可能であろう（筆者の見過ごしかもしれないが）。すると、Zenoが指摘しているME海法第127条がその候補にあがってくる。

(iv) **ME海法第127条**　同条は、（おそらく、）競売物件の売主に、担保提供（裁判所の書類への記載）義務と競売人に対する報酬（手数料）支払義務について定めている。同条の前半部に規定された競売物件の売主の担保提供義務についてみると、類似するものを本条第4文に発見することは不可能である。

　ME海法第127条の後半部は、本条第4文が競売人の権利（報酬・手数料請求権）として認めていることを、競売物件の売主の手数料支払義務の側面から規定している、と解されるであろう。

　しかし、たとえ、そのように解しうるとしても、本条第4文とME海法第

第 2 章　トラパニ海法管見

127条の対応部分は、一部に限られており、また、その部分も、形式上ないし文言上かなり異なっている、と評さざるをえない[1]。

(1)　本条と ME 海法第127条との類似性について、Zeno が肯定する一方で、Murino および Genuardi は、論じていない。繰り返すが、どの程度の対応・類似部分があれば類似性を肯定するのかについて、各人共通の客観的な基準が存在するわけではない。Murino および Genuardi が本条と ME 海法第127条との類似性を承認しなかったにしても、それは、誤った評価に基づくもの、ということはできないであろう。

2-16　TRCM 第16条（ME 海法第128条）

〔De sansariis seu de salario pro vendicione servorum：奴隷売買仲立人の報酬〕

Item quod omnis sansarius, qui vendit servum seu servam, pro suo salario debeat habere tarenum unum pro capite a venditore, et tarenum unum ab emptore; et si forte dictus sansarius ultra acciperet, sit in pena tarenorum quindecim solvendorum per eum in opere dicte Curie, et privetur ab officio ipso iure, et accusator ipsius sansarii fraudem committentis habeat partem ipsius pene.©

©　La Mantia, p.6.

【同様に、奴隷または女奴隷を売買するすべての仲立人は、その報酬として、一人につき、売主から 1 タリをそして買主から 1 タリを受け取るものとする。そして、偶然に、前述の仲立人がそれを超えて受け取った場合、前述の裁判所の金庫に罰金15タリを支払わなければならず、そして、当然に、職務を剝奪され、そして、その仲立人の告発者が偽計を行うときは、彼自身の罰を受ける。】

　本条は、現在では（少なくとも、いわゆる先進国では）考えられない（公序良俗に反する）奴隷売買に関する仲立人の報酬について定めている。

286

Zeno と Murino ならびに Genuardi のいずれも、本条に類似する規定として ME 海法第128条を掲げている。同条は、23項からなる長大な規定であるが、Genuardi（op. cit., p.LVI）は、その第11項が本条に対応する、としている[1]。

(1) Zeno と Murino は、何項が本条と類似するかについて指摘していない。なお、Genuardi, op. cit., loco cit. は、ME 海法第128条は21項からなる、としているが、Genuardi, op. cit., pp.123-126 に第22項および第23項と思われるものが掲載されている。

ME 海法第128条第11項
〔Ragioni di menzani：仲立人の報酬〕
Item li pridetti minzani per loru menzania divinu aviri ut infra et si plui prendissero oy dimandassiro, fussiro in pena di tarì XV.

videlicet:

Per ciascunu scavu o scava tarì uno da lu vindituri et altrettantu dallu accattaturi tarì 1 ©

© Genuardi, op. cit., p.121.

【同様に、前述の仲立人は、彼らの仲立について、以下のとおりに報酬を受け取るものとし、それを超えて取得または請求すれば、15タリの罰金を科せられる。

すなわち：
奴隷または女奴隷一人につき、1タリを売主から、そして、同様に、1タリを買主から（受け取るものとする）。】

本条（TRCM 第16条）第1文は、奴隷売買の仲買人の報酬請求権（奴隷一人につき、売主と買主にそれぞれ1タリの報酬請求）について定めている。仲立人の報酬は売主と買主による平分負担とされている。

本条は、第2文において、超過報酬の請求をなした仲立人に対する制裁とし

第2章　トラパニ海法管見

て、罰金15タリおよび職務剝奪について定め[1]、さらに、仲立人の虚偽の告発者に対する制裁について言及している（制裁の具体的な内容は明示されていない）。

　本条第1文および第2文の前半部（罰金について規定した部分）までと ME 海法第128条第11項との類似性は、説明・確認を要しないほど明白である。

　仲立人の職務剝奪と告発者に対する制裁を定めた本条第2文の後半部に類似する条項を、長文の ME 海法第128条（およびその他の条文）のなかから見出しうるのか、本章は、その検証作業をするいとまを有していない。次条の分析・検討に移りたい。

(1)　往時、「仲立人は都市または商人団体によって任命され、公職的な地位を有し、独占的営業権を与えられ」ていたようであるが（平出慶道『商行為法』青林書院新社〔1970年〕338頁）、本条にいう「職務剝奪」は、たんに、売買当事者とのあいだの仲立契約の解約にとどまらず、トラパニ市における仲立人資格の剝奪を意味するもの、と思われる。

　2－17　TRCM 第17条（ME 海法第8条・第9条）

〔De officio Notarii Consulum：評議員公証人の職務〕

In primis quod Notarii Consulum non possint eorum officium vendere, nec alteri committere, sed debeant ipsi personaliter exercere sub pena privationis officii, in cuius locum per Consules ipsos eligatur et substituatur alius, ita tamen quod substituendus et eligendus sit idoneus et sufficiens.

Item quod notarius Consulum sit eligendus Trapanensis, et defectu Trapanensium eligatur alius alterius loci, idoneus et sufficiens.

Item quod notarius Consulum pro suo labore et salario habere debeat infrascriptos proventus et non aliud.

　In primis pro qualibet fideiussione granos quinque.

　Item pro qualibet cedula grana quinque.

　Item pro quolibet termino dato ad solvendum, grana duo.

　Item pro quolibet teste recipiendo gr. duo.

Item pro quolibet pedagio grana decem.

Item pro qualibet sententia gr. decem.

Item pro copia capitulorum pro quolibet capitulo gr. unum.

Item pro copia testium receptorum gr. unum.

Item pro copia processus solvatur iuxta morem.

Item pro qualibet contumacia pro reparatione Curie tarenum unum.

Item si forte Notarius acciperet ultra modum superius pretaxatum, aut aliter exigeret, quod incontinenti privetur ad officio.©

© La Mantia, pp.6-7.

【まず第一に、評議員公証人は、その職務を他人に売り渡し、また、他人に委ねることができず、彼ら自身が自ら遂行しなければならない。これに違反したときは、職務を剥奪され、彼に代わり、評議員自身によって、他の人が選任されそして交代させられるべきである。ただし、選任され交代させられるべき者は、適切にして能力がなければならない。

同様に、評議員公証人は、トラパニ人から選任されるべきであり、トラパニ人がいないとき、適切にして能力のある他の地の他人が選任される。

同様に、評議員公証人は、その労務について、報酬として、以下に定めるとおりのものを受け取るものとし、そして、他のものを（受け取ってはならない）。

　　まず第一に、すべての担保について、5グラーナ

　　同様に、すべての支払猶予について、5グラーナ

　　同様に、すべての支払期限について、2グラーナ

　　同様に、すべての採用すべき証人について、2グラーナ

　　同様に、すべての交通費について、10グラーナ

　　同様に、すべての判決について、10グラーナ

　　同様に、条項の謄本について、すべての条項について、1グラーナ

　　同様に、受領した証拠の謄本について、1グラーナ

　　同様に、訴訟記録の謄本について、慣習にしたがって（iuxta morem）支

第2章　トラパニ海法管見

払われる

　同様に、すべての訴訟の欠席について、裁判所の補償として、１タリ

　同様に、偶然、公証人が、上に定めた限度額を超えて受け取りまたは異なった請求をした場合、直ちに、職務を剝奪される＊。】

　＊本条第１項にはセミコロンが用いられていないが、三つの文に分けて規定内容を
　　示しておいた。

　本条は、４項からなり、TRCM のなかでは長文の規定である。「見出し」は、短く、「評議員公証人の職務」となっているが、規定内容は、かなり多様である。（海事評議員裁判所）公証人の職務遂行義務（第１項）、その被選任資格（第２項）、その報酬（第３項）および報酬の超過請求に対する制裁（第４項）について定めが置かれている。

　本条は、ME 海法との類似・対応関係に関して、Zeno、Murino および Genuardi の３者が別個の見解を示す場所となっている。すなわち、Zeno は、本条に類似する規定を ME 海法に発見しておらず、Murino は、ME 海法第８条および第11条に類似性を認め、そして、Genuardi（op. cit., p.XV）は、ME 海法第９条が対応する、と考えている[1]。

　(1)　２－７の注(1)でのべたとおり、Genuardi, op. cit., p.32, n.（4）ecc. は、数カ所で、
　　TRCM 第７条と ME 海法第９条との類似・対応関係を指摘しているが、それら
　　は、すべて、本条のあやまりである（対応する文言として引用されているものが、
　　すべて、本条のものである）。

　(i)　**第１項**　　本条第１項第１文は、公証人に対し、その職務の売渡しおよび他人への委託を禁じ、自ら職務を遂行すべき義務を課している。

　同文は、ME 海法第８条の規定【・・・選任された公証人は、何人も、前述の職務を売り渡し、いかなる人にも委ねることができず、たしかに自ら、その職務を遂行しなければならない】ときわめて類似している。

　使用言語・表現方法の差異は、その類似性に疑いをもたらさないであろう。

290

その意味では、Murino が本条と ME 海法第 8 条の類似関係を承認したのは、あやまりではない、といいうる[1]。

本条第 1 項第 2 文は、第 1 文に規定の義務に違反した公証人に対する制裁（職務剥奪）と職務代行者の選任について定めている。第 1 章第 1 節で検討したかぎりでは、ME 海法には、職務遂行義務違反の公証人に対する制裁について、明文規定を発見することができなかった。第 2 文に類似する（明文）規定は、ME 海法のなかに存在しない、と考えておくことにしたい。

第 3 文は、公証人の職務代行者の被選任資格についての確認（注意）規定である。同文は、公証人の職務代行者の資格について、「適切にして能力のある者」というように、抽象的に表現している。なお、一覧したかぎりでは、ME 海法のなかに、公証人の職務代行者の選任に関する明文の規定を発見することができなかった。

[1] Zeno と Genuardi は、本条と ME 海法第 8 条の類似関係について、なにも語っていない。たしかに、本条第 1 項第 1 文が ME 海法第 8 条と類似するだけで、二つの規定全体の類似関係を承認するには、類似部分が少なすぎる、といえなくはない。

(ii) **第 2 項**　本条第 2 項は、原則として、公証人はトラパニ人のなかから選任されるべきことを宣言した後、例外的に、トラパニ人不在のとき、他の地の者を公証人に選任しうるもの、としている。

他の地の者を選任するには、第 1 項第 3 文の公証人の職務代行者の被選任資格に付せられていたのと同様の「適切にして能力のある者」との条件が付されている。

ちなみに、ME 海法第13条は、公証人の資格について、「試験に合格し、メッシーナ市で少なくとも 3 年間公務」経験のある者というように、具体的に定めている[1]。「適切・有能な者」を選任すべし、との規定の趣旨は、類似していても、文言・形式は、かなり異なっている、といわざるをえない[2]。

第2章　トラパニ海法管見

⑴　第1章第1節2－13を参照のこと。
⑵　ME 海法第13条の公証人の資格要件は、具体的・客観的であり、解釈者の恣意的判断が入り込む余地がないが、本条第1項・第2項の「適切にして能力のある者」との要件は、いかにも抽象的である。

(ⅲ)　**第3項**　　本条第3項は、列挙された10個の公証人の職務事項ごとに、その報酬（手数料）を定めている。ME 海法第9条の列挙している公証人の職務事項は、数えようによっては、2倍ほどになるが[1]、規定の形式および報酬額の類似性は明白である。

本条第3項第3号および第10号の職務事項については、ME 海法第9条は、明示的言及をしていない。8個の職務事項が二つの規定によって共通して規律されている。

8個の職務事項のうち本条第3項第9号については、具体的な報酬額が明示されていないが（ME 海法第9条第8号も、具体的な報酬額を明示していない[2]）、その他7個の職務事項に関しては、報酬額が正確に一致している。

Genuardi が本条と ME 海法第9条の類似関係を承認したのは、あやまりではなく、むしろ当然の評価であった、と思われる[3]。

⑴　ME 海法第9条は、公証人の職務事項を16の号に分けて列挙しているが、複数の職務事項を含む号がいくつかある。
⑵　ME 海法第9条第8号も、具体的な報酬額を明示しないという点では、本条第3項第9号と同じである。しかし、報酬額の算定方法につき、本条第3項第9号は、「慣習にしたがって」とするのに対して、ME 海法第9条第8号は、「訴額にしたがって」としている。両者の計算方法は、少なくとも、形式的には大きく異なっている。(v)も参照のこと。
⑶　(i)の注⑴で論及したが、規定間の類似関係を承認するうえで、分量的な要素も重要である、と思われる。本条と ME 海法第9条の類似する部分は、規定全体のかなりの部分を占めている。Zeno と Murino が両者間の類似性を認めなかったのは、むしろ不可思議でさえある。

(ⅳ)　**第4項**　　本条第4項は、報酬の超過請求をした「公証人」に対して、

292

「職務剥奪」の制裁で対応しているが、罰金については、明示的にはなにも論じていない。この規定の形式は、報酬の超過請求をした「評議員」に対する制裁の定め方（TRCM第1条）と同じである。

ME海法第9条柱書きも、公証人に対して報酬の超過請求を明示的に禁じているが、違反に対する制裁が本条第4項のそれとは異なっている。すなわち、ME海法第9条柱書きは、報酬の超過請求をした「公証人」に対して、「罰金7タリ10グラーナ」の支払いを科しているが、職務剥奪に関する明示的言及をしていない。

公証人の超過報酬請求に対する制裁が、TRCMおよびME海法において、「職務剥奪」または「罰金」のいずれかのみが適用され、重複適用がないのであれば、制裁の態様の差異が、本条第4項とME海法第9条柱書きの類似性の承認に消極的にならざるをえないかもしれないが、その差異を部分的なもの、と了解すれば、二つの規定の全体を評価して、両者間の類似性を認めても、大過ないもの、と思われる[1]。

(1) なお、Murinoは、本条とME海法第11条の類似性を承認しているが、ME海法第11条（裁判所執務者の訴訟禁止）については、本条（およびその他の条文）のなかに類似する箇所を発見することはできなかった。

(v) **第3項第9号の"iuxta morem"**　われわれは、規定間の類似性の問題を少し離れて、本条第3項第9号に注目したい。その他の号がすべて具体的な金額をもって報酬額を表示しているのに対して、同号は、訴訟記録の謄本作成については、「慣習にしたがって（iuxta morem）」報酬額が定まるもの、としている。

Zenoなどによって、本条第3項第9号のこの文言に対する注意喚起はなされていないが、看過すべきではないであろう。

2－6において、TRCM第6条の末尾の文言について、Zenoの見解にふれた。すなわち、【評議員裁判所によって判示されそして繰り返されているとおりに（sic extitit iudicatum per Curiam Consulum et pluries determinatum）】との

第2章　トラパニ海法管見

文言である。その文言は、TRCMが編纂（成文化）される以前から、「残存物の分配」に関する海事評議員裁判所の判断が集積していることを表わしている、と考えられているのである(1)。

　それと同じことが、本条第3項第9号についてもあてはまるもの、と思われる。すなわち、TRCMが編纂（成文化）される以前から、訴訟記録の謄本作成に関する報酬について、慣習（法）が先行的に存在していたことが明らかにされている。

　TRCM第6条の末尾の文言と同じく、「慣習にしたがって（iuxta morem）」の文言によって、具体的にどれほど遡及することになるのかは不明であるが、トラパニにおいて、TRCMが編纂（成文化）される以前に、海事慣習（法）が存在・妥当していたことを合理的に根拠づけうるであろう。

(1)　Zeno, op. cit., pp.139-140.

2－18　TRCM 第18条（ME 海法第9条）

〔De jure Notariorum Consulum：評議員公証人の権利〕

In primis pro quolibet vaxello posito ad incantum, vendito et liberato pro unciis quinquaginta supra, notarius dicte Curie Consulum qui illo tempore fuerit, habere debeat pro suo jure di lu accattaturi di lu dittu vassellu tari unu, et a quinquaginta ultra tt. ij.

Item pro qualibet barca vendita habere debeat pro iure suo tarenum unum, reservato eisdem notariis iure eosdem contingente pro confectione instrumenti venditionis dicti vaxelli venditi, quod facere debeat ad opus patroni navigii.

Item quod servientes dicte Curie omnes simul ex venditione vaxelli, habere debeant pro eorum jure ab emptore dicti vaxelli ab unciis quinquaginta infra, 〔granos decem, et ab unciis quinquaginta〕ultra, tarenum unum.

Item si aliquod vaxellum incantaretur per servientes dicte Curie Consulum

294

et deliberatur pro unciis viginti usque ad quinquaginta, dictus incantator debeat habere a venditore pro jure suo granos duos pro uncia, et ab unciis quinquaginta supra debeat habere pro uncia granum unum.

Item de eodem jure incantator debeat habere duas tertias partes, et reliqua tertia dividitur inter alios servientes Curie Consulum predictorum. Datum Messane MCCCXXXXV.©

© La Mantia, p.7.

【まず第一に、競売にかけられ、売却され競り落とされたすべての船舶について、50オンスまでであれば、前述の評議員裁判所の当番の公証人は、前述の船舶の売主から、1タリを、そして、50オンスを超えれば、2タリを、その権利として、受け取るものとする。

同様に、売却されたすべての船舶について、（前述の評議員裁判所の公証人は、）船長の業務のために作成を要した、前述の売却された船舶の売買書類の作成について、彼ら（公証人）に当然に帰属する、彼らに留保されていた1タリを、その権利として、受け取るものとする。

同様に、前述の裁判所の職員は、すべて、同時に、船舶の売却によって、彼らの権利として、前述の船舶の買主から、50オンスまでなら［10グラーナを、そして、50オンスを］超えれば1タリを、その権利として、受け取るものとする。

同様に、いずれかの船舶が、前述の評議員裁判所の職員によって競売され、そして、20オンスから50オンスで競り落とされた場合、前述の競売人は、売主から、1オンスにつき2グラーナを、そして、（競落価格が）50オンスを超えた場合、1オンスにつき1グラーナを、その権利として、受け取るものとする。

同様に、競売人は、彼らの権利について、3分の2を受け取るものとし、そして、残りの3分の1は、前述の評議員裁判所の他の職員のあいだで分配される。メッシーナに付与1345年】

第2章　トラパニ海法管見

　本条は、船舶の競売にかかわった海事評議員裁判所の公証人およびその他の職員の権利（報酬）について、競売価格の価格に応じて（大きく、50オンスで分けて）、その額を定めている[1]。

　Zeno と Murino は、本条と ME 海法第9条との類似性を明示的に認めているが、Genuardi は、なにも語っておらず、むしろ、否定する意図かもしれない（2－17でみたように、Genuardi は、ME 海法第9条と類似する規定として TRCM 第17条を掲げている）。

　[1]　なお、2－13で若干ふれたように、船舶の競売人の手数料に関する規定が TRCM 第13条に設けられているが、筆者は、それと本条の関係について論じた者を寡聞にして知らない。

　（i）**本文**　本条の見出しは、公証人の「権利（jus）」という表現を用いているが、公証人（およびその他の職員）が受け取るべき金銭をどのように表現するかは別にして、実体は、「報酬ないし手数料」であろう[1]。

　Zeno と Murino が本条と ME 海法第9条との類似性を認めたのは、公証人の報酬ないし手数料に関する規定、という広い意味では、あやまりではないのかもしれないし、本条第1項が ME 海法第9条第15号の有蓋船の競売報酬について定めた文言（・・・10オンスから50オンスの場合1タリ、50オンスから100オンスの場合2タリ・・・）と類似している、といいうる。

　しかし、本条第2文から第5文に類似する文言は、ME 海法第9条に発見することができない。とりわけ、第3文から第5文の規律対象者は、海事評議員裁判所の職員と競売人とされているが、ME 海法第9条の規律対象者には、それらの者は含まれていない。

　規定の形式（対象とされている業務の内容・種類、報酬金額）の面では、2－17で検討したとおり、ME 海法第9条は、本条よりも TRCM 第17条により類似している、というべきであろう。

　ここで、若干視点を転じて、本条にみられる異言語の混入について、一瞥しておきたい。第1項の "di lu accattaturi di lu dittu vassellu tari unu" は、明ら

かに、南部訛りのイタリア語である。これ以外にも、南部訛りのイタリア語と思われる単語がいくつか混入していたかもしれないが、まとまって（句となって）出てきたことはなかったはずである。TRCM の転写人がかなり慎重で熟達した作業者であった（公職にあった人かもしれない）、と思われるが、この異言語の混入は、「筆のあやまり」によるものなのか、それ以外の原因によるものなのか、不明というほかない。

(1) La Mantia, op. cit., pp.X-XI は、評議員および公証人が受け取る金銭について、diritti および proventi を用いている。

(ii) **裁可者・年** 2 −(ii)で少しふれたように、TRCM の裁可者・年をめぐり、本条の末尾に置かれた "Datum Messane MCCCXXXXV" の正確性に疑問が投じられている。すなわち、La Mantia は、末尾の1345年は1325年のあやまりであって、TRCM の裁可者は Federico 2 世（在位1296 – 1337）と推測するのである[1]。これに対して、Genuardi は、Federico III il Semplice（在位1355 – 1377年）を TRCM の裁可者、と推測している[2]。

興味深い議論であるが、たとえば、Gaeta や Murino は、La Mantia と Genuardi の推測・対立状況の紹介をしているが、いずれに与するべきかについては黙している[3]。さらに、われわれは、TRCM の18カ条のすべてを検証してみたが、両者の推測のいずれを支持すべきかについて、その手掛かりになりそうなものを発見することができなかった。残念ながら、本章は、この議論に、これ以上立ち入ることができない。

(1) La Mantia, op. cit., p.7, n. alla riga 21. その根拠として、いわゆる15年紀（indizione）の表示がなされていないため、1325年の可能性があること。そして、3 − 1でふれる Capitula mercatorum には1323年の表示があるが、その第15条に Pietro 2 世（Federico 2 世の長男：1321年トリナクリア国王戴冠、シチリア王在位1337 – 1342年）への言及がなされていることをあげている。

(2) Genuardi, op. cit., p.VI.

(3) Gaeta, op. cit., p.67; Murino, op. cit., p.320, n. 1.

第 2 章　トラパニ海法管見

3　陸上の規則・条項

われわれは、2において、TRCM の全18カ条について検討を試みたが、14
世紀のこととはいえ、わずか18カ条で往時のトラパニに存在した海法の全容を
理解することは、いかにも困難であり、むしろ不可能なはずである（もちろん、
TRCM の編纂者に海法の全容を表わす意図はなっかたであろう[1]）。

１－2でふれたとおり、La Mantia の著作が報じている陸上の規則・条項の
なかにも、海事関連事項について、直接にまたは間接的に規律した規定がいく
つかみられる。本章では、それらのなかでも、海法の性質が強いものを紹介し
ておきたい。もちろん、TRCM の18カ条のほか、陸上の規則・条項のなかに
あるいくつかの海法の性質が強いものを紹介しえたにしても、往時のトラパニ
の海法の全容を表わすことは、やはり、困難ないし不可能であろう。

しかし、その作業は、メッシーナやその他のシチリアの都市にあった慣習
（法）に類似したものがトラパニに存在した、との有力な主張に確かな論拠を
加えうることになるであろう。以下において、La Mantia の著作が報じている
順にしたがい、陸上の規則・条項について[2]、若干の検討を加えておく。

(1)　公的機関の海事評議員の職務については、公益に強く関連するから、裁判・慣
　　習によって形成されてきた規範の根幹・主要部を明文化する必要性は、大きかっ
　　たはずである。
(2)　１－2でふれたように、La Mantia は、TRCM のほかに、五つの陸上の規則・
　　条項を紹介しているが、最後に紹介されている規則は、海法関連の条文を含んで
　　いないようである。その規則は、La Mantia が報じている規則のなかでは、もっ
　　とも古いもののようであり（最終条文〔第16条〕末に "Datum Trapani MCCCX"
　　とある）、往時のトラパニの商取引の様子を知るうえで、貴重な情報かもしれな
　　いが、その規則の検証は、本章の目的からかなり離れてしまうので、別の機会に
　　譲りたい。

3－1　Capitula mercatorum

Capitula mercatorum et eorum Consulum terre Trapani eis edita
secundum formam privilegiorum et ordinationum civitatis Messane©

Ⓒ　La Mantia, op. cit., pp.7-10.

　本規則は、タイトルにみられるように、トラパニの商人および商事評議員に関する規範を集めたものであるが、メッシーナ市に付与された特権と王令の形式にしたがって編纂されたものである。しかし、メッシーナに対する言及は、タイトルと最終条文末においてなされているだけであり、条文自体のなかではなされていない⑴。

　タイトルの後、第1条の前に、裁可者として、Rex Fridericus rex Sicilie の名が掲げられており、最終条文（第15条）末に "Datum Messane MCCCXXIII" とある。

　編纂形式は、TRCM と異ならないが、本規則の裁可者・年については、TRCM と異なり、とくに議論がなされていないようである（本規則の最末尾に示された1323年は、Federico 2 世の統治〔1296 - 1337年〕下にあった）。これは、3－2以下の規則についても、同様のようである。

　Murino は、本規則の第9条を海事関連規定として紹介している⑵。同条は、トラパニの地、倉庫または船舶に蔵されている商品について、大商人による買占めを禁じ、小商人にも商品購入の機会を確保する趣旨の規定である。

　本条の適用範囲が船倉にある商品にも及んでいる、という意味においては、本条を海事関連規定とすることも、もちろん、あやまりということはできないが、規律対象者は、海商にたずさわる商人ではなく、商人一般である。本条の海事法としての性質は、それほど濃いものではない。

⑴　15カ条の条文中に出てくる地名は、トラパニのみである。
⑵　Murino, op. cit., p.322.

3 － 2　Capitula Consulum

Capitula Consulum Mercatorum terre Trapani secundum formam et Consuetudinem civitatis Messane, que debent servari per omnes mercatores

第2章　トラパニ海法管見

terre predicte, qui vendunt pannum ad tallum sub pena infrascripta©

　© La Mantia, op. cit., pp.10-14.

　本規則は、基本的には、Capitula mercatorum と同じく、トラパニの商人および商事評議員に関する規範を集めたものであり、メッシーナ市の慣習（法）の形式にしたがって編纂されたものである。

　本規則が Capitula mercatorum と異なるのは、本規則の多くが布地商に関する規定である点である。そのことは、タイトルのなかにすでに示されているが、第18条の前に置かれた見出し（Capitula ordinata per Consules mercatorum pannorum et per alios secundum ordinationes civitatis Messane）によって、再度確認されている。

　本規則の裁可者・年については、3-1でふれたとおり、Capitula mercatorum と同じく、とくに議論がなされていない。タイトルの後、第1条の前に、裁可者として、Rex Fridericus rex Sicilie etc.（下線は筆者による）となっているのは、複数の裁可者（条文によって異なる裁可者）が存在していたことを意味するのかもしれない[1]。

　本規則は、全39カ条からなっているが、すべての条文が同じ年に裁可されたものではない（したがって、同じ王によって裁可されたものでもない）と思われる。すなわち、第38条末に "Datum Messane ultimo marcii prime Indicionis[2]" と表示され、最終条文（第39条）末に "Datum Messane MCCCLXXXVII" とある（1387年は、Maria 王の統治〔1377-1401年〕下にあった）。

　Murino は、本規則の第18条および第36条を海事関連規定として紹介している[3]。第18条は、トラパニの布地商人に対して、船上にある布地の仕入れのために船舶に赴くことを、1日1回しか認めていない。本条の趣旨は、やはり、大商人による買占めの禁止（小商人の商品購入の機会確保）であろう。

　第36条は、祝祭日における商取引禁止の原則を確認したうえで、例外として、一時寄港した船舶上での売買を許容している。

　この2カ条についても、海事関連規定とすることは、もちろん、あやまりと

300

いうことはできないであろうが、やはり（規律対象者は、布地商であり——仕入れ商品が船舶上にあるかもしれないが、——海商に参画する商人とはいいがたい）、その海事法としての性質は、それほど濃いものではない、というべきであろう。

　むしろ、本規則について着目すべきは、タイトル、第18条の前の見出し、第38条（規定本文中）、第38条末および第39条末において、計5回、メッシーナが登場することであろう。このことは、往時のトラパニとメッシーナの商事・海事法の関連・類似性を推測させる[4]。

(1)　筆者が下線を付した etc. は、Federico 2世以外の裁可者がいたことを示したものではなく、Federico 2世が有していた（であろう）シチリア王以外の爵位などの尊称を省略しただけかもしれない。etc. を付した表示は、3－4でみる De officio Acathapanorum と3－5の Capitula pertinentia ad cabellam でもなされている。一方、つぎの3－3の Capitula generalia は、Rex Fridericus rex Sicilie とだけ表示しているが、かなり大きな時代差を伴う規定を有している。

(2)　西暦313年にはじまったといわれている15年紀は、それのみ（本文にあるような "ultimo marcii prime Indicionis"）で、対応する西暦年を表示しうるものではない。何周期目かを特定できれば、第38条の裁可者も分かるであろうが、本章にそれを検証するいとまはない。

(3)　Murino, op. cit., loco cit.

(4)　本規則においては、トラパニとメッシーナ以外（シチリアを除く）、具体的な地名は出てこない。

3－3　Capitula generalia

Capitula generalia terre Trapani de novo ordinata et per Regiam Majestatem confirmata, et primo de nundinis©

© 　La Mantia, op. cit., pp.15-24.

　本規則は、往時のトラパニに存在した海法を知るうえで、TRCM についで重要なものである。すなわち、本規則も、主たる規制対象者・事項を陸上の商人・商事事項としているが、Murino によって Capitula mercatorum および Capitula Consulum の海事関連規定とされているものより、より強く海事法と

第2章　トラパニ海法管見

しての性質を帯びた規定——TRCM に含まれていても不思議はない規定——
を多く含んである[1]。

　タイトルの後に裁可者として Rex Fridericus rex Sicilie が掲げられているが、
本規則の全43カ条のすべてが同じ年に裁可されたものではない（したがって、
同じ王によって裁可されたものでもない）。すなわち、第30条末に "Datum
Cathanie MCCCXL" と表示され（1340年は、Pietro 2 世の統治〔1337－1342年〕
下にあった）、第41条末に "Datum Auguste MCCCCVII" とある（1407年は、
Martino 1 世の統治〔1395－1409年：1401年までは、Maria 王と共同統治〕下にあっ
た）。二つの条文が裁可された年に67年の差がある。

　しかし、これらの条文は、トラパニがカターニアおよびアウグスタと類似す
る慣習（法）を有していたことを推測させ、往時のシチリアの情況を知るうえ
で貴重な情報である。

　なお、タイトルにメッシーナとの関連をうかがわせる文言はみられないが、
第 3 条にその名が登場する。本規則において、メッシーナに対する言及は一度
しかなされていないが、トラパニと密な交易関係を有していた、と推測させる
地の言及がいくつかなされている。(iv)**第12条**でみるファヴィニャーナ
（Favignana）島や第11条などで複数回出てくるブキリア（Buchiria）である[2]。

　以下において、Murino が海事関連規定とした条文を主たる検討対象として、
本規則のいくつかの海事法としての性質を帯びた規定ないし TRCM にかかわ
りのある条文をみてゆくことにする。

　⑴　Murino, op. cit., pp.322-324 は、本規則の第 2 条、第 5 条、第12条、第14条、
　　第24条、第26条および第31条の 7 カ条を海事関連規定としている（ただし、第14
　　条については、留保がなされている）。
　⑵　Buchiria は、かなり詳細な現代のイタリア地図にも掲載されていないが、パレ
　　ルモ東方の郊外に位置する現在のバゲリア（Bagheria）がそれかもしれない。

　(ii)　**第 2 条**　〔Quod patroni navium Trapanum veniencium debeant
iurare portulanis：到着船長の宣誓義務〕

302

Item a quibuscumque patronis navium et aliorum vassellorum declinantium et applicancium ad portum dicte terre, incontinenti quod in dictam terram descenderint, debeant recipi ad Sancta Dei evangelia debita juramenta per portulanos terre predicte, ac fideiussoria cautio quod nullam victualium seu leguminum quantitatem immictant furtive seu recipiant, vel recipi et immicti faciant per quempiam in vassellis eisdem vel aliquo eorumdem dum fuerint in portu predicto.©

© La Mantia, pp.15-16.

【同様に、前述の地（トラパニ）の港に来航しそして接岸する船舶およびその他の船のすべての船長は、前述の地に上陸すると直ちに、聖神の地において、前述の地の港湾監督官に、前述の港に滞在中、その船舶もしくはなにかにおいて、いかなる量の食料品もしくは野菜もひそかに持ち込みもしくは受け取らず、または、何人にも受け取らせず持ち込ませもしない旨のしかるべき宣誓および保証書を提出しなければならない*。】

＊原文の基調から離れるが、規定内容は、能動態（相）で示しておく。

本条は、トラパニ港に来航した船舶の船長に対して、食料品の持込みおよび持出しを禁じているが、その趣旨は、往時のトラパニの食糧流通規制について知識を有しない筆者に理解・想像不能である。

しかし、本条の規律対象者がトラパニ港に来航した船舶の船長でり、その宣誓・保証書の提出先がトラパニの港湾監督官であることから、本条が（公法的性質を帯びた）海事関連規定であることは、容易に承認可能である。

(ⅱ) **第3条** 〔Quod Consules Maris non exigant tricesimam vel salarium：海事評議員の超過報酬請求禁止〕

Item quod Consules Maris dicte terre Trapani contra formam privilegii regii Trapanensibus concessi sicut Messanensibus, de tricesima vel salario

第2章　トラパニ海法管見

aliquo non solvendo, litigantes de marinis actibus coram eis, ad solvendum tricesimam vel salarium in ipsius dictorum Trapanensium preiudicium libertatis, aliquatenus de cetero non compellant, sub pena eis arbitrio Curie infligenda.©

©　La Mantia, p.16.

【同様に、前述のトラパニの地の海事評議員は、メッシーナ人のようにトラパニ人に承認された王の特権の形式に反して、未払いの月給またはその他の報酬について、彼らの面前の海事裁判の当事者を、トラパニの布告の定めにしたがった月給または報酬以外に、幾分かその他のものに関して追及してはならない。これに違反したときは、裁判所の裁量に基づく罰を科せられる。】

　本条は、海事評議員に対して、法定額を超過する報酬額の請求を禁止している。海事評議員の超過報酬請求を禁止する、という（広い）意味では、本条は、TRCM 第2条および第3条に類似している、といいうるであろう。
　本条は、Murino によって海事関連規定の一つに掲げられていないが、おそらく、彼の見落としであろう。La Mantia および Giordano の指摘を待つまでもなく、本条は海事関連規定の一つ、というべきである[1]。

⑴　La Mantia, op. cit., p.XI; Giordano, op. cit., p.376.

　(ⅲ)　**第5条**　〔Quod terra et planum porte Regine extra menia expediatur post triduum：城壁外の区域〕

Item quod in terra et plano extra menia dicte terre Trapani ex parte portus usque ad mare, videlicet a porta Regine versus occidentem usque ad turrim magnam porte, que dicitur Ianuensium, nulla〔vassella〕fiant seu construantur, et nulla alia facta et constructa vel facienda et construenda, ingradentur, immictantur seu teneantur, et nemini liceat immictere, facere vel tenere aliqua impedientia vel occupantia〔in〕aliquo dictum planum, ut

304

planus ipse remaneat expeditus et liber pro mercatoribus et personis aliis exteris, qui cum mercibus et precipue lignaminibus accesserunt ad terram eamdem, sub pena unius uncie auri ad opus menium dicte terre et statutorum ad hoc per dictam universitatem communiter solvenda.©

© La Mantia, p.16.

【同様に、前述のトラパニの地の城壁の外の土地および平地においては、港の側から海に至るまで、すなわち、女王門から西へ、ジェノヴァ人の塔と称されている大門の塔に至るまで、いかなる［船舶］も、築造または製造されることなく、そして、その他のいかなる築造物・製造物または築造中・製造中の物も、持ち込み、送り込みまたは保持されてはならず、そして、何人も、前述の平地［において］、妨害もしくは占拠を実行、実施または継続することは、許されない。その平地は、商品、とりわけ、薪をもってその地に来訪する商人および他の国の人のために用意され自由にされているからである。これに違反したときは、前述の地の城壁および建造物に対する行為について、金１オンスの罰金をとくに前述の共同体全体のために支払わなければならない*。】

　*本条の原文は、一つの文章からなっているが、規定内容は、三つの文章に分けている。

　本条は、トラパニ港に隣接する一定区域内における造船・修理行為などを禁じている。造船・修理行為などの禁止は、当該区域内を商業目的の使用に供するためである。
　商業用スペースの確保を目的とする本条は、直接的には海事関連法規の性質を帯びないかもしれないが、その規律対象者として、船舶所有者や造船業者などが考えられるため、海事関連法規の範疇から完全に排除するまでもないであろう[1]。

(1)　海商法を「海を舞台に船舶によって行われる」海上企業に関連する（私的）利
　　害の調整を目的とする法規の総体とする（通説的）見解によれば、造船契約は、

305

第 2 章　トラパニ海法管見

陸上で行われる契約でしかないのかもしれないが、造船契約についてかなり詳細
な解説を行う海商法の教科書もある（たとえば、中村眞澄・箱井崇史『海商法』
成文堂〔平成22年〕59頁以下）。そのような意味で、筆者も、本条を海事関連法
とした Murino を支持しておきたい。

(iv)　**第12条**　〔De lignis Favignane et aliis vendendis ad minutum：ファ
ヴィニャーナ島産などの小売り薪〕

Item quod ligna Favignane et aliarum insularum, aut aliunde per mare
venientia, que in portu terre Trapani exonerantur causa vendendi ad
minutum pro usu comburendi aut ardendi, vendantur ad cantarium et non
aliter, ad rationem de tareno uno ad plus pro cantario et non ultra, sub pena
eisdem venditoribus infligenda per Iuratos dicte terre ad eorum arbitrium si
contravenerint.©

©　La Mantia, p.18.

【同様に、ファヴィニャーナ島、他の島またはその他の地から海路運ばれて
きて、トラパニ港に卸される小売り目的の燃焼・燃料用の薪は、カンタリウム
単位[1]でそしてその他の方法によらず、カンタリウムあたり１タリまででそし
てその額を超えずに、販売されるものとする。これに違反したときは、その売
主に、前述の地の宣誓者の裁量により、罰が科せられる＊。】

＊本条の原文は、一つの文章からなっているが、規定内容は、二つの文章に分けて
　いる。

本条は、ファヴィニャーナ島[2]産などの小売り薪の売買について、その数量
単位と価格を強行法的に規制している。
海路運ばれてくる商品の売買は、たとえば、CIF や FOB などは、海上売買
と称されることがあるが、これも、造船契約などと同様、厳密には、海商法の
規律対象ではない、と考えられるかもしれない。しかし、海上売買について海
商法の教科書が論じたとしても、理論的にはともかく、実際上の便宜から許容

306

可能であれば、本条も、第5条と同様、海事関連法規の範疇から完全に排除するまでもないであろう。

(1) cantarium は、おそらく、重量の単位を表わす centenarium から訛ったことば。現代（南部）イタリア語の cantaro、英・仏語の cantar、独語の Kantar や、現在の各国語にある quintale も同根。換算値は、シチリア島内でも、地域ごとにかなり異なっていた（パレルモでは、79.342kg）。
(2) トラパニの西南方に位置するエガディ（Edadi）諸島のなかの最大の島。

(v) **第14条**　〔De animalibus mortuis extra terram proiciendis：動物の死骸埋葬禁止区域〕

本条は、（小）動物の死骸埋葬の禁止区域に関する規定である。往時のトラパニは、他の多くの都市と同様、城壁によって囲まれていたが、本条は、動物の死骸埋葬は、その城壁から石弓の射程距離の外でするように定めた規定である。

Murino 自身が認めているように、本条は、航海に関連した規定ではない。彼が本条に興味を持ったのは、「石弓の射程距離」が往時の領海の範囲と関連していたからである[1]。

(1) Murino, op. cit., p.323.

(vi) **第24条**　〔De saburra proiicienda et elevanda：バラストの投棄および採取〕

Item quod nulla vassella magna, mediocria sive parva debeant jacere seu proiicere in portu terre ipsius saburram vel preiudicialia, ex quibus portus eiusdem terre valeat impediri, neque saburram qua indiguerint elevare de dicta terra nisi a parte septentrionali terre ipsius, videlicet a Cucucella usque ad locum qui dicitur Busarrabbi.©

© La Mantia, p.20.

第2章　トラパニ海法管見

【同様に、大中小を問わずいかなる船舶も、その地の港の妨げとなるバラストもしくは破損物を、その地の港に放棄または投棄してはならず、また、その地の北部、すなわち、ククチェッラからバサラッビと称される場所までを除いて、前述の地からバラストを採取することを欲してはならない。】

　本条は、港の使用に障害をもたらすバラストなどの投棄の禁止およびトラパニでのバラスト採取の原則的禁止（北部区域での許容）を定めている。

　本条の前半部は、現在の港則法と同様、港湾の使用可能性・航行可能性の確保を意図している。本条を海法ないし海事関連法規とすることに、妨げはないであろう。

　(vii)　**第26条**　〔De igne non incendendo prope muros terre：点火禁止区域〕

　本条は、造船工・修理工に対して、火を熾すに際し、城壁から１カンナ[1]以上離れるよう（per distantiam unius canne）命じている（原文の掲載省略）。

　往時、船舶の修理にピッチを用いる場合など、火を熾さなければならなかった。しかし、城壁の近くで火を熾すと、その火が街を護る城壁を損傷しかねない。本条は、そのような事態が生じないよう造船工・修理工に求めているのである。

　Murino は、本条も海法に関連する規定の一つにあげているが[2]、それが妥当かはかなり疑わしい。

　(1)　Murino, op. cit., p.324, n. 1は、１カンナを約2.5メートルとしている。池田廉他編『伊和中辞典（第２版）』1999年（小学館）251頁によると、２－３メートルで、地方により差がある、という。
　(2)　Murino, op. cit., p.324.

　(viii)　**第31条**　〔De meretricibus euntibus ad partes Barbarie：未開地に向かう娼婦〕

　Item quod nulla meretrix debeat neque audeat a terra Trapani recedere, et se ad partes Barbaricas transferre, nec ab aliquo pertransire permictatur propter detrimentum fidei christiane, et contrafacientes, conscii et participantes puniantur pena, per ipsam Universitatem aut officiales ipsius statuenda.©

© La Mantia, p.22.

【同様に、いかなる娼婦も、トラパニの地から離れてはならずまた欲してはならない。そして、キリスト教徒の信義に背いて、彼女らを未開の地に移送しまたはどこからか移転するすることは許されない。そして、違反者、共犯者および関与者は、共同体自体またはその選任されるべき官職者によって罰を科せられる。】

　奴隷売買や売笑行為が合法であった往時においては、奴隷や娼婦を運送客体とする契約も有効であったであろうし―― TRCM 第16条およびME 海法第128条第11項は、奴隷売買仲立人の報酬を定めた規定である――、その限りでは、本条は、海上運送契約に関連する規定としての性質を帯びている、といえなくはない。
　しかし、本条は、海事法というより、宗教（キリスト教）上の禁令、というべき性質の規定である。本章は、本条について、これ以上のかかわりをもたない。

3－4　De officio Acathapanorum

De officio Acathapanorum sive Nadarorum terre Trapani et de exercitio et potestate ipsorum rubrica©

© La Mantia, op. cit., pp.24-26.

　本規則は、検数人の職務・権限などについて定めた規則である。全部で8カ条（すべての条文に見出しはない）からなっており、La Mantia が報じている規則・条項のなかでもっとも小さなものである。

第 2 章　トラパニ海法管見

　裁可者は、Rex Fridericus rex Sicilie etc. とされており、最終（第 8 ）条の
末尾には "Datum Trapani MCCCXXX" との記載がある（1330年は、Federico 2
世の統治下にあった）。

　Murino は、本規則の第 5 条が海法の規定、と考えている[1]。

Item quod dictus Acathapanus mercatoribus et personis aliis deferentibus
per mare ad terram eamdem et vendentibus ibi vinum, oleum, sal, carbones
et fructus, debeat concedere mensuras quibus indiguerint pro mensurandis
eisdem, exigere, recipere et habere ab ipsis delatoribus et venditoribus
predictarum rerum ratione concessionis predictarum mensurarum ius
infrascriptum videlicet.

In primis pro qualibet salma vini granum auri unum.

Item pro qualibet salma salis gr. auri unum.

Item pro qualibet salma carbonum gr. auri unum.

Item pro qualibet salma fructuum gr. auri unum.

Item pro quolibet cantaro olei gr. auri unum.

Exceptis tamen Ianuensibus et Cathalanis, qui sunt immunes et liberi, et
predictum ius emptores predictarum rerum solvere teneantur.©

　©　La Mantia, pp.25-26.

【同様に、前述の検数人は、海路同地（トラパニ）に来て、そして、そこで
ワイン、油、塩、木炭および果物を販売する商人およびその他の人に、それら
の計量に必要な計量器具を供与し、前述の物品の通告者および売主から、前述
の計量器具の供与の精算のため、下記の補償金[2]を取り立て、受け取りそして
取得するものとする。すなわち、

　まず第一に、すべてのワイン 1 サルマについて、 1 金グラーナ

　同様に、すべての塩 1 サルマについて、 1 金グラーナ

　同様に、すべての木炭 1 サルマについて、 1 金グラーナ

　同様に、すべての果物 1 サルマについて、 1 金グラーナ

310

同様に、すべての油1カンタロについて、1金グラーナ

　ただし、免税されそして免責されているジェノヴァ人およびカタルーニャ人は、除外し、そして、前述の物品の買主が、前述の補償金を支払う義務を負う。】

　タリーマンやステベドアーは、海上企業者ないし航海に直接かかわる者ではないが、陸上で（または停泊中・接岸中の船舶において）作業を行う海上企業補助者である。本条を一覧すれば、Murino と同様、本条を海法の規定、と承認しうるであろう。

　往時、トラパニにおいて、検数人が主としてどのような物品の取引に関与していたのか知るすべはないが、本条に列挙された物品は、生活必需品といいうる。本条に列挙された物品以外に関して、検数人に補償金請求権が発生したのか否か、興味深いところであるが、本章に、それを詮索するいとまはない。

　ここで、われわれは、本条の但書きに注目したい。ジェノヴァ（Genova）人（およびカタルーニャ〔Catalunia〕人）は、検数人に対する補償金の支払いを免除されている。そして、Capitula generalia 第5条にみられるように、往時のトラパニの城壁に設けられていた門の一つにジェノヴァにちなんだ名称を有するものがあった。往時のトラパニは、それほどに、ジェノヴァとの関係（交易）が密であったのであろう。

　さらに、ジェノヴァ商人に承認されていた優遇措置が、より遠い地のカタルーニャの商人に認められていたことも忘れてはならない。

　本条は、往時のトラパニの交易範囲の広さ（および主たる交易品目・価格）を証明する有力な手がかりの一つであり、注目すべき規定、といいうる[3]。

⑴　Murino, op. cit., loco cit.
⑵　"jus" には多様な意味があり、本所では、「報酬」もあてはまりそうであるが、かりに、「補償金」との訳語をあてておく。2－18注⑴参照。
⑶　往時のトラパニの交易範囲がシチリア島内に限られず、はるかスペインにまで及んでいただけではなく、その交易に優遇措置がなされるほど重要視されていた点に留意すべきであろう。

第 2 章　トラパニ海法管見

3 - 5 Capitula pertinentia ad cabellam

Capitula pertinentia atque spectantia ad cabellam ac dirictus et jura cabelle Buchirie, et super venditionem carnium in macellis eiusdem terre, tam Christianorum quam Iudeorum vendentium carnes et exercentium huiusmodi talia negotia cabelle predicte©

©　La Mantia, op. cit., pp.26-28.

　本規則は、主に食肉売買に関連する全16カ条からなっており（裁可者は、Rex Fridericus rex Sicilie etc. と表示されている）、海法関連の規定を有していないようである[1]。最終第16条の末尾に "Datum Trapani MCCCX" と示されている（1310年は、Federico 2 世の統治下にあった）。

　なお、タイトル中に 3 - 3 でみたブキリアへの言及がなされているが、同地とトラパニは、往時、密な関係を有していたのであろうことが、ここからも推測される。

　⑴　本書が多くを依存している Murino、La Mantia なども、本規則のなかに海法関連の規定を発見してないようである。

4　むすびにかえて

　われわれは、TRCM の全18カ条と近接した時期の陸上の規則のなかにあるいくつかの海法関連規定について検討を試みた。検討対象となった条文は、それほど多くはなく、それらが往時のトラパニ海法の全容を余すところなく明らかにしていた、ということはできない。

　しかし、本章の作業から、中世イタリア（ないし地中海）海法史研究上いくつかの重要な成果をえることができた、といいうるであろう。

　まず、2 における検証により、たとえ、わずか全18カ条とはいえ、多くの研究者によって（おそらく例外なく）「トラパニ海法」として扱われている TRCM のすべての規定内容を明かにすることができた。これのみによっても、トラパ

312

ニ海法研究の成果といいうる。

いく人かの研究者により、TRCM の多くの規定が ME 海法と（また、そのうちのいくつかは Am とも）類似・対応していることが報じられてきたが、その類似・対応関係を逐条的に詳細に論じた研究は、おそらく、本章が初めてのものであろう。

そして、3 における検証から、トラパニに伝わる陸上の規則・条項が、メッシーナをはじめ、カターニアやアウグスタ（両市はシチリアの東岸部に位置している）などのシチリアの重要な都市と深いかかわりを有していたことが明らかとなった。このことは、アラゴン王朝のシチリア統治が島全域に等しく行き渡っていたことの証しであろう。

それだけではなく、往時のトラパニの交易範囲が、シチリアを遠く離れ、ジェノヴァやカタルーニャに及んでおり、優遇措置がなされるほどに密な交易がなされていたことも実証できた。

アマルフィ海法に関する「試論」、メッシーナ海法に関する本書第 1 章（第 1 節・第 2 節）およびトラパニ海法に関する本章を併せれば、ティレニア海における往時の三つの交易の要衝にあった海法の様相（三つの都市の海法の類似・対応関係）がかなり明らかになったはずである。

13世紀後半から14世紀初頭には、地中海の広い範囲において、海事裁判慣習（法）に関する共通の基盤が存在していたもの、と推測されているが[1]、本章は、その推測を支持する実証的な根拠の一つになりうるであろう。

筆者が繰り返しのべているように、「一都市の海法が他の都市の海法の影響を受けずに生成・発展した、というようなことは、ほとんど考えられない[2]」。中世イタリア（ないし地中海）海法史研究上、一都市の海法に特化した個別的研究と同様、地中海諸都市の海法の全体を鳥瞰する概略史研究も有用・不可欠であろう。その作業については、他日（もし、あれば）を期したい。

(1)　第 1 章第 1 節 3 − 5 注(1)。
(2)　試論・247頁、第 1 章第 2 節 3 − 4 など。

結　語

　シチリアは、人が暮らすのにもっとも適した地域〔の一つ〕である地中海の中央に位置しており、古来、地中海交易の要衝として、多様な文明を受け入れてきた。

　海法に関しては、地中海全域がそうであったのかもしれないが、シチリアに最初に根付いた（あるいは、「影響を及ぼした」といったほうが適切かもしれない）のは、ビザンツ法、より具体的にいえば、「偽ロード海法」と称される（慣習）法であろう。

　いまに伝わる偽ロード海法は、公的な編纂物ではなく、一法律家の私的な編纂作業によるもの、と考えるのが一般化しているように、その拘束力は、統治者により強制されたものではなく、海事関係者のあいだで、共通の慣習法的規範として尊重されてきたものであろう。

　やがて、海上交易の増大・進化に伴う実務の要請に応じるため、新たな慣習が各地で生成・発展し、徐々に、海法自体も変貌していったもの、と思われる。しかし、都市あるいは海域によって、残された影響に濃淡はあったかもしれないが（アドリア海の海法に濃く残っている、と考えられている[1]）、ビザンツ法の影響は、少なくとも、イタリアの各都市の海法に残っていた。

　シチリアにかぎってみても、ビザンツ法の影響のもと形成された慣習法的規範を強権的に変えることは、ノルマンの王もホーエンシュタウフェンの王にもできなかった[2]。

　海法を変えたのは、先述のとおり、統治者ではなく、実務の進化・発展に伴う要請であろう。実務の進化・発展の要請に応じて生成・発展した新たな慣習のなかには、地方的慣習にとどまるものも多くあったであろうが、その合理性により、あるいは、それを生んだ都市の政治的・経済的勢力のゆえに、広く普及したものもあったはずである。

315

結　語

　12世紀のシチリアは、とりわけ、パレルモやメッシーナは、大いに繁栄して
いた。その有様は、「序論」でふれたイブン・ジュバイルおよび Edrisi の記述
に詳しい。このころ、シチリアの有力都市には、ピサ、ジェノヴァ、アマル
フィなど、イタリア本土の有力な海洋都市の商人・航海者だけではなく、外国
の人々も多く去来していた。

　地中海を舞台に海商で栄えた各都市は、それぞれに、実務の要請にしたがっ
た海事慣習が生じていたことであろう。そうした慣習（法）が、制定法の不
備・不存在を埋める。

　そして、海上交易が一段と盛んになった13世紀後半になると、シチリアにお
いても、コメンダ、傭船、船舶売買・造船など、海事契約関連の公証人の記録
がかなりの数がみられるようになる。また、13世紀末から14世紀前半の時期は、
海法史にとって、きわめて興味深い時期、と考えられている。すなわち、地中
海海法は、ビザンツ法の影響を残しながらも、急速に進歩・発展した新たな契
約形式・条項が、海運実務に広く浸透していった時期、と考えられるからであ
る。

　14世紀も半ば近くになると、アラゴン朝のシチリア統治が安定期に入ってお
り、アラゴン朝は、1341年、パレルモ、メッシーナ、トラパニおよびシラク－
サに派遣する海事評議員に関する王令（Ordinacions）を公布している[3]。本書
で検討したメッシーナとトラパニの海法は、それと相前後する時期のものであ
る。

　われわれは、Genuardi および La Mantia による復刻・出版物を主たる手が
かりに、メッシーナおよびトラパニの海法について、分析・検討を試みた。そ
の作業を通じて、当初の目的を一応達成することができ、また、いくつかの成
果をあげることができたが、それらを再確認することは避けよう。

　むしろ、本書の作業で明らかにしえなかったこと（と筆者の想い）を最後に
示しておきたい。それは、直前でみたアラゴン朝によるシチリアの四都市への
海事評議員の派遣に関連する。

　われわれは、たとえ乏しいものであったにしても、本書の作業によって、

メッシーナとトラパニの海法のおおよそのところを知ることができた。それが、現在われわれができる精一杯のところかもしれない。

しかし、その時代にアラゴン朝が最重要視していたシチリアの四つの海洋都市のうち、パレルモとシラクーサにも存在したであろう海法については、なにも知りえていない。

パレルモとシラクーサにおいては、Genuardi本にみられるような海法の編纂作業がまったくなされなかったのか、それとも、なされたがそれを伝える記録が失われたのかさえ、いまとなっては、定かではない。

もし、パレルモとシラクーサにおいても海法の編纂作業がなされていたとすれば、それらの記録は、どうなったのか。もし、それらの記録が発見されれば、シチリア海法の研究は、さらに深化するはずである。

長い年月のあいだに、大きな災禍が、シチリアの各地を何度も襲っている（たとえば、1908年12月28日のメッシーナ大地震と大津波）。その度に貴重な人命・財貨とともに、幾多の法律関連の史料も、失われたであろう。

しかし、惨禍を奇跡的に免れた史料が、どこかに、シチリア以外にも、残っているかもしれない（たとえば、アマルフィ海法のいわゆるFoscarini本がオーストリアのウイーンで発見されたように）。それらの史料のなかから、パレルモとシラクーサの海法の記録が（もちろん、その他の都市のものも）いつの日か発見されることを、筆者は、ひたすら念じている。

(1) ビザンツ法の影響は、ティレニア海の海法よりもアドリア海の海法に広く・濃く残っている、との考えは、現在、イタリア海法（航行法）の定説的地位を占めているが、最初の提唱者は、Guido Bonolis, Il diritto marittimo medievale dell'Adriatico, Pisa, 1921 のようである（Riniero Zeno, Storia del diritto marittimo italiano nel mediterraneo, Milano, 1946, p.155）。

(2) むしろ、ノルマン朝のRuggero 2世についていえば、偽ロード海法を海法として採択した、との見解まで提唱されているようであるが、その見解の是非はともかく、Ruggero 2世の治世下、偽ロード海法がシチリアあるいは南イタリアに広く普及し、王によって認識されていたことは、否めないであろう。cf., Niccola Alianelli, Delle antiche consuetudini e leggi marittime delle provincie napolitane,

結　語

Napoli, 1871, pp.XⅣ-XⅤ; Zeno, op. cit., pp.100-101.

(3) Zeno, op. cit., p.135, n. 3 が引用している "Ordinacions de consellers de Barcelona per lo Consolat de Sicilia（1341）" をみることはできなかったが、それと同一のもの（あるいは、その一部）、と思われるものが、Jean Marie Pardessus, Collection de lois maritimes antérieures au 18 siècle, Tom. 5, Paris, 1839, pp.367-371 に収録されている。"Ordonnance relative aux consuls en Sicile de 1341" とのフランス語のタイトルが付されており、14カ条からなっているが、その第 1 条に、その旨の規定が設けられている。

著者紹介
栗田　和彦（くりた かずひこ）
関西大学名誉教授
法学博士（神戸大学）

主要著書
『荷渡指図書の比較法的研究』　1979年　関西大学出版部
『船舶利用契約の実証的研究』　1990年　同文舘
『アマルフィ海法研究試論』　2003年　関西大学出版部

シチリア海法序説

2018年9月3日　発行

著　者　　栗　田　和　彦
発行所　　関　西　大　学　出　版　部
　　　　　〒564-8680 大阪府吹田市山手町3丁目3番35号
　　　　　電話 06(6368)1121 / FAX 06(6389)5162
印刷所　　株式会社 図書印刷 同　朋　舎
　　　　　〒600-8805 京都市下京区中堂寺鍵田町2

© 2018 Kazuhiko KURITA　　　　　Printed in Japan

ISBN 978-4-87354-680-3　C3032　　落丁・乱丁はお取替えいたします。